LUTHERISCHE KIRCHE IN DER WELT

Jahrbuch des Martin-Luther-Bundes 1992

Begründet von Christian Stoll
Herausgegeben von Joachim Heubach

LUTHERISCHE
KIRCHE
IN DER WELT

Jahrbuch des Martin-Luther-Bundes
Folge 39 · 1992

MARTIN-LUTHER-VERLAG · ERLANGEN

3235

ISBN 3-87513-079-0

© Martin-Luther-Verlag Erlangen 1992

Herausgegeben im Auftrag des Martin-Luther-Bundes
von Joachim Heubach
Redaktion: Rudolf Keller
Umschlagzeichnung: Helmut Herzog, Erlangen
Druck: Freimund-Druckerei, Neuendettelsau

Inhaltsverzeichnis

Zum Geleit

Die in diesem Jahrbuch enthaltenen Beiträge zur Theologie, Diaspora und Ökumene bieten vielfältige Anregungen zur Information und zum eigenen theologischen Nach- und Weiterdenken. Sie sind gleichsam ein Spiegelbild unserer theologischen Verantwortung im Blick auf die Geschichte und die gegenwärtigen Aufgaben unserer lutherischen Kirche.

Dabei gedenken wir zugleich der inzwischen heimgegangenen Bischöfe Dr. Friedrich Hübner (Kiel) und D. Karlheinz Stoll (Lübeck). Bischof Dr. Hübner war als Schüler von Professor D. Werner Elert seit seiner Erlanger Studienzeit und später als theologischer Referent im Lutherischen Kirchenamt besonders mit der Arbeit des Martin-Luther-Bundes verbunden. Dem Bundesrat unseres Werkes hat er angehört und auch engagierte Beiträge in diesem Jahrbuch veröffentlicht. Bischof D. Stoll hat als Leitender Bischof der VELKD unsere Arbeit gefördert.

So geben wir dieses Jahrbuch hinaus mit dem Wunsch, daß wir unsere theologische Verantwortung in der Diasporaarbeit für die lutherische Kirche mit unseren Lesern und Freunden in rechter Weise wahrnehmen und uns dadurch in der Gemeinschaft der lutherischen Kirchen neu festigen und miteinander verbinden.

Eutin, im März 1992   Landesbischof D. Dr. Joachim Heubach
Präsident des Martin-Luther-Bundes

HARALD KALNINS

Dialog bei Nacht

Predigt über Johannes 3,1–8*

Wir bleiben noch einmal stehen vor dem Evangelium dieses Sonntags
und wollen uns das Gehörte einprägen, wenn das Wort Gottes uns vor die
Seele folgende Situation stellt:
„Es war aber ein Mensch unter den Pharisäern mit dem Namen Nikodemus, ein Oberster unter den Juden. Der kam zu Jesus bei der Nacht
und sprach zu ihm: Meister, wir wissen, daß du bist ein Lehrer von Gott
gekommen, denn niemand kann die Zeichen tun, die du tust, es sei denn
Gott mit ihm. Jesus antwortete und sprach zu ihm: Wahrlich, wahrlich, ich
sage dir, es sei denn, daß jemand von neuem geboren werde, so kann er
das Reich Gottes nicht sehen. Nikodemus spricht zu ihm: Wie kann denn
ein Mensch geboren werden, wenn er alt ist. Kann er auch wiederum in
seiner Mutter Leib gehen und geboren werden? Jesus antwortete: Wahrlich, wahrlich, ich sage dir, es sei denn, daß jemand geboren werde aus
Wasser und Geist, so kann er nicht in das Reich Gottes kommen. Was vom
Fleisch geboren wird, das ist Fleisch; was vom Geist geboren wird, das ist
Geist. Laß dich's nicht wundern, daß ich dir gesagt habe, ihr müsset von
neuem geboren werden. Der Wind bläst, wo er will, und du hörst sein
Sausen wohl, aber du weißt nicht woher er kommt, wohin er geht. Also ein
jeglicher, der aus dem Geist Gottes geboren ist."
Wir beten: Treuer Herr, wir bitten Dich, lege Du Deine Hand auf jedes
Herz, daß wir lebendig werden durch Dein Wort und Deinen Geist. Amen.

Mit Interesse vernehmen wir in unserem Gotteswort ein ganz unge-
wöhnliches Zwiegespräch, einen „Dialog bei Nacht". Alles ist, man kann
sagen, so intrigierend. Die späte Nachtstunde – warum kam er nicht am
Tag? Und dann seine stammelnde Einleitung: „Meister, wir wissen, Du
bist ein Lehrer von Gott gekommen, niemand kann die Zeichen tun, die
Du tust, es sei denn Gott mit ihm." Und dann das unausgesprochene
Bekenntnis, das Gott in seinem Herzen las, daß er, der schüchterne Be-
sucher, noch sucht, obgleich er einer der eifrigsten Vertreter der Gottes-

---

* Gehalten am 26. Mai 1991 (Trinitatis) in der Stadtkirche Bückeburg.

erkenntnis im damaligen Tempel war, ein Pharisäer, also die Richtung
derer, die streng am Gesetz hielten. Und dennoch ist er beunruhigt, und
das alles zusammengenommen gibt uns das Zeugnis: er war ein Gott-
sucher. Obgleich er schon einen hohen Titel hatte, in der Gotteserkenntnis
weit vorgeschritten war, so daß er auch andere lehren konnte. Aber hier
spricht er es aus: „Ich muß noch lernen. Ich muß noch etwas finden und
weiß nicht wie. Du aber hast etwas, was uns überzeugt." Er kam ja als
Vertreter seiner Freunde, die ihm aufgetragen hatten zu sagen: „Wir erkennen Dich an, Du Meister, obgleich Du nicht mit uns in der Hochschule
gewesen bist, aber Du bist ein Meister, und zwei Sachen können wir bei
Dir finden":

1. „Du bist von Gott gekommen." Und das fehlte ihm. Er konnte nicht
sagen: „Ich bin von Gott gekommen". Aber sie alle merkten und gaben
Jesus das Zeugnis: „Du allein hast etwas, was wir noch nicht haben: *Du
bist von Gott gekommen."*

Und das 2., ebenso wichtig: „*Und Gott ist mit Dir*, das heißt: Gott geht
mit Dir, Gott bestätigt Dich und Deine Lehre und Deine Arbeit und Dein
Leben." Und eigentlich spricht er nichts weiter aus, denn hier muß er
stehenbleiben. Er ist ein Gott*sucher*, aber er hat Gott *noch nicht gefunden*.

Meine Lieben, wir alle suchen im Leben etwas, jeder Mensch. Das ist
der Stempel unseres Daseins. Was wir suchen, das gibt dann auch den
Inhalt unseres Lebens: Reichtum, Glück in der Ehe, in der Familie, Gesundheit, Ruhm usf. Aber Suchen hat nur dann einen Zweck, wenn wir
auch finden. Nicht die *Sucher* kommen ins Himmelreich, sondern die, die
gefunden haben, den Weg und die enge Pforte. Und darum ist er ja bei
Jesus in dieser Nachtaudienz, weil er merkt: Gott ist Dir näher als mir. Ich
kann das von mir nicht sagen, was sie von Dir sagen. Hilf uns doch!

Und Jesus nimmt ihn an und erläutert ihm die Gotteserkenntnis. Das ist
die Hauptsache. *Gotteserkenntnis* – haben wir die schon? Das ist etwas
anderes als Religion und Konfessionszugehörigkeit. Gotteserkenntnis, das
ist etwas, was wir alle suchen sollen und Finder desselben werden sollen.
„Wer da suchet, der findet", steht über der Pforte des Reiches Gottes.
Rechtes Suchen bedeutet Gott erkennen. Die Erkenntnis Gottes aber hängt
von der Offenbarung Gottes ab. Gottes Selbstoffenbarung ist die Voraussetzung dafür, daß unser Suchen auch zum Finden, unser Gott-Suchen zum
Gott-Finden wird. Das ist wichtig, nicht allein daß Du suchst, sondern daß
Du Gott wirklich erkennst.

Trinitatis – was bedeutet das für Dich und für mich und für uns alle?
Das wir eine volle, eine vollkommene Gotteserkenntnis haben dürfen.
Gott, der Vater, Gott, der Sohn, und Gott, der Heilige Geist. *Mehr* braucht

man nicht. Suche Dir nicht noch einen Gott irgendwo dazu, irgendetwas Neues. Diese dreifache Gottesoffenbarung, Gottes schon geschehene Selbstoffenbarung genügt uns, das ist die Antwort Jesu an Nikodemus. Das ist die Antwort an uns alle.

Aber *weniger* darf es auch nicht sein. Das war die Tragik des Nikodemus und aller seiner Freunde: Sie suchten Gott, und nur Gott zu erkennen. Und doch wußten sie nicht, daß die Dreieinigkeit schon in ihrer Mitte ist, Gott Vater, Gott Sohn, der vor ihm sitzt, und Gott der Heilige Geist, der darauf wartet, Christus zu verklären. Das sind die drei Passionen Gottes: Gott der Vater wird verklärt in Seinem Sohn, und der Sohn wird verklärt im Heiligen Geiste, das ist *Trinitatis*. Es genügt nicht, wenn wir nur in unserem Kirchenkalender das vermerken: jetzt ist Trinitatis, die Heilige Dreifaltigkeit. Oh nein, jetzt müssen wir das auch für uns selbst finden, was das ist: Gott, der Allmächtige, der Heilige, der Unnahbare, der Wahrhaftige, der ewige Gott ist da! Denn wozu eigentlich der Tempel im Alten Bunde und der Opferaltar, und wozu dann all die Weihrauchgebete, wozu die heilige Bundeslade? Wozu das alles? Versteht doch: Nikodemus und Kompanie, versteht doch, daß das ein Beweis ist und ein Hinweis, daß Gott *allein* nicht zu erkennen ist, Er muß in seinem Sohn erkannt werden, auf den der ganze alte Tempeldienst hinweist. „Brecht diesen Tempel ab und in drei Tagen will ich ihn auferwecken", dann fängt der richtige Tempeldienst an, „im Geist und in der Wahrheit". Wer den Sohn sieht, der sieht auch den Vater. Und ohne den Sohn führt kein Weg zum Vater. Das war doch die Tragik des Nikodemus und seiner Freunde, sie wollten Gott erkennen, in Gottes Selbstoffenbarung, aber sie erkannten nicht, daß die zweite göttliche Persönlichkeit zu dieser Selbstoffenbarung Gottes gehört. Darum geht es. Und Jesus sagt es später in diesem Kapitel, weisend auf die eherne Schlange und auf sich. Die Nacht war dunkel umher, aber noch dunkler war es im Sinn und im Herzen des Nikodemus und seiner Freunde. „Seht ihr denn nicht", will Jesus sagen, „ich bin der einzige, durch welchen ihr die Liebe des göttlichen Vaterherzens erkennen und ergreifen könnt. Glaubet an mich und glaubet an Gott. Ich und der Vater, wir sind unzertrennbar, wir sind eins."

– „Ach Gott", so sagen viele Menschen und glauben, damit haben sie schon die ganze Erkenntnis Gottes gefunden. Nein, wenn Du nicht Jesus erkennst, Deinen Vertreter, Deinen Versöhner, das Lamm Gottes, das auch Deine Sünde mit ans Kreuz getragen hat, und Sein heiliges Blut ist auch über Deine Sündenrechnung geflossen und hat sie durchgestrichen auf ewig, wenn Du nicht das erkennst, dann bleibt das Herz, das Liebesherz Gottes auch verschlossen.

Aber Jesus geht noch einen Schritt weiter: zu der vollen Selbstoffenbarung Gottes gehört der *Heilige Geist*. Oh wie wunderbar spricht er davon, „aus Wasser und Geist" und „das ist der heilige Wind, der da bläst wo er will". Wir können ihn nicht kommandieren, aber wir können ihn spüren, wir können uns nach ihm richten. Das ist der Heilige Geist, und ein jeglicher, der aus Gott geboren werden will, der muß auch aus dem Heiligen Geist geboren werden. Sind wir das schon? Nein, das ist keine neue Glaubensrichtung und Konfession. Nein, laß Dich nicht so ohne weiteres mitreißen. Nicht alles, was unter der Etikette geht „Heiliger Geist", ist auch wirklich der Heilige Geist. Aber was ist denn der Heilige Geist? „Das ist der, der nichts von sich selber zeugt, der nicht sich selbst erhebt und ins Zentrum legt, sondern der mich verherrlichen will", sagt Jesus. Der Heilige Geist hat in unserem Herzen nur ein Thema, und das heißt: Christus Jesus, mein Heiland! Er ist der wahre Freund des Bräutigams, dem er die Gemeinde als Braut vorbereiten und zuführen will. Und er freut sich über jede Seele, auch unter uns, die sich dem Heiligen Geist so dahingibt, daß er *Jesus* verklärt, nicht die *Geistesgaben* verklärt.

Man hat mit gesagt: „Wenn Sie nicht diese und jene Geistesgaben haben, dann sind Sie kein richtiger Christ." Oh wie schief geschossen! Nein, wenn ich den Heiligen Geist habe, dann ist seine wichtigste Lektion immer nur Jesus. Jesus! Er wird mir köstlicher und größer und wunderbarer und realer, das geschieht durch den Heiligen Geist. Nicht den Heiligen Geist soll man anbeten, sondern Jesum, den er verklärt, und wer Jesum anbetet, der betet den Vater an, der uns das alles darlegt und darreicht.

Trinitatis, auch das geht vorüber, aber die Frage bleibt, die Frage, die so lautet: Ja, bin ich ein Gläubiger? Bin ich ein Gottessucher und bin ich auch ein Finder? „Ich lief verirrt", sagt ein Dichter, „und war verblendet, ich suchte Dich und fand Dich nicht. Ich hatte mich von Dir gewendet und suchte das geschaffene Licht. Nun aber ist's durch Dich gescheh'n, daß ich Dich hab ersch'n!" Das heißt die *Volloffenbarung*: Vater, Sohn und Heiligen Geist erleben! In dieser Erkenntnis sind wir geheiligt, grüßen wir einer den anderen und wollen auch geloben, in dieser Erkenntnis zu stehen und zu bestehen. Amen.

UDO SCHNELLE

Die neutestamentliche Lehre von der Taufe[*]

1. Einleitung

Um die Taufe war es lange Zeit still. Vergessen schienen die leidenschaftlichen Debatten um die theologische und rechtliche Legitimität der Kindertaufe, die in den 60er und auch noch zu Beginn der 70er Jahre für viel Aufsehen sorgten[1]. Im Gefolge der Tauftheologie Karl Barths[2] wurde damals eine Änderung der Taufpraxis in Richtung auf Erwachsenentaufe gefordert, um so die ursprüngliche Bedeutung der Taufe wieder in Geltung zu setzen: Taufe als „Verantwortungstaufe". Der Täufling ist willig und fähig, die Zusagen der Taufe bewußt zu empfangen und die Inpflichtnahme durch die Taufe ausdrücklich zu bejahen. Weil bei der Kindertaufe das Taufverlangen und das Taufbekenntnis ausgeschlossen sind, ist sie nur eine „halbe Sache", in sich widersprüchlich und exegetisch nicht haltbar. Der eigentliche Ausgangspunkt der damaligen Auseinandersetzungen war die Taufpraxis, die Argumentation vieler lief auf eine theologische Legitimation der Erwachsenentaufe und eine theologische Disqualifikation der Kindertaufe hinaus. Mit der Fixierung auf die Taufpraxis dürfte auch das Verstummen der Taufdebatte zusammenhängen. An der kirchlichen Praxis der Kindertaufe konnte sich nichts Entscheidendes ändern, wenn man nicht zugleich die Volkskirche aufgeben wollte. Damit war ein Versanden der Diskussion in Westeuropa vorgezeichnet.

Wenn nun im Gefolge der rasanten Veränderungen in der Mitte und im Osten Europas die Frage nach einer sachgemäßen Taufpraxis wieder mit Vehemenz auftaucht, so geschieht dies unter veränderten Voraussetzungen. Wo volkskirchliche Strukturen wie im Westen entweder gar nicht oder nur noch rudimentär bestehen, sind die bei uns geläufigen Rücksichtnahmen gegenstandslos. Man kann unbefangen nach den sachgemäßen Formen der Taufpraxis fragen, und man hat möglicherweise auch die Freiheit, neue Wege zu gehen. Allerdings ist auch hier zu fragen: Von welchem Ausgangspunkt her läßt sich eine dem biblischen Zeugnis von der Taufe entsprechende Taufpraxis entwickeln? Soll man einfach von der im

[*] Vortrag am 15. 1. 1991 bei der Tagung des Martin-Luther-Bundes in der Evangelischen Akademie Bad Segeberg. Der Vortragsstil wurde beibehalten, die Anmerkungen beschränken sich auf ein Minimum.

Neuen Testament zweifellos bezeugten Taufpraxis der Erwachsenentaufe ausgehen und sie als biblisches Modell in unsere jeweilige Wirklichkeit übertragen? Oder muß der Versuch unternommen werden, zunächst die Aussagen über das Wesen der Taufe im Neuen Testament zu erheben, um dann in einem zweiten Schritt nach der diesen Aussagen sachgemäßen Taufpraxis zu fragen? Ich habe mich für diesen zweiten Weg entschieden. Ein Neuansatz in der Taufdebatte kann m. E. nur von der Frage nach dem Wesen der Taufe ausgehen. Welche soteriologischen, christologischen und ekklesiologischen Vorstellungen sind mit der Taufe verbunden? Warum ist es überhaupt nötig, Menschen welchen Alters auch immer taufen zu lassen? Was bewirkt die Taufe am Menschen? Nur wenn diese Fragen exegetisch untersucht und beantwortet sind, lassen sich Folgerungen für eine dem biblischen Zeugnis gemäße kirchliche Praxis ziehen.

2. Die neutestamentlichen Aussagen über die Taufe

1. Paulus

Wenn wir nach der Bedeutung der Taufe in der paulinischen Theologie fragen, so ist zunächst zu bedenken, woraus die Taufe den Menschen rettet, weshalb er der Erlösung bedürftig ist. Wir müssen die Anthropologie des Paulus in Augenschein nehmen[3], um seine Tauftheologie recht zu verstehen. Der christliche Glaube geht von einem Wirklichkeitsverständnis aus, das sich grundlegend von der Wahrnehmung der Wirklichkeit jenseits des Glaubens unterscheidet. Für den christlichen Glauben ist die Wirklichkeit nicht einfach die Summe des Vorfindlichen, sondern hinter dieser Welt steht Gott, und in dieser Welt handelt Gott. Zugleich sind in der Welt Mächte und Kräfte wirksam, die den Menschen von Gott wegbringen oder ihm den Weg zu Gott versperren wollen. Für Paulus ist diese Macht die Sünde[4]. Von der Universalität und dem Verhängnischarakter der Sünde zeugt bereits ihre Vorzeitigkeit. Seit Adams Sünde ist die Welt gekennzeichnet durch den vorgegebenen und alles bestimmenden Zusammenhang von Sünde und Tod (vgl. Röm 5,12: „Darum: Wie durch einen Menschen die Sünde in die Welt kam und durch die Sünde der Tod und so zu allen Menschen der Tod hindrang, weil alle sündigten"). Die Sünde war vor dem Gesetz in der Welt (vgl. Röm 5,13; 7,8b), das Gesetz ist nur dazwischen hineingekommen (Röm 5,20). Auch das Faktizitätsurteil, Juden und Griechen seien gleichermaßen unter der Sünde (vgl. Röm 3,9; Gal 3,22), setzt die Vorzeitigkeit der Sünde voraus. Letztlich bildet für Paulus die Realität der Sünde und des Sündigens den Ausgangspunkt seiner Argumentation. Der Mensch findet sich schon immer im Bereich der Sünde und des Todes vor, die Sünde ist eben nicht nur ein Tatphänomen, sondern der Mensch ist in eine von ihm nicht verursachte Unheilssituation verstrickt. Zugleich entläßt Paulus den Menschen nicht aus seiner Verantwortung. Der Tatcharakter der Sünde zeigt sich besonders in Röm 3,23, wo Paulus die vorherige weitgespannte Argumentation so zusammenfaßt: „Alle haben sie gesündigt und entbehren der Ehre Gottes". Sowohl die Laster der Heiden als auch der fundamentale Gegensatz von Orthodoxie und Orthopraxie bei den Juden resultieren aus ihrem jeweiligen Tun bzw. Nicht-Tun. Es gilt: „Die ohne Gesetz gesündigt haben, werden auch ohne Gesetz verloren gehen, die im Gesetz gesündigt haben, werden durch das Gesetz gerichtet werden" (Röm 2,12). Die universale Herrschaft der Sünde ergibt sich somit aus ihrem Verhängnis- und Tatcharakter. Auch das Halten des Gesetzes vermag den Menschen nicht aus der Knechtschaft der Sünde zu befreien. Die Sünde täuscht den Menschen, indem sie sich des Gesetzes bemächtigt und mit seiner Hilfe dem Menschen einen verlockenden Weg anbietet, der aber nicht zum Heil, sondern in den Tod führt (Röm 7,7ff)[5]. Der Mensch unter der Sünde ist nicht auf Gott ausgerichtet, sondern lebt für sich selbst und aus sich selbst. Ausdruck und Folge dieser falschen Ausrichtung ist ein ζῆν κατὰ σάρκα (= „Leben nach dem Fleisch"), dessen Kennzeichen Selbstherrlichkeit und Gottlosigkeit sind. Die Situation des Menschen vor und außerhalb der Christusoffenbarung ist somit hoffnungslos. Der Mensch ist versklavt unter das Gesetz und unter die Mächte des Kosmos. Er ist den Verlockungen der Sünde hilflos ausgeliefert, die ihn mit Hilfe des Gesetzes zum Leben zu führen scheint, in Wahrheit aber in den Tod treibt. Der Mensch ist damit der Sinnlosigkeit und der Nichtigkeit aussichtslos preisgegeben. Er kann von sich aus den Teufelskreis des Bösen als Ineinander von Verhängnis und persönlicher Schuld nicht durchbrechen. Er lebt getrennt von Gott, ist in Wahrheit seiner selbst nicht mächtig und auf Hilfe angewiesen. Von dieser ausweglosen Situation sind nach dem paulinischen Zeugnis alle Menschen betroffen. Weder das Alter noch das Geschlecht noch die Rasse begründen in irgendeiner Form eine Ausnahmestellung. Man könnte einwenden, daß kleine Kinder noch nicht gesündigt haben und insofern von der paulinischen Beschreibung der Wirklichkeit jenseits des Glaubens nicht betroffen sind. Ein solches Urteil verkennt aber die Universalität des paulinischen Sündenbegriffes. Mit der Gestalt des Adam will Paulus deutlich machen: Der Mensch findet sich jenseits seines eigenen Tuns und jenseits seiner eigenen Möglichkeiten bereits immer in einer Unheilsgeschichte vor. Er ist bereits immer von der

Macht der Sünde bestimmt, sei er nun Kind oder Greis. Indem er Glied der Menschheit ist, betrifft ihn die Macht der Sünde, und er kann aus eigener Kraft diesem Zusammenhang nicht entrinnen.

So wie die grundlegende Entmachtung der Sünde durch Kreuz und Auferstehung Jesu Christi sich in einem einmaligen geschichtlichen Geschehen ereignete, so vollzieht sich auch die konkrete Einbeziehung in dieses Heilshandeln in einem einmaligen geschichtlichen Akt: der Taufe. Ausgangspunkt der paulinischen Argumentation in Röm 6 ist das Verhältnis von Sünde und Gnade[6]. Beide verhalten sich antithetisch zueinander, der Christ lebt im Bereich der Gnade und ist damit der Sünde gestorben. Aber wie? Paulus behauptet in Röm 6,3–5, daß der Christ durch das Taufen auf den Tod Jesu der Sünde gestorben ist. Die Taufe ist realiter ein Absterben der Sünde, eben weil sie Taufe auf den Tod Jesu ist. Ausgangspunkt ist dabei der Tod Jesu, der in der Taufe präsent ist. Der Taufvollzug wird als sakramentales Nacherleben des gegenwärtigen Todes Jesu durch den einzelnen Christen verstanden. Die sakramentale Parallelisierung des Todes Jesu mit dem Tod des Täuflings in der Taufe stellt den Bezug zum einmaligen Tod Jesu auf Golgatha her. Hat auch nur ein Tod die Sünde vollständig überwunden, der Tod Jesu Christi, so ist dieser Tod dennoch in der Taufe gegenwärtig, bewirkt er, daß auch der Christ der Sünde realiter stirbt. Die Taufe ist somit der Ort, wo die Heilsbedeutung des Todes Jesu für den Christen als Absterben gegenüber der Sünde Wirklichkeit wird. Hier vollzieht sich die Vernichtung des Sündenleibes und konstituiert sich die neue Existenz, die sich als ein Leben nach dem Geist vollzieht. Röm 6,4 betont die Schicksalsgemeinschaft zwischen Christus und den Seinen. Der Getaufte wird in der Taufe mit Christus begraben, er hat somit Anteil am gesamten Heilsgeschehen. So wie Christus durch den Tod hindurch zu einem neuen Sein gelangte, so wird auch dem Getauften ein neues Sein geschenkt, das sich im Gehorsam bewähren muß. In Röm 6,6 spricht der Apostel vom „alten Menschen", dessen Sündenleib in der Taufe vernichtet wurde. Positiv hat die Befreiung von der Sünde ein Leben in Gerechtigkeit zur Folge. In Röm 6,7 variiert Paulus diesen Gedanken, indem er den Tod in der Taufe noch einmal als Befreiung von der Sündenmacht interpretiert. Zusammenfassend beschreibt Paulus in Röm 6,8–11 die neue Situation des Getauften: Weil Jesus Christus gestorben und von den Toten auferstanden ist und der Getaufte in der Taufe vollständigen Anteil an diesem Heilsgeschehen erhielt, ist er auch dem Machtbereich des Todes und der Sünde entzogen. Als ein der Sünde Gestorbener lebt er nun für Gott. Ermöglicht wurde das neue Leben des Christen durch das Kreuz und die Auferstehung Jesu Christi, zugeeignet wurde es in der Taufe, und es vollzieht sich durch den Heiligen Geist.

Gottes Wirklichkeit in der Welt ist Geistwirklichkeit. Die Taufe ist nun der Ort, wo der einzelne Christ in diese Wirklichkeit eintritt. Für Paulus wie für das gesamte Urchristentum vollzieht sich der Empfang des Geistes in der Taufe (vgl. I Kor 2,12; II Kor 11,4; Gal 3,2.14; Röm 8,15). Die feste Verbindung zwischen Taufe und Geistverleihung bezeugen bei Paulus nachdrücklich I Kor 6,11; 12,13; II Kor 1,21f. In I Kor 6,11 bewirken die Ausrufung des Namens Jesu Christi und die Gegenwart des Geistes: Abwaschung, Heiligung und Gerechtmachung. Es handelt sich dabei um ein effektives Geschehen, durch die Taufe ist der Täufling frei von Sünden, gehört er zur auserwählten Gemeinde Gottes und ist er gerecht. Nach I Kor 12,13 wird der Christ durch den Geist in den Leib Christi hineingetauft: „Denn wir wurden durch einen Geist alle in einen Leib getauft, seien wir Juden oder Griechen, seien wir Sklaven oder Freie, und wir wurden alle mit einem Geist getränkt". Der im Geist gegenwärtige Christus schafft selbst durch den Geist die Einheit der Gemeinde. In II Kor 1,21.22[7] ist es Gott, der in der Taufe die Gemeinde mit Christus verbindet („Der aber, der uns mit euch auf Christus hin festmacht und uns gesalbt hat, ist Gott, der uns auch versiegelt und als Unterpfand den Geist in unsere Herzen gegeben hat"). Gott gibt als Angeld (ἀρραβών) den Geist, der die Salbung und Versiegelung im Taufgeschehen bewirkt. Bedeutsam ist hier die Gegenüberstellung des Partizip Präsens βεβαιῶν (= „festmachen") mit den Aorist-Partizipien χρίσας (= „gesalbt"), σφραγισάμενος (= „versiegelt") und δούς (= „gegeben"), denn dadurch wird die Wirkung der Taufe keineswegs auf den vergangenheitlichen Taufakt beschränkt, sondern mit Hilfe der Geistvorstellung die Wirkung des Taufgeschehens für Gegenwart und Zukunft betont. Der innere sachliche Zusammenhang von Geistverleihung und Taufgeschehen wird schließlich auf der Makroebene paulinischer Briefe besonders in der bewußten Zuordnung von Gal 2,19.20 zu Gal 3,2–5; Gal 3,26–28 zu Gal 4,6.7 und Röm 6 zu Röm 8 deutlich.

Die Taufe als ein Geschehen in der Kraft des Geistes ermöglicht dem Menschen das „Sein in Christus"[8]. Der auferstandene Jesus Christus wirkt nach I Kor 15,45 als πνεῦμα ζῳοποιοῦν (= „lebendigmachender Geist"). In II Kor 3,17 kann Paulus sagen: ὁ δὲ κύριος τὸ πνεῦμά ἐστιν (= „der Herr aber ist der Geist"). Durch die Taufe und in der Taufe gelangt somit der Christ in den Raum des pneumatischen Christus (vgl. Gal 3,26–28). So wie der Getaufte nun in Christus ist, so wirken der Erhöhte (vgl. Gal 2,20; 4,19; II Kor 11,10; 13,5; Röm 8,10) und der Geist (vgl. I Kor 3,16; 6,19; Röm 8,9.11) im Getauften. Diese Aussagen verdeutlichen: So wie der Glaubende im Geist Christus eingegliedert ist, so wirkt nun Christus in ihm als πνεῦμα. Damit hat das Leben des Getauften eine grundlegende

Wende genommen, er führt nun ein Leben nach der Maßgabe des Geistes und nicht mehr unter der Macht der Sünde und des Fleisches. Gottes neue Wirklichkeit erschließt sich somit für den Getauften als Geistwirklichkeit. In der Taufe vollzieht sich die Wende vom todbringenden Joch der Sarx zum lebensspendenden Dienst des Pneumas. Es findet ein grundlegender Wandel statt, die Aufnahme in den Lebensbereich Christi hat die Dimension einer Neuschöpfung: „Ist jemand in Christus, so ist er eine neue Schöpfung. Das Alte ist vergangen, siehe, Neues ist geworden" (II Kor 5,17). Gottes schöpferisches Handeln für den Menschen beschränkt sich nicht auf das einmalige Ins-Dasein-Holen, sondern in der Taufgabe des Geistes gewährt Gott dem Menschen Anteil an seiner Schöpfungsmacht. Der Getaufte lebt nach der Maßgabe des Geistes, die ihm Versicherung des gegenwärtigen Heils und Unterpfand der noch ausstehenden Erlösung ist. Der Geist ermöglicht, daß der Christ bleiben kann, was er schon geworden ist. Der Christ befindet sich in einer neuen Situation und in einer neuen Zeit: der Zeit des Geistes. Die veränderte Wirklichkeit des Christen bestimmt deshalb nicht nur Vergangenheit und Gegenwart, sondern umgreift ebenso die Zukunft. Röm 8,11: „Wenn aber der Geist dessen, der Jesus Christus von den Toten auferweckt hat, in euch wohnt, wird der, der Christus von den Toten auferweckt hat, auch eure sterblichen Leiber durch seinen in euch wohnenden Geist lebendig machen." Hier erscheint die Auferstehung der Glaubenden als ein Schöpfungsakt, in dem Gott gleichsam an sich selbst anknüpft: Der in der Taufe verliehene und im Christen wohnende Geist erscheint als das Kontinuum göttlicher Lebensmacht. Was Gott an Christus vollzog, läßt er nun durch den in der Taufe verliehenen Geist auch den Glaubenden zuteil werden.

Wie verhalten sich diese Aussagen zum paulinischen Glaubensbegriff? Für Paulus sind die Getauften ja immer zugleich die Glaubenden[9]. Der Glaube ruht für Paulus nicht in einem Entschluß des Menschen, sondern er ist eine Gnadengabe Gottes. Phil 1,29: „Denn euch wurde es geschenkt, für Christus – nicht nur an ihn zu glauben, sondern auch für ihn – zu leiden." Der Glaube ist ein Werk des Geistes, denn: „Niemand kann sagen: Herr ist Jesus! außer im Heiligen Geist" (I Kor 12,3b). Der Glaube erwächst aus der Verkündigung, die ihrerseits auf das Wort Christi zurückgeht (Röm 10,17). Das Hören des Glaubens (Gal 3,2.5) vollzieht sich in der Predigt des Evangeliums. In I Kor 15,11b schließt Paulus seine grundlegende Unterweisung mit den Worten ab: „So haben wir verkündigt und so habt ihr geglaubt". Geist und Glaube sind bei Paulus ursächlich miteinander verbunden, denn der Glaube ist eine Gabe des Geistes (Gal 5,22). Der Geist ermöglicht und eröffnet den Glauben, und der Glaubende führt ein Leben in der Kraft des Geistes. Es gilt: „Denn wir erwarten im Geist aus Glauben die Hoffnung auf Gerechtigkeit" (Gal 5,5). Der Glaube ist bei Paulus eine Gabe Gottes, Gott ist es, der das Wollen und das Vollbringen bewirkt (Phil 2,13). Der Glaube entsteht aus der Heilsinitiative Gottes, der Menschen in den Dienst der Evangeliumsverkündigung ruft. Gott allein ist der Schenkende, der Mensch der Empfangende. Die Rechtfertigung durch den Glauben an Jesus Christus vollzieht sich geschenkweise durch Gottes Gnade (Röm 3,24). Jesus Christus ist gleichermaßen der Auslöser und der Inhalt des Glaubens. Zentrum des Glaubens ist somit nicht der Glaubende, sondern das Geglaubte. Daher kann der Glaube nicht das Mittel sein, mit dem der Mensch die Voraussetzung für Gottes rettendes Handeln schafft. Was für die Taufe gilt, trifft auch für den Glauben zu: Gott allein ist der Handelnde, der Glaube ist immer eine Gottestat, die der Mensch nur passiv empfangen kann.

Für Paulus vollzieht sich die Teilhabe am Heilsgeschehen auf geschichtliche Weise, so wie das Heilshandeln Gottes in Jesus Christus selbst geschichtlich war. Nach paulinischem Verständnis ist es Gott selbst, der die Taufe und das Abendmahl als die Orte bestimmte, an denen er sich begegnen, erschließen und erfahren lassen will (vgl. I Kor 10,1–4). Die Taufe hat aus paulinischer Sicht eine „Mittelposition" inne: Sie kommt vom Kreuz her, ohne mit dem Kreuz identisch zu sein, und sie führt zur Vollendung hin, ohne die Vollendung zu sein. Nicht Spekulationen über die Präsenz Gottes in Raum und Zeit, nicht der Versuch, die Bedeutung des Kreuzes zu schmälern, haben Paulus dazu geführt, immer wieder auf die Taufe als den Ort des gegenwärtigen Heilshandelns Gottes am Menschen zurückzugreifen. Vielmehr hatte er die Gewißheit, daß Gott selbst diesen Ort erwählte. Die Taufe ist der Ort des zuvorkommenden und gnädigen Handelns Gottes am Menschen, der Befreiung von der Macht der Sünde und des Todes und der Indienstnahme für ein neues Leben nach Gottes Willen. Sie ist nach paulinischer Überzeugung immer zuerst Gottes Tat. Sie ist das Primärdatum christlicher Existenz. Paulus stellt keine Erwägungen über die Heilsnotwendigkeit der Taufe oder einer bestimmten Form von Taufe an, sondern er geht selbstverständlich von der Heilstatsächlichkeit der Taufe aus.

2. Die Taufaussagen der Apostelgeschichte

In Apg 1,5 sagt der Auferstandene zu seinen Jüngern: Johannes taufte mit Wasser, ihr aber werdet mit Heiligem Geist getauft werden". Dieser Text führte in Verbindung mit Mk 1,8 und Apg 11,16 Markus Barth[10] und

Karl Barth[11] zu der grundsätzlichen Unterscheidung zwischen Wassertaufe und Geisttaufe, die dann von Karl Barth in der Kirchlichen Dogmatik IV/4 zum hermeneutischen Schlüssel für das Verständnis aller neutestamentlichen Texte gemacht wurde. Die „Geisttaufe", bei der Gott als Täufer zu denken ist, bezeichnet dann die vom Heiligen Geist bewirkte Wende eines Menschen zum christlichen Glauben. Allein diese Geisttaufe ist ein Sakrament, nur sie beinhaltet ein effektives, kausatives und schöpferisches Handeln Gottes am Menschen. Die „Wassertaufe" hingegen ist die menschliche Antwort auf Gottes vorangehendes Handeln in der Geisttaufe. Sie ist exklusiv menschliche Tat, gehört in den Bereich der Ethik und kann naturgemäß nur in der Form der Erwachsenentaufe durchgeführt werden. Läßt sich aber eine derart weitreichende dogmatische Unterscheidung von diesen Textstellen ableiten? Mit der Aussage „Johannes hat mit Wasser getauft, ihr aber werdet mit dem Heiligen Geist getauft werden", wird eine innerchristliche Unterscheidung von zwei Taufarten gemacht, einer Wassertaufe und einer Geisttaufe. Damit wird die Johannestaufe unterschieden von der Taufe, die Christen empfangen. Es handelt sich hier um eine heilsgeschichtliche Unterscheidung: Die Johannestaufe konnte noch nicht geben, was nun die christliche Taufe gewährt. Auch für Lukas gehören Taufe und Geistempfang zusammen[12]. Dies wird deutlich in der Pfingstpredigt des Petrus, wo in Apg 2,38 die Aufforderung zur Taufe mit der Verheißung des Geistempfanges verbunden wird: „Kehrt um, und jeder von euch lasse sich taufen auf den Namen Jesu Christi zur Vergebung der Sünden, so werdet ihr die Gabe des Heiligen Geistes empfangen". Die Folge Umkehr – Taufe – Empfang des Heiligen Geistes macht deutlich, daß Lukas nicht zwischen Wasser- und Geisttaufe unterscheidet, sondern Taufe (mit Wasser) und Geistempfang für ihn eine Einheit bilden. Geradezu lehrmäßig wird der Zusammenhang zwischen Taufe und Geistempfang in Apg 19,1–6 entfaltet. Paulus fragt einige Jünger in Ephesus, ob sie den Heiligen Geist empfingen, als sie gläubig wurden. Auf ihr Nein hin fragt er sie, worauf sie denn getauft wurden. „Auf die Taufe des Johannes. Paulus sprach: Johannes hat nur eine Taufe der Umkehr vollzogen und dem Volk gesagt, sie sollten an den glauben, der nach ihm komme: an Jesus. Als sie das hörten, ließen sie sich auf den Namen des Herrn Jesus taufen. Paulus legte ihnen die Hände auf und der Heilige Geist kam auf sie herab." (Apg 19,3b–6a). Deutlich ist hier der Empfang des Heiligen Geistes an die Taufe auf den Namen Jesu gebunden, d. h. Geistempfang und die Taufe mit Wasser werden gerade nicht getrennt, sondern als ein einheitlicher Akt gesehen. In die gleiche Richtung weist Apg 8,14ff. Petrus und Johannes gehen hinab nach Samaria, damit die dort zum Glauben

Gekommenen den Heiligen Geist empfangen, denn „sie waren nur getauft auf den Namen des Herrn Jesus. Da legten sie die Hände auf sie und sie empfingen den Heiligen Geist" (Apg 8,16b.17). Der Sinn dieser zunächst befremdlich erscheinenden Abfolge ist offenkundig: Durch das Kommen von Petrus und Johannes werden die neugegründeten Gemeinden in Samaria der apostolischen Autorität unterstellt und in die apostolische Kirche einbezogen. Lukas betont die Einheit der schnell wachsenden Missionsgebiete mit der Jerusalemer Urgemeinde. Offenbar wurde schon früh innerhalb der Tauffeier der Geistempfang dem Akt der Handauflegung zugeordnet, und dies bot Lukas die Möglichkeit, durch die Handauflegung der Apostel die vorangegangene Taufe richtig zu vollziehen. Lukas macht relativ wenige Aussagen über das Wesen der Taufe. Er stellt die Missionserfolge der jungen Kirche dar und betont den festen Zusammenhang zwischen Taufe und Geistempfang. Ebenso selbstverständlich ist es, daß zum Glauben Gekommene sich gleich taufen lassen. Geradezu klassisch wird das in der Erzählung vom Kämmerer aus dem Morgenland in Apg 8,26–40 erzählt. Philippus liest dem Kämmerer aus der Schrift vor, der Kämmerer nimmt die Botschaft an und „als sie des Weges dahinfuhren, kamen sie an ein Wasser. Und es sprach der Kämmerer: Siehe, da ist Wasser! Was hindert, daß ich getauft werde? Und er ließ den Wagen anhalten, und beide stiegen in das Wasser, Philippus und der Kämmerer. Und er taufte ihn" (Apg 8,36–38).

3. Der Missionsbefehl Matthäus 28,16–20

Die Erscheinung des Auferstandenen, seine Inthronisation zum Herrscher und der Missionsbefehl in Mt 28,16–20 bilden nicht nur den Abschluß des Matthäusevangeliums, sie sind der Fluchtpunkt, auf den hin sich das gesamte Evangelium bewegt und von dem her es gelesen werden will[13]. Mt 28,16–20 ist der theologische und hermeneutische Schlüssel zu einem sachgemäßen Verstehen des gesamten Evangeliums. Im Zentrum dieses Abschnittes steht die Vorstellung der universalen Herrschaft Jesu. Sie zeigt sich in der Inthronisation V. 18b, dem viermaligen πᾶς in V. 18b.19a.20a.b, dem Missionsbefehl V. 19.20a und der Zusage immerwährender Gegenwart in V. 20b. Voraussetzung für das missionarische Wirken der Jünger ist der Herrschaftsantritt Jesu, der Auferstandene ist Herr über die Erde und den Himmel, alles liegt in seiner Hand, und in dieser Gewißheit dürfen die Jünger zu den Völkern gehen. Auffällig in V. 19 ist die Reihenfolge „Taufen" und „Lehren": „Taufet sie auf den Namen des Vaters, des Sohnes und des Heiligen Geistes und lehret sie halten alles, was ich euch befohlen habe." Werden die Christen erst dann getauft, wenn ihnen die Lehre bekannt war? Diese Reihenfolge finden wir in der Taufanweisung Didache 7,1: „Nachdem ihr dies alles voher gesagt habt, tauft auf den Namen des Vaters und des Sohnes und des Heiligen Geistes in lebendigem Wasser". Wenn Matthäus nun die einfache Reihenfolge „Taufen" und „Lehren" wählt, so macht er damit deutlich: In die Nachfolge Jesu wird der Mensch durch die Taufe berufen, durch die Taufe wird er zum Jünger. Auch für Matthäus ist die Taufe nicht ein Akt, der im Entschluß des Menschen gründet, sie ist allein Geschenk der Gnade Gottes. In der Taufe wird dem Getauften die ganze Fülle des göttlichen Zuspruches zuteil. Wird man durch die Taufe zum Jünger, so ruft die Lehre dazu auf, das in der Taufe Geschenkte nun im Gehorsam gegen die Weisungen Jesu im Alltag des Lebens zu realisieren. Dem Indikativ des Heilsgeschehens in der Taufe folgt bei Matthäus der Imperativ der Lehre, die zur Verwirklichung des Geschenkten aufruft. Die Taufe führt somit nach Mt 28,19f in die Lebens- und Lehrgemeinschaft mit dem auferstandenen Jesus Christus.

4. Die Taufe im Johannesevangelium

Das Johannesevangelium[14] berichtet als einzige Schrift des Neuen Testaments von einer Tauftätigkeit Jesu. So heißt es in Joh 3,22: „Darauf begab sich Jesus mit seinen Jüngern in die Landschaft Judäa, dort hielt er sich mit ihnen auf und taufte." Auf eine Auseinandersetzung zwischen der johanneischen Gemeinde und den Anhängern Johannes d. T. über die rechte Taufpraxis weist Joh 3,25f hin: „Da kam es zu einem Streit zwischen den Johannesjüngern und einem Juden über die Reinigung. Sie gingen zu Johannes und sagten zu ihm: ‚Rabbi, der bei dir war jenseits des Jordans, für den du Zeugnis abgelegt hast, siehe, er tauft und alle laufen zu ihm.'" Offenkundig projiziert hier die johanneische Gemeinde ihren zahlenmäßigen Erfolg gegenüber der Täufergruppe in das Leben Jesu zurück, so daß Johannes der Täufer auch hier als bloßer Vorläufer erscheint. In eine ähnliche Richtung weist Johannes 4,1: „Als nun der Herr erfuhr, daß die Pharisäer gehört hatten, Jesus gewinne und taufe mehr Jünger als Johannes" – (nun folgt eine späte Korrektur „obschon nicht Jesus selbst taufte, sondern seine Jünger") – „verließ er Judäa und zog wieder fort nach Galiläa". Deutlich wird aus diesen Stellen, daß auch innerhalb der johanneischen Schule die Taufe der normale Initiationsritus war. Nur im Johannesevangelium wird diese Praxis aber im Leben des geschichtlichen Jesus verankert, so daß ihr sowohl von der johanneischen Tradition als auch vom Evangelisten eine große Bedeutung beigemessen wird. Indem

die johanneische Schule in der Gegenwart tauft, führt sie das Werk des
geschichtlichen Jesus weiter und erweist sich somit als dessen legitimer
Nachfolger. Vielleicht bewirkte auch die anfängliche Konkurrenzsituation
zur Täufergruppe ein verstärktes Nachdenken über die eigene Taufpraxis
und ihre historische und theologische Begründung. Der Evangelist setzt
die Taufe nicht nur beiläufig voraus, sondern Joh 3,23.25–30; 4,1 doku-
mentieren ein eminent theologisches Interesse. Als konstitutiver Aufnahme-
ritus in die Gemeinde ist die Taufe für Johannes conditio sine qua non
christlicher Existenz. So ist es nur folgerichtig, wenn der vierte Evangelist
auch Aussagen über das Wesen der Taufe macht. Sie finden sich im Niko-
demusgespräch, wo Jesus in Joh 3,5 sagt: „Wahrlich, wahrlich, ich sage
dir: Wenn jemand nicht aus Wasser und Geist geboren wird, kann er in das
Reich Gottes nicht eingehen." Rudolf Bultmann[15] und in seinem Gefolge
viele andere Exegeten hielten in diesem Vers die Worte ὕδατος καί
(= „Wasser und") für sekundär und strichen sie. Dann wäre bei Johannes
lediglich von einer Geisttaufe die Rede, der Bezug auf die reale Taufe mit
Wasser läge nicht mehr vor. Ein weder theologisch noch text- oder literar-
kritisch zu rechtfertigendes Vorgehen, in der neuesten Johannesexegese
wird fast von allen Exegeten ὕδατος καί für ursprünglich gehalten. Zudem zeigen ja auch die Berichte über die Tauftätigkeit Jesu, daß der
Evangelist die Taufe als normalen Initiationsritus in seiner Gemeinde voraussetzt, so daß er auch Aussagen über das Wesen der Taufe machen muß.
Für Johannes ist die Zeugung/Geburt aus Wasser und Geist und damit die
Taufe die Bedingung für die Teilhabe am eschatologischen Heil. Insbesondere die einen Ausschließlichkeitscharakter nahelegende Formulierung
„wenn nicht – dann nicht" zeigt die grundsätzliche Bedeutung der Aussage
an: Es gibt keinen anderen Zugang zum Reich Gottes als die Taufe. Die
Taufe ist die Einlaßbedingung in das Reich Gottes und ist damit heils-
tatsächlicher Initiationsritus. Sie ist der Ort der Geistverleihung und der
eschatologischen Neuschöpfung. Die Vorstellung der Taufe als einer Geburt von oben – von neuem zeigt deutlich, daß allein Gott Subjekt dieses
Geschehens ist. So wie die Geburt ein Widerfahrnis ist, so ist auch die
Taufe ein Geschehen, das sich am Menschen ereignet, das nicht menschliche Aktivität, sondern Passivität voraussetzt. Als ein von Gott selbst ins
Werk gesetzter Akt wahrt damit die Taufe die Unverfügbarkeit des Heilsgeschehens. Sie ist der Ort, an dem der Mensch in das Heil eingeht.
Bedenkt man die Bedeutung des Glaubensbegriffes im vierten Evangelium, so ist es um so auffälliger, daß die Taufe hier nicht an den Glaubensbegriff gekoppelt ist. Natürlich spricht Johannes in seiner Gemeinde
bereits Glaubende an, die Taufe aber wird an keinerlei Bedingungen oder

Voraussetzungen geknüpft, sie ist allein ein souveräner Akt Gottes am Menschen.

3. Folgerungen

Nach dem Zeugnis aller neutestamentlichen Schriften ist die Taufe alleinige Gottestat. Gott selbst erwählte sie als den Ort, an dem das Leben des Menschen durch die Verleihung des Heiligen Geistes und die Vergebung der Sünden eine neue Ausrichtung erhält. Deshalb ist die Taufe heilstatsächlich, die neutestamentlichen Schriften spekulieren nicht über die Heilsnotwendigkeit der Taufe, sondern sie gehen von ihrer Heilstatsächlichkeit aus. Weil die Taufe den Beginn eines neuen Seins markiert, ist sie das Primärdatum christlicher Existenz. Die Taufe kann deshalb nicht wiederholt werden, wo immer dies geschieht, verstößt man in eklatanter Weise gegen die Schrift und den Willen Gottes. In der Taufe gewinnt die Liebe Gottes zu den Menschen Gestalt, wird der Einzelne geschichtlich in das universale Heilshandeln Gottes mit einbezogen.

Die in der Theologiegeschichte so heftig umstrittenen Problemfelder Wort – Sakrament, Glaube – Sakrament finden sich in der oft behaupteten Polarität im Neuen Testament nicht. Zwischen dem Wort und dem Sakrament besteht kein Konkurrenzverhältnis, es gibt keine Über- und Unterordnungen. Vielmehr: Das Wort benennt, was Gott im Sakrament schon gegeben hat und was er durch das Sakrament noch geben wird (vgl. Röm 8,11). Auch Glaube und Taufe sind keine Gegensätze, sondern der Glaube empfängt die Taufe (vgl. Gal 3,26; Röm 3,25), er bekennt die Taufe (Röm 6,17), er folgt der Taufe und er bedenkt die Taufe (Röm 6,3.6.9). Glaube und Taufe sind nicht verschiedene Quellen des Heils, sondern die Taufe eignet zu, was der Glaube bekennt, und der Glaube bedenkt und vollzieht, was die Taufe schenkt.

Welche Art der Taufe entspricht nun den herausgearbeiteten Grundzügen neutestamentlicher Tauftheologie? Die Antwort kann nur lauten: Kinder- und Erwachsenentaufe entsprechen dem Wesen der Taufe gleichermaßen, wenn sie in dem Bewußtsein begangen werden, daß Gott allein in diesem Taufgeschehen handelt und es ausschließlich auf die Zusage und das Tun Gottes in der Taufe ankommt. Zur Zeit der Entstehung der neutestamentlichen Schriften wurde die Erwachsenentaufe praktiziert, weil Kinder in der Antike rechts- und religionsunmündig waren[16]. Diese Taufform der Erwachsenentaufe ist aber an keiner Stelle Inhalt der Tauflehre, sie wird nicht zur Bedingung für den sachgemäßen Vollzug der Taufe gemacht, sondern sie stellt eine kulturelle Gegebenheit dar. Nicht mensch-

liche Vorleistungen oder Bedingungen machen die Taufe zu dem, was sie
ist, sondern allein das Ja Gottes zum Getauften. Dieses Ja Gottes ist unabhängig von Alter, Rasse, Nationalität und vorheriger Religion. In der Taufe
bricht sich die durch Jesus Christus erworbene Gnade Gottes Bahn. Der
Mensch kann diese Gnade nur dankbar empfangen. Gottes Ja zu dem
einzelnen Menschen in der Taufe will das ganze Leben hindurch wirken
und das ganze Leben eines Menschen bestimmen. Deshalb entspricht die
Kindertaufe durchaus dem neutestamentlichen Taufverständnis, denn hier
wird die Taufe als ein Geschehen verstanden, das das gesamte Leben des
Menschen betrifft und nicht erst ab einem bestimmten Zeitpunkt gilt. Es
gibt keinen ernsthaften theologischen Grund, die Taufe hinauszuzögern
und damit die Gaben der Taufe Menschen vorzuenthalten. Zudem ist es
eine Illusion, als könnten zu irgend einem Zeitpunkt Taufakt und das Ja
des Getauften wirklich zur Übereinstimmung kommen. Die Einmaligkeit
der Taufe kann nicht im Ja des Getauften, sondern nur im göttlichen Ja
zum Getauften liegen[17]. Wann weiß der Getaufte denn, daß sein Ja im
Glaubensbekenntnis und das Ja Gottes in der Taufe wirklich zusammenfallen? Hier gelten keine menschlichen Beschlüsse, keine subtil als Demut
ausgegebenen Vorleistungen, sondern die Taufe lebt allein von der Verheißung Gottes. Diese Verheißung Gottes ist aber von allem menschlichen
Wollen unabhängig. Der Mensch kann in keiner Weise bestimmen, wann
die verheißene Gnade Gottes in der Taufe zur Wirkung kommt. Deshalb
ist die Passivität die einzige dem Täufling angemessene Haltung, alle
Aktivität in der Taufe geht von Gott aus. Insofern ist die Kindertaufe die
Übertragung der paulinischen Rechtfertigungslehre auf das Gebiet der Ekklesiologie. Würde man die Kindertaufe durch die Erwachsenentaufe ersetzen, wären die Probleme nicht gelöst, sondern nur verschoben. Es bliebe
die Frage, ob die Bemühungen der christlichen Gemeinde und das im
Glauben gesprochene Ja des Taufbewerbers wirklich zusammenfallen mit
dem Ja Gottes in der Taufe. Hier gäbe es keine Sicherheiten, sondern wir
befänden uns in der gleichen Situation wie bei der Kindertaufe: Alles
hängt am Tun Gottes, nichts am Wollen des Menschen.

Das Problem der Kindertaufe liegt somit nicht in ihrer christologischen,
soteriologischen und pneumatologischen Begründung, sondern allein in
der kirchlichen Praxis. Wenn die Taufe der Beginn des neuen Lebens mit
Gott in der Kraft des Heiligen Geistes ist, dann bedarf es der ständigen
Bejahung der in der Taufe ergangenen Verheißung. Immer wieder darf der
Täufling zurückkehren zu dem Ort, wo sein Leben neu begann. Hier ist die
christliche Gemeinde gefordert und hier versagt sie. Die Taufe verschwin-
det im Niemandsland, sie verbleibt für immer im Dunkel, wenn in der

Gemeinde nicht immer wieder auf dieses Ja Gottes zum einzelnen Menschen hingewiesen wird. Dies kann in der Predigt geschehen, in der Tauferinnerung im Kindergottesdienst, in Taufgesprächen, in Elternseminaren und im Feiern des Tauftages[18]. Wenn die christliche Gemeinde legitim die Kindertaufe praktiziert, dann übernimmt sie damit auch in einem gewissen Sinn Verantwortung für die in ihrem Raum Getauften. Sie verpflichtet sich damit, immer wieder Räume zu schaffen, wo Getaufte zu dem Ort ihrer Gemeinschaft zurückkehren können. Die Kindertaufe wird theologisch erst dann fragwürdig, wenn die christliche Gemeinde faktisch diesen unüberbietbaren Anfang der Zuwendung Gottes zu einem Menschen totschweigt.

Vergißt die christliche Gemeinde die Taufe, so vergißt sie auch, was sie in Wahrheit trägt und erhält: die Gegenwart des lebendigen Gottes. In der Taufe bricht sich die Gnade Gottes Bahn, in ihr hält der lebendige Gott Einzug in das Leben eines Menschen, mit der Taufe beginnt die auch durch den Tod nicht endende Gemeinschaft mit Gott.

Anmerkungen

1 Vgl. zur damaligen Debatte H. Hubert, Der Streit um die Kindertaufe. Eine Darstellung der von K. Barth 1943 ausgelösten Diskussion um die Kindertaufe und ihrer Bedeutung für die heutige Tauffrage, EHS.T 10, Frankfurt 1972.

2 Vgl. K. Barth, Die kirchliche Lehre von der Taufe, ThSt 14, München [4]1953; M. Barth, Die Taufe – ein Sakrament?, Zürich 1951; K. Barth, Die Kirchliche Dogmatik IV/4, Zürich 1967. Vgl. zur Darstellung und Kritik U. Schnelle, Gerechtigkeit und Christusgegenwart. Vorpaulinische und paulinische Tauftheologie, GTA 24, Göttingen [2]1986, S. 20–24.169–171.

3 Vgl. hier U. Schnelle, Neutestamentliche Anthropologie. Jesus – Paulus – Johannes, BThSt 18, Neukirchen 1991.

4 Vgl. dazu G. Röhser, Metaphorik und Personifikation der Sünde, WUNT 2.25, Tübingen 1987.

5 Vgl. zu Röm 7 bes. R. Weber, Die Geschichte des Gesetzes und des Ich in Röm 7,7–8,4, NZSTh 29 (1987), S. 147–179.

6 Zur Auslegung von Röm 6 vgl. zuletzt A. J. M. Wedderburn, Baptism and Resurrection, WUNT 44, Tübingen 1987.

7 Vgl. hierzu E. Dinkler, Taufterminologie in II Kor 1,21f; in: ders., Signum crucis, Tübingen 1967, S. 99–117.

8 Vgl. zur ausführlichen Darstellung U. Schnelle, Gerechtigkeit und Christusgegenwart, S. 106–135.225–242.

9 Zum paulinischen Glaubensbegriff vgl. G. Friedrich, Glaube und Verkündigung bei Paulus, in: Glaube im Neuen Testament (FS H. Binder), hg. v. F. Hahn u. H. Klein, BThSt 7, Neukirchen 1982, S. 93–113.

10 Vgl. M. Barth, Die Taufe, S. 20ff.

11 Vgl. K. Barth, KD IV/4, S. 33ff.
12 Vgl. zu den Taufaussagen der Apostelgeschichte bes. G. Barth, Die Taufe in früh-
    christlicher Zeit, BThSt 4, Neukirchen 1981, S. 60ff.
13 Vgl. zur Analyse G. Strecker, Der Weg der Gerechtigkeit, FRLANT 82, Göttingen
    ³1971, S. 208–214; G. Friedrich, Die formale Struktur von Mt 28,18–20, ZThK 80
    (1983), S. 137–183.
14 Zu den johanneischen Tauftexten vgl. U. Schnelle, Antidoketische Christologie im
    Johannesevangelium, FRLANT 144, Göttingen 1987, S. 196–213.
15 Vgl. R. Bultmann, Das Johannesevangelium, KEK II, Göttingen ¹⁹1968, S. 98 Anm. 2.
16 Vgl. zu diesem Komplex zuletzt F. Hahn, Kindersegnung und Kindertaufe im ältesten
    Christentum, in: Vom Urchristentum zu Jesus (FS J. Gnilka), hg. v. H. Frankemölle
    u. K. Kertelge, Freiburg 1989, S. 497–507.
17 Vgl. hier die Überlegungen von G. Ebeling, Dogmatik des christlichen Glaubens III,
    Tübingen 1979, S. 326f.
18 Vgl. hier Chr. Lienemann-Perrin (Hg.), Taufe und Kirchenzugehörigkeit, München
    1983; Chr. Grethlein, Taufpraxis heute, Gütersloh 1989.

Aber hier in der Taufe sterben wir der Sünde und stehen wieder auf, daß
wir in Sünden nicht verzweifeln, sondern in Christus hinein wieder auferstehen. Da sind wir in Christus gebacken. Sein Tod und seine Auferstehung sind in mir, und ich bin in seinem Tod und seiner Auferstehung. Wo
sein Tod und seine Auferstehung sind, da bin auch ich. So hat er sich mit
uns vereinigt, das ist: Ohne Unterlaß sterben wir der Sünde, wie wir damit
begonnen haben, und stehen ohne Unterlaß wieder auf, wie wir's begonnen
haben, bis der Leib zu Staub wird. Dann wird ihn Gott hervorziehen, daß
er klarer leuchtet als die Sonne.   Martin Luther

KARLMANN BEYSCHLAG

Werner Elert in memoriam[*]

I. Erste Begegnung

Woran liegt es, daß dieser Erlanger Lutheraner, den man schon zu
Lebzeiten als den „Lutheranissimus" unter den evangelischen Theologen
bezeichnete, für uns Heutige, rund 30 Jahre nach seinem Tode, bereits so
schwer zugänglich ist, daß man die Beschäftigung mit ihm als Problem
empfinden muß? Man könnte zunächst meinen, das sei i. w. eine Frage
unserer eigenen Verständigungsfähigkeit. In der Tat gibt es, soweit ich
sehe, kaum eine Generation, die der eigenen Vergangenheit, und zumal
der sog. „jüngsten Vergangenheit", so distanziert, aber auch so verständ-
nislos gegenübersteht wie – ausgerechnet – unser heutiges Zeitalter mit
seiner nicht abreißenden „Gedenk"- und „Jubiläums"-Schwemme. Und so
gesehen ist Elert sogar ein Kardinalfall: Wer etwa die fleißige, wenn auch
etwas säuerliche Elert-Dissertation des Katholiken Leo Langemeyer oder
gar die – freilich stocksauere – Elert-Abfertigung des Ernst-Wolf-Jüngers
Friedrich Duensing zur Hand nimmt, in denen Elerts Theologie in atomare
Partikel zerlegt, bzw. zerhämmert wird mit dem Resultat, daß der Meister
entweder die Bibel falsch verstanden oder Luther Gewalt angetan habe,
der fragt sich unwillkürlich, wie das eigentlich kommt, daß dieser Geistes-
riese theologisch so betriebsblind war, während die nachgeborenen Zwerge
offenbar auf Anhieb imstande sind, ihm alle seine theologischen und sonstigen Sünden vor- und nachzurechnen.[1] Gewiß gibt es in Sachen Elert
inzwischen auch Gegenstimmen, etwa die von Wilhelm Gerhold oder Rudolf Keller, aber diese Gegenstimmen bilden innerhalb der heutigen Elert-
Presse keineswegs die Dominante, sondern allenfalls die Opposition.[2] Noch
im vergangenen Jahr hatte ich angesichts des sog. „Barmen-Jubiläums"
(aber wen oder was hat man da eigentlich bejubelt?) aus berufenem Munde
die kolossale These zu vernehmen, daß der Autor bzw. Mit-Autor des
berüchtigten „Ansbacher Ratschlages" von 1934 (versteht sich; denn es
gibt auch einen solchen von 1524), wenn man ihn schon nicht direkt bei

---

[*] Vortrag, gehalten am 28. November 1985 im Auslands- und Diaspora-Theologen-
heim des Martin-Luther-Bundes bei einem Heimabend aus Anlaß des 100. Geburts-
tages von Werner Elert (19. August 1885–21. November 1954).

den „Deutschen Christen" unterbringen könne, so doch jedenfalls zu den geistigen Schrittmachern der heutigen Befreiungstheologie zu rechnen sei.[3]

Das ist die Durchschnittsmode, in die man Elert heute weithin zu kleiden pflegt, und so gesehen hielte ich es allerdings für richtiger, über Elert zu schweigen statt über ihn zu reden.[4] Und doch wäre es verfehlt, wollte man den Mißwuchs der gängigen Elert-Interpretation *allein* dem herrschenden Zeitgeist zur Last legen. Tatsächlich geht nämlich die hermeneutische Schwierigkeit in diesem Fall keineswegs bloß von uns Heutigen aus, sondern sie geht in Wahrheit, ja in erster Linie von Elert selbst aus. Denn dieser Ungewöhnliche, ja Ungewöhnlichste unter den Lutheranern des letzten Jahrhunderts kultiviert nicht nur (und zwar bis in seine kristallene Stilistik) ein wissenschaftliches Niveau, das dem heutigen Trend auf Pauschalierung, Primitivierung und Proletarisierung des gesamten geistigen Lebens diametral zuwiderhandelt, sondern er verbindet damit zugleich auch eine Qualität theologischen Problembewußtseins, die uns im gegenwärtigen Zeitalter nahezu ungeläufig zu werden droht. Und hier muß das Ungewohnteste sogleich vorweggenommen werden. Um es mit einem Wort zu sagen: Elert ist seinem theologischen Ansatz nach weder Wort-Gottes-Theologe, noch Kerygmatheologe, noch Bibeltheologe im biblizistischen Sinn, sondern er ist von Hause aus lutherischer Erfahrungstheologe, Erfahrung nämlich in dem Sinn, wie er von den aus der lutherischen Erweckung hervorgegangenen Erlanger Theologen des 19. Jahrhunderts begründet und seitdem in höchster kirchlicher Verantwortung vertreten wurde. Dieser Begriff der „Erfahrung", aus der theologischen Subjektivität in die Objektivität versetzt und in dieser Form den ungeheuerlichen Herausforderungen des 20. Jahrhunderts konfrontiert − Gott redet nicht nur mit uns, sondern wir haben es immer und überall mit ihm zu tun! −, das ist der Inbegriff von Elerts theologischer Existenz.[5]

Wir müssen uns also von allen geläufigen theologischen Vorverständnissen freimachen und auf den problemgefährdeten Weg christlicher Erfahrung begeben, wenn anders wir Elert als Theologen verstehen wollen. Um diesen Weg etwas abzukürzen, zugleich aber auch, um Elerts Persönlichkeit sofort kennenzulernen, gestatten Sie bitte, daß ich mit einer eigenen Erfahrung beginne, indem ich Sie kurzerhand zu Elert ins Kolleg mitnehme. Wir versetzen uns zu diesem Zweck etwa in das Jahr 1948, und zwar in das vom Krieg her noch tief heruntergekommene, von geistig und körperlich ausgehungerten Kriegsheimkehrern aller Jahrgänge völlig überfüllte Erlanger Kollegienhaus. Es ist hoher Vormittag; der große Hörsaal in der Mitte ist knüppeldick voll. Alle, die wir da sitzen, haben beispiellose Jahre hinter uns − die meisten, die mit uns hinauszogen, sind draußen geblieben. Aber wir wissen: Der Mann, der da gleich hereinkommen wird, hat nicht nur selbst einen Weltkrieg mitgemacht, sondern er hat im 2. Weltkrieg auch seine beiden Söhne als Offiziere verloren.[6] Der Mann hat keine Söhne mehr; das verbindet tiefer als alles Gewöhnliche. Was mich selbst betrifft, so war ich nach den ersten Nachkriegssemestern in Bethel mit einem kräftigen Karl-Barth-Schock nach Erlangen gekommen, sozusagen auf Absprung aus der Theologie, freilich darum auch doppelt gespannt, ob mir diese Erlanger Theologen – die verrufenste theologische Fakultät in ganz Deutschland, wie man mir in Bethel versichert hatte – vielleicht doch noch etwas theologisch Abnehmbares zu sagen hätten. Daß mir Erlangen zum Schicksal werden würde, ahnte ich nicht. Elert hatte ich noch nie gesehen.

Aber da geht vorn schon das akademische Begrüßungstrommeln an, das es damals noch gab: Herein kommt, gestrafften Schrittes, ein weißhaariger, etwas über-mittelgroßer Mann, dessen Antlitz man *einmal* gesehen haben muß, um es nicht wieder zu vergessen: Geist, Energie, Sammlung, Zucht – ein Mann, den ich freilich niemals für einen Theologen gehalten hätte, eher für einen ehemaligen General oder Generalstäbler von hoher Bildung. Der Mann tritt ans Pult, schlägt sein Heft auf und beginnt ohne weitere Vorrede zu lesen, sozusagen kompromißlos. Aber „liest“ er denn überhaupt? Er ist schon bald nach den ersten Sätzen rechts neben das Pult getreten, da hat er uns nun Auge in Auge, die rechte Hand in den linken Ellbogen eingelegt, wie ich es hundertmal an ihm gesehen habe, während die Linke bei der Rede unmerklich mitschwingt wie bei einem großen Dirigenten, der sein Orchester mehr mit den Augen als mit dem Taktstock leitet. Und so spricht er nun zu uns – mühelos, völlig frei, nur ab und zu ein Blick ins Konzept – nein, bitte: nicht etwa freiweg im „Volkston“, sondern mit derselben fast beängstigenden Präzision und Problemdichte, die man noch heute in allen seinen Schriften lesen kann, und dies derart sachlich-intensiv – nur hie und da ein sarkastischer Sekundenblitz dazwischen –, daß uns unter dem jagenden Mitschreiben (denn Bücher zum Kaufen gab es nicht) schließlich Zeit und Raum, der Hörsaal, der hohle Bauch und alles um uns versinkt und nur noch die unerhörte Sache selbst uns einschließt, bis plötzlich – irgendwann – von vorn die Zwischenfrage fällt: „Hat's geschellt?“ und der Mann (mit einem unnachahmlichen Elert'schen Schmunzeln) sein Kolleg mitten im Satz abbricht, sein Heft nimmt und entschreitet. Wir trommeln ihm noch nach, obwohl er längst draußen ist.

Und was hatte Elert uns zu sagen? Ich hatte mich damals aus theologisch-existentiellen Gründen als mittleres Semester erstmals in die schwierige Vorlesung „Theologiegeschichte seit Schleiermacher" vorgewagt (denn

Elert las nicht etwa „leicht") und hörte daher zunächst etwas über die langweiligen „Kollateralbeweise", mit denen die Theologen des ausgehenden 18. Jahrhunderts das Christentum vor der „alleszermalmenden" Erkenntniskritik Immanuel Kants zu retten versuchten. Aber dann kommt plötzlich *ein* Punkt, sozusagen der „springende Punkt", und auf diesen Punkt habe ich gewartet: der Punkt heißt „Schleiermacher": Wahrhaftig diese Erlanger wagen es, Karl Barths Interdikt zum Trotz, sich mit dem angeblich gefährlichsten aller christlichen Ketzer einzulassen! Und genau hier beginnt es nun bei Elert zu wetterleuchten: Schleiermachers „Reden; Über die Religion" von 1799: Ja, was heißt eigentlich „Religion"? „Religion", sagt Schleiermacher, „ist Sinn und Geschmack für das Unendliche"; die berühmte Stelle aus der 2. Rede. Elert hält fragend inne: Sinn und Geschmack für das Unendliche? Was soll das heißen? Nun, wir damaligen Nachkriegsstudenten mit unserem denkbar dürftigen Schulsack aus der Hitlerzeit haben kaum geahnt, daß mit dieser Frage für eine Sekunde der gesamte Umriß von Elerts Theologie im Raume stand. Denn das Unendliche – lateinisch also „infinitum" – ist ja Gott (wenn man will „der Gott der Philosophen"), d. h. aber, wer darüber reden will, der muß bis ins hohe Mittelalter, mindestens aber bis zu Nikolaus Cusanus zurückgehen, den Elert von seinem philosophischen Doktorvater Falckenberg her kannte; da kommt diese Fragestellung her: „Finiti et infiniti nulla proportio", so heißt es bei Cusanus: „Zwischen Endlich und Unendlich kein Verhältnis, keine Analogie". Das ist *die* Frage, die Elert bis in die letzten Fragmente seiner Dogmengeschichte umgetrieben hat, das Problem, das zwischen Gott und uns besteht. Denn diesem philosophischen Grundprinzip – bei den Calvinisten ist es bis in die Abendmahlslehre eingedrungen – steht ja zugleich das ganz andere, theologische Grundprinzip von der Realpräsenz Gottes in Christus gegenüber, und zwar bis in die lutherische Abendmahlslehre: „Finitum capax infiniti": „Das Endliche umgreift das Unendliche".[7]

Wie gesagt, von all diesen Zusammenhängen haben wir damals im Kolleg kaum etwas geahnt, und Elert hat sie uns auch nicht verraten. Er ließ gern Fragen offen, über die man sich zu Hause den Kopf zerbrechen sollte. Aber hat denn der junge Schleiermacher geahnt, welches Weltgewicht er da mit seiner romantischen Sprachschöpfung in die Hand nimmt? Ahnt dieser idealistische Jüngling überhaupt, wer in seiner religiösen Erfahrung längst anwesend ist? In der Tat, er *ahnt* es nur, mehr nicht, sonst würde er das Wort „Religion" nicht so ungeschützt mit „Sinn und Geschmack für das Unendliche" übersetzen. Und so müssen wir, um theologisch weiterzukommen, in ein ganz anderes Elert-Kolleg überwechseln, nämlich bis zu Luther, ins Kolleg „Dogmengeschichte II". Hier aber, bei

Luther, folgt nun ein theologischer Wettersturz, wie er in der Tat nur in der realen Begegnung des Endlichen mit dem Unendlichen zuteil werden kann: Aus dem religiösen Enthusiasmus des jungen Schleiermacher erhebt sich – wer es fassen kann, der fasse es – die radikalste Konfrontation, die es mit Gott überhaupt geben kann: nämlich der „Zusammenbruch der sittlichen Existenz" unter Gottes Zorn und Gericht, das, was Elert am Anfang seiner „Morphologie des Luthertums" als das „Urgrauen" des Menschen vor Gott beschreibt, die Verurteilung alles dessen, „was sonst den Menschen groß und edel erscheint" (I,16). Ich lese die ungeheuren Worte aus der Morphologie hier einfach vor, weil sie fast wörtlich dem entsprechen, was Elert damals gesagt hat. Da heißt es:

„Aber über all dieser Vernünftigkeit der Welt und Verständlichkeit des Sollens fährt der Mensch plötzlich zusammen. Ihn packt das Grauen. Wovor? Mit einem Grauen fängt vielleicht jede Religion an. Aber hier ist es nicht bloß das Gefühl weltlichen Unbehagens, das Gefühl für die Unheimlichkeit, Rätselhaftigkeit, Irrationalität der Umwelt. Auch nicht die bloße Furcht vor der eigenen Unzulänglichkeit, vor Altern und Sterbenmüssen ... Es ist vielmehr das Grauen, das einer empfindet, wenn ihn in der Nacht plötzlich zwei dämonische Augen anstarren, die ihn zur Unbeweglichkeit lähmen und mit der Gewißheit erfüllen: Es sind die Augen dessen, der dich in dieser Stunde töten wird. In diesem Augenblick ist der ganze Plunder der Religionsphilosophie, die Gott definierte als ‚to on', als ‚ens infinitum' – [als „Sinn und Geschmack für das Unendliche", so möchte man hinzusetzen], sind die ganzen Schutzmittel und Heiltümer der Kirche gegen Sündenstrafe, gegen zeitliches und ewiges Verderben – ist alles dies verflogen und vergessen. Gott ist plötzlich aus einem Gegenstand des Nachdenkens ... zur Person geworden, die mich persönlich anruft. Und sie ruft mich an, um mir zu sagen, daß meine Zeit abgelaufen ist. Denn vor diesem Blick erstarrt jede Bitte um Aufschub. Der Wille zum Leben, das man bisher führte, stirbt. Die Zeit steht still" (Morph. I,18f).

Was wir hier gehört haben, läßt sich im Grunde in den einzigen Satz Luthers am Anfang seiner Invokavitpredigten (1522) zusammenfassen: „Wir sind allesamt zum Tode gefordert." – So fangen diese Predigten an. Es ist, um es mit Rudolf Ottos berühmter Unterscheidung zu sagen, die Katastrophe des „Mysterium fascinosum" Gottes unter dem „Mysterium tremendum" des „Deus absconditus", des „verborgenen Gottes", wie ihn Luther nennt, der Augenblick, da Gottes Urteil sich über den Menschen erhebt, indem es ihn rückkehrlos verantwortlich macht für ein „Soll", das er in seiner Gebundenheit an die Sünde niemals leisten kann. Und dann sagt Gott zu ihm: „Tua culpa"; deine Schuld! Das ist das Gericht, dessen

Urteil über uns längst feststeht, von dem Luther sagt: „Da ward ich eine tote Leich". Elert nennt das Luthers „Urerlebnis".[8]

Aber vielleicht klingt dieser Umsturz von Schleiermachers religiöser Faszination in das Entsetzen Luthers für heutige Ohren doch etwas allzu plötzlich und gewaltsam. Ist das wirklich derselbe Gott, den der eine und der andere „erfahren" hat? Hier ist zunächst zu sagen, daß Elert die „beispiellose Düsterkeit" (Morph. I,16) dieses „Urerlebnisses" mit seiner ganzen theologischen Generation teilt, zumal mit seinem radikalsten Antipoden Karl Barth, nur daß sich die Unheimlichkeit Gottes bei dem Reformierten gleichsam differential, d. h. als unheimlicher Abstand, bei dem Lutheraner dagegen integral, d. h. als unheimliche Nähe Gottes zum Menschen vollzieht. Und darin liegt allerdings ein dogmengeschichtliches Grundproblem. Freilich gerade uns Kriegsheimkehrern war dieser theologische Wetterschlag alles andere als fremdartig; wir hatten es wahrhaftig „erfahren" – da ist sie, die Erfahrung –, was es heißt, wenn einem alle idealistische Euphorie in Fetzen gerissen wird und der Tod – ja, der Tod! – Gottes Gericht über uns – vom Himmel auf die Erde stürzt.

Darum aber waren wir zugleich auch imstande, das „ganz andere" zu begreifen, was nun folgt, obwohl es im Grunde ebenso unbegreiflich ist. Und nun wird es in Elerts Kolleg wirklich totenstill unter der Spannung – nie wieder habe ich einen überfüllten Hörsaal in so atemloser Stille erlebt wie damals: Aus der furchtbaren Verfinsterung des „verborgenen Gottes", dessen Urteil nach dem „Gesetz" mich als Sünder vernichtet, tritt „Gott selbst" hervor *als Mensch* in der Gestalt Jesu Christi; Christus, „der Sünder Geselle" (Mt 11,19); aus dem Gericht das Evangelium: „Ich lebe und ihr sollt auch leben" (Joh 14,19); „Gesetz und Evangelium" – „realdialektisch" verschränkt, wie es in Elerts berühmten Aufsatz heißt: „Redet das Gesetz, so schweigt das Evangelium; redet das Evangelium, so muß das Gesetz verstummen" – diese allerengste und doch zugleich gewaltigste Engführung lutherischen Glaubens, das ist der erfahrungstheologische Kern von Elerts Theologie.[9]

II. Leben und Werk

Verehrte Zuhörer! Im Vorangehenden habe ich zunächst versucht, ein impressives Bild von Elerts Persönlichkeit und Theologie zu geben. In dem nun folgenden Hauptteil möchte ich das bisher nur Skizzierte in einem zweiten Anlauf mit einem Längsschnitt durch Elerts Leben und Werk hinterfangen und mit objektiven Daten füllen. Dabei greife ich u. a.

auch auf den Elert-Gedenkvortrag zurück, den Wolfgang Trillhaas auf Grund eigenster Elert-Kenntnis am 19. September dieses Jahres in Augsburg gehalten hat, auf dessen treffende Elert-Miniaturen in seinem Erinnerungsbuch „Aufgehobene Vergangenheit" (1976) ich bei dieser Gelegenheit ausdrücklich hinweisen möchte.[10] Freilich kann ich auch in diesem zweiten Teil aufs Ganze gesehen nur „al fresco" verfahren. Das betrifft vor allem die weitgehende Ausblendung von Elerts juristischer, philosophischer, militärwissenschaftlicher, kartographischer, archivalischer, organisatorischer und künstlerischer Begabung, kurz die universale Anlage überhaupt. Immerhin sollten Sie sich in diesem Zusammenhang das eindrucksvolle Schriftbild des ausliegenden handschriftlichen Lebenslaufes nicht entgehen lassen, den Elert i. J. 1927 als Rector Magnificus unserer Universität in das damalige Universitätsalbum eingetragen hat.[11]

Biographisches

Nun aber wieder zur Sache, d. h. zunächst zur Person: Werner August Friedrich Immanuel Elert wurde am 19. August 1885 im thüringischen Heldrungen, unweit des Kyffhäuser geboren. Die Familie entstammte einem bis ins 14. Jahrhundert nachweisbaren pommerschen Bauerngeschlecht, aus dem auch eine Reihe von Malern hervorgegangen ist. Daß er einmal Theologe werden sollte, scheint dem jungen Elert zunächst ebenso wenig wie dem jungen Luther festgestanden zu haben. Als Gymnasiast in Hamburg-Harburg (übrigens Realgymnasium!) lockte den Jungen vor allem der Hafen mit den imposanten Drei- und Viermastern, auf denen er bald wie zu Hause war. Aber zweifellos wäre Elert – noch ahnte Europa nichts von der bevorstehenden Katastrophe zweier Weltkriege – auch ein vorzüglicher Offizier geworden. Noch im 1. theologischen Semester in Breslau studierte er nicht weniger als sämtliche preußischen Generalstabswerke seit dem 7jährigen Krieg, so daß er, wie er schreibt, „die Geschichte der preußischen Regimenter weit besser kannte als diejenige der alttestamentlichen Heerscharen". Und noch 1941, als der erste verheerende russische Winter über die deutschen Armeen im Osten hereinbrach, demonstrierte Elert dem Erlanger Offizierskasino in einem glänzend angelegten Vortrag anhand eigenhändig gezeichneter Karten den Sieg Napoleons über die Russen bei Smolensk von 1812, der darauf hinauslief (Sieg wie Vortrag!), daß der besiegte russische Feldherr den Sieger, Napoleon, wie ein Bärenführer seinen Bären an der Nase in den tödlichen russischen Winter hinter sich her zog, eine Äußerung, von der Trillhaas mit Recht bemerkt, daß zu ihr damals weit mehr Mut gehörte als zu mancher kirchlichen

Bekenntnispredigt; denn auf defaitistische Äußerungen stand im Kriege bekanntlich die Todesstrafe.

Aber dann folgte nach Ablegung des Abiturs in Husum i. J. 1906, vielleicht der Mutter zuliebe, Elerts Wendung zur Theologie. Die Familie gehörte der altlutherischen Kirche an, und als Altlutheraner studierte Elert selbstverständlich vorschriftsmäßig in Breslau, Erlangen und Leipzig, also nicht etwa in Marburg, Göttingen oder gar Berlin. Unter seinen theologischen Lehrern ist eigentlich allein der spätere sächsische Landesbischof Ludwig Ihmels für Elert besonders bedeutsam geworden, der die Wendung der Erlanger Erfahrungstheologie von der subjektiven zur objektiven Wahrheitsgewißheit einleitete.[12] Gleichzeitig aber legte der junge Elert, zumal in Breslau, wo schon Lessing einst Ähnliches getan hatte (dessen Mentalität Elert übrigens zuweilen auffallend nahe kommt), den Grund für seine phänomenale Belesenheit in nahezu sämtlichen geisteswissenschaftlichen Fächern – und dies überwiegend autodidaktisch. „Die Fülle seines Wissens", heißt es bei Trillhaas, „ist kaum zu ordnen". Streng genommen ist Elert zeitlebens Autodidakt geblieben.

Bis hierher kann man Elerts Werdegang rein biographisch anlegen, nun aber muß das literarische Lebenswerk hinzutreten. 1910 hat Elert sein Studium mit der doppelten Promotion zum Dr. phil. und Lic. theol. (heute Dr. theol.) beschlossen – die theologische Dissertation bei Hunzinger in Erlangen hat er später übrigens ausdrücklich für „unreif" erklärt.[13] 1911 ist er Hauslehrer in Livland und besucht von dort aus Petersburg und Moskau, um die russisch-orthodoxe Kirche an Ort und Stelle kennenzulernen, deren bleibende Eindrücke er uns noch im Kolleg „Konfessionskunde" lebendig geschildert hat. 1912 hat Elert geheiratet und ein Pfarramt in der Nähe von Kolberg in Pommern angetreten – man beachte die stete Nord-Ost-Orientierung seines ganzen bisherigen Lebens! Dann bricht der erste Weltkrieg herein, den Elert als altlutherischer Feldprediger überwiegend an der Ostfront, später auch an der Westfront mitgemacht hat. In der Regel pflegt man den apokalyptischen Einsturz des Lebensgefühls, den der erste Weltkrieg zumal in Deutschland zur Folge hatte, als den inneren Wendepunkt der ganzen damaligen Generation zu betrachten. Hier scheint demnach auch Elerts Erfahrungstheologie ursprünglich zu gründen. Indessen muß ich diese Erwartung insofern enttäuschen, als das Weltkriegserlebnis lediglich eine – freilich tiefgreifende – Modifikation der bereits vorhandenen erfahrungstheologischen Ansätze Elerts zur Folge hatte.

Daß es so ist, wird einsichtig, sobald man jene beiden literarischen Werke, die für das damalige Bewußtsein buchstäblich unter dem Erdbeben des Ringens um Verdun entstanden waren und die auch Elert aufs stärkste beeindruckt haben, nämlich Oswald Spenglers „Untergang des Abendlandes" und Rudolf Ottos weltberühmtes Buch „Das Heilige" – sobald man diese beiden Titel mit den Elert'schen Frühschriften *vor* 1914 in Beziehung setzt. Denn diese Frühschriften – eine zur Geschichtsphilosophie des Altlutheraners Rudolf Rocholl, zwei zur mystischen Theosophie Jakob Boehmes und eine – man höre und staune – zur Religiosität des Petrus auf Grund der beiden Petrusbriefe – behandeln sämtlich bereits erfahrungstheologische Themata, die durch Spengler und Otto lediglich fortgebildet werden. Was etwa bei Rocholl die Sinngebung des geschichtlich „Zufälligen" durch den christlichen Weltlogos bedeutet, das wird bei Spengler durch den Begriff des „Schicksals" übertürmt, der ab 1924 zur Elert'schen Erfahrungskategorie kat' exochen aufsteigen wird. Und was in Elerts Boehme-Interpretation zunächst nur das Wiedergeburtserlebnis bekundet, das entdeckt sich unter Ottos Einfluß (daneben wohl auch Heinrich Bornkamm) in Elerts Morphologie (I,42) als eben jener Komplex des „Mysterium tremendum et fascinosum", von dem im ersten Teil bereits die Rede war.[14]

„Der Kampf um das Christentum"

Aber weiter: Schon Elerts Frühschriften kreisen also um das erfahrungstheologische Problem: Gott als allgegenwärtige Wirklichkeit. Freilich sind sie, gemessen an den späteren Hauptwerken, zunächst nur ein erstes Flügelprüfen. Einen Sprung nach vorn – dem Übergang von Bruckners nullter Sinfonie zu seiner ersten vergleichbar – bildet dagegen das nächste Werk unter dem Titel „Der Kampf um das Christentum; Geschichte und Beziehungen zwischen dem evangelischen Christentum und dem allgemeinen Denken seit Schleiermacher" von 1921, zugleich dasjenige Werk, dem Elert – inzwischen altlutherischer Seminardirektor in Breslau – die Berufung nach Erlangen verdankt, um hier in einem ebenso spannungsvollen wie fruchtbaren geistigen Triumvirat mit Paul Althaus und Otto Procksch eine völlig unerwartete zweite Hochblüte der Erlanger Theologie herbeizuführen.[15]

Will man den theologischen Ort dieser Elert'schen „Theologiegeschichte" bestimmen (der ersten, die im 20. Jahrhundert geschrieben wurde), so darf man sie freilich nicht an den Leistungen ihrer Nachfolger (insbesondere Kattenbusch, Stephan, Barth und Hirsch) messen, obwohl sie sich damit durchaus messen könnte, sondern man muß von *dem* Stand dieser Disziplin ausgehen, wie ihn Elert in dem prominenten Standardwerk des Erlangers Frank bereits vorfand. Und hier kommt es vor allem auf die Unterschiede an. Denn was Frank theologiegeschichtlich diskutiert, ist – trotz aller (zuweilen schmerzlichen) Gegensätze – letztlich noch immer die – sagen wir – einigermaßen heile theologische Welt des 19. Jahrhunderts, das Gespräch der theologischen Kollegen untereinander, wie wir sagen würden.[16] Was dagegen Elert in einer geradezu bestürzenden Entgrenzung des gleichen Themas vor uns entbreitet – die Namen der von ihm gelesenen Theologen und Nicht-Theologen sind kaum zählbar –, das ist nicht mehr die heile theologische Welt, sondern es ist die Auseinandersetzung der Theologie mit der ganz und gar heillosen Welt derer, die den kirchlichen Glauben längst hinter sich gelassen haben oder besser: nicht so sehr *diese* Auseinandersetzung, sondern vielmehr diejenige mit der theologischen Apologetik der beiden letzten Jahrhunderte und ihrem schlechterdings erbärmlichen Versuch, sich durch jedwede geistige Anpassung an *diese* nichtkirchliche Umwelt, d. h. faktisch im „apologetischen Rückzug" auf das jeweils „gerade noch Haltbare" am christlichen Glauben, als „zeitgemäß" zu drapieren oder sich – widrigenfalls – ins Schein-Asyl der Philosophen zu flüchten, wo ihr freilich auch nur das unter Kollegen Übliche zuteil wird. Man gerät in Versuchung, diese Linien bis in die Gegenwart zu verlängern.

Demgegenüber ergreift Elert eindeutig Partei, und zwar gerade nicht für die scheinbar zeitgemäße Synthese der Theologie mit dem jeweiligen Zeitgeist, sondern für die ausdrückliche Diastase. Hier aber – und nun kommt eine Überraschung – treten ihm Schleiermacher und die Erlanger Erfahrungstheologen – bei allem, was man gegen sie einwenden kann – unmittelbar nebeneinander; denn sie haben als einzige die Frage der Anpassung des Glaubens durch die Behauptung seiner Unabhängigkeit und Selbständigkeit zu beantworten gesucht. Wörtlich: „Das apologetische Grundproblem kann niemals heißen: Wie kann man Nichtchristen das Christentum andemonstrieren? Sondern: Auf welchem Wege ist der Christ selber zu seiner Überzeugung gekommen?" Und diese Überzeugung gilt es einer nicht mehr christlichen Welt gegenüber zu vertreten.[17]

„Die Lehre des Luthertums im Abriß"

Dies zum „Kampf um das Christentum". Das Werk ist ohne Zweifel sofort eine wissenschaftliche Meisterleistung, übrigens auch in seiner polemischen Elektrizität, die von nun an fast alle Elert-Werke begleitet. Gleichwohl hat Elert seinem theologiegeschichtlichen Erstling erstaunlicherweise selbst keine Zukunft gegönnt. Das Werk sei vergriffen, heißt es 1927, eine Neuauflage angesichts „neugewonnener Einsichten und Per spektiven" nicht vorgesehen. Welcher Art die „Einsichten und Perspektiven" waren, sagt Elert uns nicht. Und so sind wir ausgerechnet an dieser wichtigen Stelle auf Vermutungen angewiesen. Nun fällt aber das nächste Elert-Werk, „Die Lehre des Luthertums im Abriß" von 1924 (^{2}1926; ^{3}1978, hrsg. von Gerhard Müller) so eindeutig mit dem kometenhaften Aufstieg des im „Kampf um das Christentum" noch gänzlich fehlenden Namens Karl Barth zusammen, auch vollzieht dieser erste dogmatische Grundriß Elerts eine derart steile Wendung aus der theologiegeschichtlichen Horizontale von 1921 in die Vertikale, daß ich um den Verdacht nicht herumkomme, daß Elert mit diesem „Abriß" erstmals der Barth'schen Wort-Gottes-Diktatur eine lutherische Kontrafraktur hat entgegenstellen wollen. Die sachliche Polarität zwischen Elerts Erfahrungsansatz und Barths Offenbarungspositivismus ist jedenfalls fortan durchweg evident.[18]

Damit zum „Abriß" der lutherischen Lehre inhaltlich: Worin liegt das Neue und Unerwartete dieses ersten systematischen Gesamtentwurfs? Antwort: Es liegt einmal schon in der Verwegenheit, mit welcher der noch bei Ritschl geächtete Titel des „Luthertums" unmittelbar mit dem lutherischen Inbegriff der „pura doctrina" identifiziert wird, zweitens aber darin, daß Elert es wagt, die lutherische Gesamtaussage – also Dogmatik *und* Ethik – in allen Einzelheiten auf ein einziges Prinzip zu konzentrieren, nämlich auf die bereits besprochene „Realdialektik" zwischen „Gesetz und Evangelium", an deren Unterscheidung freilich schon Luther den wahren Theologen erkennen wollte. Schon dieser methodische Zugriff ist ungewöhnlich. Wiederholt fühlt man sich dabei an Hofmanns berühmten Titel erinnert, von der „neuen Weise alte Wahrheit zu lehren". Noch ungewöhnlicher aber ist – auch hier – die erfahrungstheologische Konkretion des Ganzen. Das lutherische Doppelprinzip von „Gesetz und Evangelium" wird nämlich nicht, wie man erwarten könnte, zunächst nach rückwärts auf seine Schriftgemäßheit hin geöffnet – diese wird vielmehr einfach biblisch aufgewiesen –, sondern es wird vielmehr umgekehrt von vornherein dahin entgrenzt, daß es in seiner Doppelheit die gesamte natürliche und christliche Existenz schicksalhaft überklammert. Auf der einen Seite – hier das Gesetz – wird das gesamte menschliche Leben, und zwar bis in die Kontingenz des scheinbar absolut Zufälligen hinein, der ubiquitären Anwesenheit Gottes, des Schöpfers und Richters, unterworfen, der dem empörerischen menschlichen Freiheitswillen überall als „freihandelnder" Gegner mit tödlicher „Feindlichkeit" entgegentritt. Das nennt Elert Gottes „Schicksalshoheit", wie wir sie alle erleiden. Schicksalhaft präjudiziert ist aber andererseits nicht minder auch die Evangelienseite der lutherischen Dialektik; denn nur wer als Verurteilter den Schrecken des Gerichts erkannt hat, kann auch die

Größe echter Begnadigung erfahren. Christus, der Versöhner, ist daher nicht nur selbst Schicksalsträger, wie es vor allem die Passionsgeschichte bezeugt (S. 33), sondern auch die durch ihn geschenkte „Freiheit eines Christenmenschen" kann nur als „neues Schicksalserlebnis" erfahren und bestanden werden. Eine schicksalsneutrale Zone gibt es nicht.[19]

Dies etwa ist, wenn auch in stärkster Abbreviatur, der Grundgedanke von Elerts Dogmatik und Ethik, wie ihn der „Abriß" als Vorentwurf bereits enthält. Er ist in dieser Form so singulär, so ohne alle Vorgänger, daß man demgegenüber zunächst alle Mühe hat, theologisch über Wasser zu bleiben. Zum Verständnis möchte ich daher an dieser Stelle zwei weiterführende Fußnoten einschließen, die eine zum Schicksalsbegriff, die andere zum Schriftbegriff.

Die Schicksalserfahrung

Zunächst zum Schicksalsbegriff: Daß dieser Erfahrungsverhalt auf einer theologischen Umprägung Spenglers beruht, ist schon gesagt. Und zwar geht Elert, genau wie Luther, davon aus, daß Gott in Natur und Geschichte, also auch in meiner persönlichen Geschichte, als „Deus absconditus" und damit „freihandelndes" Gegenüber durchweg personal anwesend ist. Elert holt damit also den gesamten, von Karl Barth dem atheistischen Niemandsland überlassenen Komplex des „theologisch Nicht-Integrierbaren" in die Theologie zurück, und dies übrigens mit denkbar empirischer Anschaulichkeit, etwa wenn er das Bild des auf dem Schlachtfelde verblutenden Landwehrmannes beschwört, der den Feldprediger Werner Elert gotteslästerlich anschreit, nicht um geistlichen Trost, sondern um Wasser! Und der Beauftragte Gottes hat kein Wasser! Wozu hat Gott ihn diesem Mann geschickt? Der Mann verdurstet, verblutet. Oder wenn er Karl Barth in leidenschaftlicher Erbitterung die Geschichte von der Mutter vorwirft, die am 9. Juli 1925 ihre vier Kinder suchte und findet sie schließlich unter dem zugefallenen Deckel der Haustruhe, erstickt, die Puppen noch im Arm, die Älteste mit zerbissener Zunge. In welchem Buche Gottes las die Mutter, als es ihr auferlegt ward, in diese Truhe hineinzublicken?[20] Oder schließlich – und nun wird es hochpolitisch – wenn Elert den „Deutschen Christen" i. J. 1934 etwas über „Bekenntnis, Blut und Boden" schreibt (man faßt das Heft heute geradezu mit spitzen Fingern an), um ihnen zu sagen: Blut und Boden? Revelatio naturalis? Meintet ihr dies? Wißt ihr christlich-nationalen Schwärmer eigentlich, daß Blut und Boden – biblisch – diejenigen Mittel sind, mit denen jedwede Sünde geplant und getan wird? Wißt ihr, daß über eurem Enthusiasmus das Gericht Gottes steht, der

Tod über euch? Nein, sie wußten es nicht und wollten es auch nicht wissen, bis der Tod vom Himmel auf die Erde fiel.[21]

Da haben wir sie also, die vielzitierte „Philologie der Heimsuchung" aus Elerts Vortrag von 1945, in ihrer ganzen Doppeldeutigkeit. Und da steht er vor Elerts eigener Haustür, Erlangen, Hindenburgstraße 44, der Mann in der braunen Uniform mit seiner Nachricht – Gottes Anwesenheit in der Larve des Schicksals: „Wieder ein Sohn ..." – gefallen nämlich – „zufällig der letzte", wie Elert hinzusetzt. Wir wissen inzwischen, wer in diesem „zufällig" zugegen ist. Und „der letzte"? Nein, nicht nur der letzte Elert, das auch, sondern auch in seinem fernen einsamen Sterbeschicksal „der letzte". Man lese die „Kriegsbriefe gefallener Studenten 1939–45", die erschütterndste und vergessenste Chronik des 2. Weltkrieges, die ich kenne, da steht es auf Seite 355 unter dem 24. Juli 1944: „Rembrand Elert, ,als letzter' seiner Schwadron zurückgehend im Nahkampf überwältigt". Als letzter – im Nahkampf: Nichts ist so nahe, Gott ist noch näher![22]

Aber bekommt Gott als Schicksalsgröße bei einer derart modernen Allgegenwart nicht unwillkürlich marcionitische Züge? Droht hier nicht die Gefahr einer neuen „theologia naturalis", bei der Glaube und Schicksal wie auf des Messers Schneide nebeneinandergeraten?[23] Ich habe bisher zu denen gehört, die an dieser Stelle ernste Bedenken haben und meine auch jetzt nicht, daß solche Einwände einfach vom Tisch zu wischen sind. Aber es ist ja einmal schon die Frage, ob es mit Gottes Allgegenwart und unseren Schicksalen nicht wirklich so ist – man vgl. etwa den 139. Psalm – also nicht bloß auf dem Papier, sondern so, daß wir mit dieser Gegenwart so real zu leben haben, wie Elert selbst damit lebte, ob wir das zugeben oder nicht; und zweitens lese man etwa die Lutheraufsätze eines von Elert so unabhängigen Theologen wie Hanns Rückert, besonders über den „Deus absconditus", da entdeckt man, wenn man genau hinsieht, ganz ähnliche Erfahrungsstrukturen. Offenbar hat auch Luther so in der unmittelbaren Gottesnähe gelebt. Ich fürchte, wir lesen Luther heute von vornherein viel zu einseitig literarisch, d. h. als bloßen Wortverkünder und Schriftgelehrten, während uns seine Erfahrungstiefe weithin ungewohnt geworden ist.[24]

Schrift und Offenbarungsbegriff

Die zweite Fußnote sodann zu Elerts Schriftbegriff, wobei ich an Rudolf Kellers Vorarbeit anknüpfen kann.[25] Daß Elerts Dogmatik erfahrungstheologisch konstituiert ist, darf nach dem Bisherigen wohl als gesichert gelten. Umso auffälliger erhebt sich freilich demgegenüber der Mangel einer a priori verbindlichen Stellungnahme zum lutherischen Schriftprinzip. Im lutherischen „Abriß" fehlt sie völlig, in der Morphologie und in der Glaubenslehre wird sie erst nach dem bereits vollzogenen Erfahrungsansatz, d. h. an zweiter Stelle hinzugefügt. Gewiß fehlt es bei Elert nirgends an einem durchdachten, zuweilen geradezu frappierend aufgebauten Schriftbeweis, allein derselbe wird doch nirgends als selbständiges Prinzip, sondern stets nur im Zusammenhang mit dem Erfahrungsansatz entwickelt. Daß sich damit die alte Erlanger Frage nach dem gegenseitigen Verhältnis von Schrift und Erfahrung aufs neue wiederholt, kann ich hier nur am Rande andeuten.

Natürlich könnte sich Elert darauf berufen (und hat sich darauf berufen), daß es auch in den lutherischen Bekenntnisschriften keinen eigenen Artikel „De sacra scriptura" gibt und geben kann, weil der Jünger nicht über den Meister ist. Darüber hinaus hat er mehrfach ausführlich dargelegt, daß das Neue Testament einen prinzipiellen Wort- und Offenbarungsbegriff nicht hergibt (dasselbe gilt übrigens auch vom Kerygmabegriff), weil der Mensch auch im Schriftzusammenhang immer von „Gott selbst" gestellt und getroffen wird.[26] Schon aus diesem Grunde steht Elert außerhalb aller modernen hermeneutischen Kämpfe und Krämpfe. Tatsächlich wird die Hl. Schrift bei Elert nirgends einfach nach ihrem Wort- oder Schriftgehalt, sondern stets und zugleich nach ihrem „Sachgehalt" erschlossen, und dieser wiederum ist identisch mit dem Persongehalt, d. h. mit dem „Deus incarnatus" der Glaubenserfahrung oder, wie Elert es schon in der Morphologie formuliert (I,198f): mit dem „evangelischen Christusbild", das dann in der Dogmengeschichte eine dominante Rolle spielen wird. Jedes Ausweichen vor dieser Konkretion in einen bloßen Wort- oder Schrift-*Begriff* entgleitet auch der christologischen Erfahrungswirklichkeit.

Von daher verschließt sich die Elert'sche Schriftauffassung gleichermaßen der altorthodoxen Lehre von der verbalen Schriftinspiration wie umgekehrt der modernen historisch-kritischen Virtuosität, weil Elert in beiden Deviationen die Preisgabe des christologischen Erfahrungskerns der Bibel an ein theoretisch gesteuertes Schriftgelehrtentum erblickt, das die inkarnatorische Realität Gottes in Christus verfehlt. Zugleich erklärt sich von hieraus Elerts dogmengeschichtliche Leidenschaft. Wenn ich recht sehe, so kommt dieser inkarnatorischen Schriftauffassung kein anderer lutherischer Theologe der Gegenwart so nahe, wie der 1982 verstorbene ehemalige Ephorus dieses Hauses Wilhelm Maurer. Ich verweise dazu vor allem auf Maurers sonst unveröffentlichte Abhandlung über Luthers Auseinandersetzung mit Erasmus von Rotterdam am Schluß des 2. Bandes seiner kirchengeschichtlichen Aufsätze.[27]

„Morphologie des Luthertums"

Aber wir müssen uns nun den eigentlichen Hauptwerken Elerts zuwenden. Was der 2. Auflage des lutherischen „Abrisses" von 1926 ein neues Gesicht gab, war einmal die Beifügung dreier methodologischer Exkurse, unter denen mir die Auseinandersetzung mit dem idealistischen Freiheitsbegriff am bedeutsamsten erscheint, sodann aber die Fülle der textbegleitenden Lutherzitate, die man selbstverständlich nicht zu bloßen „Belegen" degradieren darf. Dabei ist vor allem auf die Streuung dieser Lutherauswahl zu achten: Sie erstreckt sich nicht, wie seit Karl Holl weithin üblich, in erster Linie auf den „jungen Luther", sondern auf den bereits vorgerückten, speziell aber lateinischen Luther, besonders der 2. Galater- und der Genesisvorlesung von 1531 und 1534, dazu konvergierende Predigtauszüge. Das spezifisch „Lutherische" an Luther rückt also schon hier aufs stärkste in den Vordergrund. Eben damit aber befinden wir uns zugleich auch im Vorfeld des bedeutendsten Elert-Werkes überhaupt, das ist die 1931/32 in zwei monumentalen Bänden veröffentlichte tausendseitige „Morphologie des Luthertums" (^{3}1965), eine einsame wissenschaftliche Spitzenleistung, die zu den bedeutendsten theologischen Werken unseres Jahrhunderts zählen dürfte. Zwar hat Karl Barth das Werk wegen seiner lutherischen Kultursynthese als „die nicht genug zu verdammende Morphologie" verrissen, allein das „Damnamus" der Gegenseite beweist in diesem Fall nur e contrario den Rang von Elerts Leistung.[28]

Wie der „Kampf um das Christentum", so ist auch die „Morphologie" im Verlag Spenglers, d. h. bei C. H. Beck in München erschienen. Sie ist in der Tat dasjenige Elert-Werk, welches Spenglers „Untergang des Abendlandes" bei aller theologischen Eigenständigkeit des Verfassers am nächsten kommt. Hierhin gehört schon das Titel-Wort „Morphologie" (ein typischer Spengler-Begriff), sowie die Verteilung des Stoffes auf 2 Bände, ebenso die komplexe Gliederung mit Fragestellungen wie „Raum" und „Zeit" sowie die unglaubliche Stoffdichte, wobei zu beachten ist, daß sich Band II über die „Soziallehren und Sozialwirkungen" des Luthertums speziell mit Ernst Troeltsch und Max Weber auseinandersetzt.[29]

Mit der Morphologie hat Elert eine ganze theologische Disziplin, nämlich die Konfessionskunde, auf eine neue Basis gestellt, indem er eine einzige Konfession, nämlich das zerstrittene, zerrissene und immer wieder zertretene Luthertum, das heute um seine konfessionelle Existenz ringt, als organisch lebendige Einheit begreifen lehrt, die scheinbar verächtlichste Konfession als die zentralste. Fassungslos steht der Leser, zumal wenn er sich bis zum Ende von Band II durchschlägt, vor der schier unheimlichen

Materialfülle, die hier von einem Einzelnen in wenigen Jahren bewältigt wurde (ganze Team-Herden würden das heute nicht schaffen), zugleich aber auch vor der Souveränität wissenschaftlichen Könnens, mit der diese Massen kategorisiert und thematisch gebändigt sind. Insgesamt wird man sagen können, daß das heutige Weltluthertum ohne Elerts Morphologie keinen wirklichen Begriff seines Wesens und seiner ökumenischen Gestalt besäße.

Fragt man nach dem Inhalt des dichtgedrängten Werkes, so sind, wie es schon Paul Althaus in seiner Gedenkansprache von 1955 getan hat, zwei korrespondierende Gesichtspunkte hervorzuheben: Einmal zunächst der „evangelische Ansatz", so heißt seit der Morphologie das lutherische Doppelprinzip von „Gesetz und Evangelium".[30] Wie schon im „Abriß", so wird dieser Ansatz auch hier nicht auf den jungen, sondern den reifen Luther gebaut, wobei Luthers numinose Auslegung des 90. Psalms von 1534 und die Schrift „De servo arbitrio" an der Spitze stehen; denn in diesem Erfahrungszentrum ist auch zugleich das innere Kraftfeld d. h. auch hier Gottes reale Anwesenheit gegenwärtig, von dem alle Teile des Gesamtluthertums durchströmt und bewegt werden.

Diesem dynamischen Kraftzentrum des Luthertums aber korrespondiert auf der anderen Seite seine konkrete morphologische Gestalt; denn für Elert ist Luther als Träger des „evangelischen Ansatzes" zugleich auch der „Anfänger des (konfessionellen) Luthertums" (I,145). Damit wird nicht nur die moderne Schreibtischlegende von Calvin als dem angeblich „treuesten Schüler Luthers" von vornherein unmöglich, sondern damit erhebt sich zugleich die Spannung zwischen „Dynamis" und „Morphe" des Luthertums selbst zum Hauptproblem des ganzen Werkes. Elert behandelt es in allen nur denkbaren Formen und Gestalten – von der Rechtfertigung bis zur lutherischen Wirtschaftsethik – mit unerschöpflichem Kenntnisreichtum und nimmermüdem Scharfsinn. Wie ein Lichtbogen, so überspannt die normative Lehrentwicklung von Luther bis zur Konkordienformel das lutherische Ganze. In diesem Licht aber versammelt Elert – beginnend schon mit Melanchthon über die lutherische Dogmatik und Frömmigkeit des 16. und 17. Jahrhunderts und bis weit hinaus ins Delta der pietistischen, aufklärerischen und idealistischen Ausläufer sich verströmend, das Luthertum in seiner tatsächlichen Erscheinung – freilich nicht um es aus sich selbst einfach apologetisch zu rechtfertigen, vielmehr um es gerade in seiner lutherischen Kleinheit, Unzulänglichkeit und Irrsal immer wieder auf den unveräußerlichen Ursprung in Luthers „Ur-Erfahrung" zurückzuführen, von dessen Kraftquell selbst die rationalste Umprägung noch immer gespeist ist.[31]

„Der christliche Glaube"

So viel zur Morphologie. Das Werk ist nicht mit kahlem, kalten Verstand, sondern (um ein hierhergehöriges Elert-Wort zu zitieren) mit „heißem Herzen" geschrieben. Vielleicht darf man sogar sagen: Nur ein Altlutheraner konnte dies Werk dem Luthertum schenken. Gleichwohl wird man bei einer so umfassenden Konzeption auch umfassend-kritische Fragen stellen müssen, wie sie z. B. Elerts bedeutendster Rezensent, Emanuel Hirsch, schon 1924 formuliert hat.[32] Elert mag derartige Fragen selbst gespürt haben. Aber er konnte sie seiner ganzen Wesensart nach nicht durch nachträgliche Korrekturen, sondern nur durch fortgreifende Problemstellungen beantworten. Dasjenige Elert-Werk, welches diesen Fortgriff für mein Empfinden am stärksten dokumentiert, zugleich der zweite Hoch-Gipfel von Elerts Lebensleistung, ist die 1940 erschienene Gesamtdogmatik unter dem wiederum erfahrungstheologischen Titel „Der christliche Glaube". Ihm folgte unter analogem Titel 1949 „Das christliche Ethos" als Komplementärstück (²1962).[33] Problemfülle, Gedankenklarheit und künstlerische Ausdruckskraft der fast 700seitigen Dogmatik kann ich hier nicht einmal andeuten. Man muß das Buch lesen, und zwar von A bis Z, um zu wissen, wen und was man hier vor sich hat.[34] Statt dessen hebe ich nur die beiden Haupt-Tendenzen hervor – man könnte sie mit Goethe als „Expansion" und „Konzentration" bezeichnen, die über die Morphologie hinausweisen.

Einmal die Expansion: Schon im „Kampf um das Christentum", erst recht aber in der Morphologie hatte sich Elert als universaler Quellenkenner Luthers, sowie der gesamten neueren Theologie- und Geistesgeschichte ausgewiesen. Diese an sich schon stupende Quellenkenntnis wird in der Dogmatik, ebenso aber auch in der Ethik, nochmals um eine weitere Dimension ausgeweitet, das ist die nunmehr überall wie selbstverständlich auftretende souveräne Beherrschung der patristischen, daneben auch der mittelalterlich-scholastischen Literatur. Von daher ist die Dogmatik zum unentbehrlichen Hilfsbuch im Blick auf die unvollendete Elert'sche Dogmengeschichte prädestiniert.

Sodann die Konzentration: Wie im „Abriß" und in der Morphologie, so bildet auch in der Dogmatik der „evangelische Ansatz" in seiner Schicksalsgestalt das tragende Gerüst. Aber dieser Ansatz wird nun in der Glaubenslehre – sofern sie nämlich den „Sollgehalt" der kirchlichen *Predigt* zu entwickeln hat – weit schärfer als bisher auf das konfessionelle Gegenüber zwischen lutherischer und reformierter Auffassung zugeschnitten. Konkret gesagt: Es gibt für Elert keine heilsverbindliche Ineinssetzung von Evan-

gelium und Gesetz i. S. des reformierten „tertius usus legis" (dessen säku-
larisierte Form wir heute in den sog. „politischen Aktivitäten" von „Christen" zu spüren bekommen), sondern es gibt nur entweder Gesetz *oder*
Evangelium. Der Sünder *ist* der Gerechte, ja der Erwählte, „nicht weil,
sondern obwohl er Sünder ist". Wir sind als Christen zur Freiheit, nicht zu
neuer Gesetzlichkeit berufen! Eben darum gibt es für Elert auch keinen
Konfessions-Synkretismus, keine Entscheidung der Glaubensfrage durch
Mehrheitsbeschlüsse und keine Bekenntnis-Addition. Calvin – Elert wagt,
dies auszusprechen – gehört in diesem Sinn nicht mit Luther, sondern mit
Rom zusammen; denn beide verstehen das Evangelium letztlich als neues
Gesetz. Wörtlich: „Gregor VII hat den deutschen König in den Bann getan, Cromwell hat den englischen köpfen lassen. Der Unterschied ist uner-
heblich".[35]

Christliche Humanität

Hier aber halten wir inne; denn hier schiebt sich nun wie eine dunkle
Wetterwand das Jahrzwölft der national-sozialistischen Diktatur zwischen
den geistigen Höhenflug von Elerts Hauptwerk und seinen Verfasser, damit zugleich die Katastrophe des zweiten Weltkriegs, also das, was wir
heute in einem weit über Spengler hinausgehenden Sinn als den „Untergang des Abendlandes" bezeichnen müssen. Elert gehörte schicksalhaft
jener Generation an, der es auferlegt war, den doppelten deutschen Zusammenbruch, den vorläufigen von 1918 und den endgültigen von 1945 sehen-
den Auges (und das heißt im Falle Elert: sensibler und vernichtender als
die meisten Zeitgenossen) zu durchleben und zu begreifen. Man spürt das
sofort, sobald man die Atmosphäre der Nachkriegsaufsätze des inzwischen
über 60jährigen Elert mit dem Ton der Vorkriegsschriften vergleicht. Zwar
bleiben Kenntnis und Können auch diesseits von 1945 von gleichbleiben-
der Gediegenheit, aber die Dur-Tonart des frühen und mittleren Elert ist
fühlbar zerbrochen. Der Schicksalston wird kirchlich zurückgenommen.
Statt dessen schieben sich unheimliche Moll-Dimensionen an die Oberfläche; man beginnt Elert zwischen den Zeilen zu lesen.
Um nur einen Aufsatz aus dieser Zeit herauszugreifen, wähle ich einmal nicht, wie es gern geschieht, „Paulus und Nero" (zur Frage von Röm 13
im Dritten Reich), sondern Elerts Melanchthon-Ehrung zum 450. Geburtstag im Jahre 1947 unter dem Titel „Humanität und Kirche".[36] Was hatte
Elert – Melanchthon zu Ehren – einem Zeitalter, dem jegliche Humanität
zusammengebrochen war, über christliche Humanität zu sagen? Er sagt es
nicht mit eigenen, auch nicht mit Melanchthons Worten, sondern (und hier

benutzt er, wie oft, eine scheinbare Nebenfigur, um Wesentliches auszusprechen) er sagt es mit den Worten des 1943 in Rußland gefallenen Dichtes Martin Raschke, der uns als letztes die wundersame Novelle „Simona" geschenkt hat, die freilich heute kaum noch jemand kennt.[37] „Das Menschenbild ist geschändet", sagt Elert mit Raschkes Stimme, „die allgemeine Entwertung des Menschen, seine Erniedrigung zu einer auswechselbaren Sache ohne Vorleben und Nachhall in der Ewigkeit ... das ist das Ende der Humanität und ... es erleichtert jedem (weiteren) Schänder sein Tun". Aber – und nun kommt erst das Eigentliche – (freilich im Präteritum des Gefallenen): „Es gibt ja, wenn dieses Gefühl (der Humanität nämlich) im Kriege zunehmend verstummt, so etwas wie eine gemeinsame Verantwortung für das Bild des Menschen", d. h. Raschke verstand darunter, daß sich der deutsche Soldat mitverantwortlich fühlte *auch* für die Greuel, die von der Gegenseite begangen wurden und das Gesetz der Humanität vernichtet haben. Elert aber setzt hinzu: „Wer dies Wort las, dem sagt es Unvergängliches!" Freilich ist diese Haltung für Elert allein dadurch gewährleistet, daß man sich im Namen von Melanchthons Grundsatz „Lex semper accusat" (das Gesetz klagt immer an) selbst unter das Judicium Gottes stellt. So allein, nicht anders![38]

Hier aber muß nun noch einmal ein biographischer Zusatz erfolgen, und zwar eben um der christlichen Humanität willen; denn hier müssen wir wenigstens für einen Augenblick auf die vielbeschriene angebliche NS-Vergangenheit der Erlanger Theologischen Fakultät blicken, also auf das, was für viele Zeitgenossen nach wie vor das Wichtigste an dieser Fakultät zu sein scheint. Es geht dabei um folgendes: Noch im August des Jahres 1945 hat Werner Elert dem damals amtierenden Dekan dieser Fakultät, Paul Althaus, einen 15seitigen Bericht vorgelegt über das ihm vom Jahre 1935–1943, d. h. für nicht weniger als acht Jahre aufgebürdete Amt eines „decanus perpetuus" eben dieser Fakultät, ein Amt, aus dem Elert schließlich wegen seines Widerspruchsgeistes vom Rektor entfernt wurde. Aus diesem Bericht erhellt zunächst dreierlei:

1) daß Elert der jahrelang an ihn herangetragenen Nötigung durch die Universitätsspitze, als Dekan entweder Mitglied der NSDAP oder wenigstens Angehöriger der Glaubensbewegung „Deutsche Christen" zu werden, während seiner gesamten Amtszeit unbeugsam getrotzt hat; 2) daß während der gesamten NS-Zeit kein einziges Mitglied der sog. „Engeren Fakultät" in Erlangen einer dieser beiden Organisationen angehört hat, ein unter den deutschen theologischen Fakultäten damals wohl einmaliger Ausnahmefall; 3) daß der Dekan politisch oder rassisch verfolgte Theologiestudenten (die Zahl wird von Elert mit 40–50 angegeben) unter z. T.

erheblichem persönlichem Risiko vor der Geheimen Staatspolizei geschützt hat.[39]

Aber nicht deshalb habe ich diesen Bericht hier eingeschoben, sondern wie gesagt im Blick auf die Probleme des Melanchthonaufsatzes, und zwar in einem konkreten Fall. Es handelt sich dabei um den einzigen Erlanger theologischen Ordinarius, der – wenn auch „extra facultatem" stehend – zwar nicht Angehöriger der Glaubensbewegung „Deutsche Christen", wohl aber Mitglied der NSDAP und, wie sich nach dem Kriege herausstellte, sogar Angehöriger des der GESTAPO zugeordneten „Staatssicherheitsdienstes" (SD) gewesen war, das ist der kurz vor dem Einmarsch der Amerikaner in Erlangen verstorbene Professor für Reformierte Theologie, Paul Sprenger. Ich zitiere die Passage des Elertberichtes über Sprenger hier wörtlich, weil sie sonst nicht bekannt ist. Elert schreibt:

„Nachdem Sprenger kurz vor Kriegsende gestorben ist, muß ihm nach-gerühmt werden, daß er seine nicht leichte Stellung extra facultatem mit Takt ausgefüllt hat. Daß er, wie sich nach dem Zusammenbruch der Partei herausstellte, dem ‚Sicherheitsdienst' angehörte, kann ich mir nur so er-klären, daß er bei der Übertragung dieser Funktion unter furchtbaren Druck gesetzt wurde. Er hat mir oft gestanden, wie ihn die Entwicklung der Partei seit 1933 enttäuscht habe, und ich glaube, daß die Ursache seines Magenleidens, an dem er zugrunde ging, wesentlich psychischer Natur war: die Qual des inneren Zwiespaltes, aus der er nicht mehr herausfand. Daß er bis zuletzt christlicher Theologe geblieben ist, beweisen seine Ausführungen über die Bergpredigt in den Lehrbriefen unserer Fakultät. Hätte er von seiner Funktion als SD-Mann tatsächlich Gebrauch gemacht, so wäre zum mindesten ich – nicht wegen Äußerungen unter vier Augen, sondern – wegen meiner Äußerungen bei den Dienstbesprechungen (d. h. vor der Fakultät) dem Volksgerichtshof verfallen gewesen. Vielleicht auch andere, die heute den Toten mit Steinen bewerfen. Aber Sprenger war keine Denunziantennatur." (S. 11)

Welche furchtbare Anklage hier allein in der Verbindung der Stelle Joh 8, Vers 7 mit dem Ausdruck „Denunziantennatur" steckt, kann man heute, 40 Jahre nach 1945, kaum noch ermessen. Natürlich könnte man die verlesene Passage als einen taktisch fadenscheinigen Entlastungsver-such in eigener Sache deklassieren, wenn man bedenkt, daß Sprenger eben unter Elerts Dekanat, nämlich i. J. 1935, nach Erlangen berufen wurde. In diesem Falle würden freilich auch wir, und zwar im Blick auf beide – Elert wie Sprenger – zu den Leuten von Joh 8, Vers 7 gehören. Es wäre aber auch denkbar, und das sollte m. E. für lutherische Theologen die „einzig denkbare" Möglichkeit sein, daß wir hier wirklich, d. h. im kon-

kreten Fall, jene Haltung christlicher Humanität gegenüber der (im doppelten Sinne) „anderen Seite" vor uns hätten, von der in Elerts Melan-
chthonhuldigung die Rede ist – oder mit Luthers leider weithin vergesse-
ner Erklärung zum 8. Gebot: „... sondern wir sollen ihn entschuldigen,
Gutes von ihm reden und alles zum Besten kehren".

Die Dogmengeschichte

Mein Referat drängt zum Ende, so daß ich das Folgende eigentlich nur
noch im Telegrammstil hinzufügen darf. Nachdem über das Problem des
„christlichen Ethos" bereits aktuell gehandelt ist, wenden wir uns daher
unmittelbar den beiden dogmengeschichtlichen Spätwerken Elerts zu, nämlich einmal dem Abendmahlsbuch („Abendmahl und Kirchengemeinschaft
in der Alten Kirche hauptsächlich des Ostens", 1954, ²1984), zum anderen
– last not least – der unvollendeten Dogmengeschichte („Der Ausgang der
altkirchlichen Christologie", posthum 1957). Mit ihnen tritt Elert die letzte
große Fernexpedition seines Lebens an; er sucht die Urstromtäler der Christenheit neu zu entdecken und kehrt damit zugleich zu der seit 1911 nie
vergessenen Eindruckskraft der Ostkirche zurück, nun freilich mit einer
Breite altkirchlicher Quellenkenntnis – vom 2. bis 7. Jahrhundert – und
einer Reife theologischen Problembewußtseins, die in der gesamten Fachliteratur auf einsamer Höhe stehen. Fast ist es, als taste er nach dem
Unerreichbaren.
Beide Werke – thematisch wieder komplementär – umkreisen noch
einmal das erfahrungstheologische Gesamtthema von Elerts Lebensarbeit,
nun aber nicht mehr in theologiegeschichtlicher, konfessionskundlicher
oder systematischer, sondern in christologischer Gestalt. Das Abendmahlsbuch will darstellen, und zwar am konkret-liturgischen Erfahrungsbereich
der Eucharistie, was eigentlich „Communio sanctorum" ist, sofern diese
Gemeinschaft von der Realpräsenz Christi (I Kor 10,16/II Petr 1,4) aus-
geht und getragen ist, nicht also von soziologischen oder kirchentaktischen
Experimenten. Sie gehört an ihrer Stelle in den übergreifenden Zusammenhang der altkirchlichen „Anteilhabe" (metalepsis) „am Heiligen" (der
Genitiv „sanctorum" wird objektiv verstanden), deren höchste Stufe, wie
man hinzusetzen muß, letztlich die innergöttliche Homousie bildet; d. h.
aber, das Wesen der Abendmahlsgemeinschaft ist ebenso christologisch-
personal wie kirchlich-exklusiv konstituiert.[40]
Dem christologischen Skopus des Abendmahlsbuches aber korrespondiert unmittelbar das patristische Quaderwerk der dogmengeschichtlichen
Fragmente. Der Meistergriff, mit dem Elert die altkirchlichen Überliefe-

rungsmassen auf ganz neuartige und bahnbrechende Weise bändigt, ist
das, was ich in meinem eigenen „Grundriß der Dogmengeschichte" den
„Rückwärtseinschnitt" genannt habe, ein Ansatz, dessen Tragweite m. E.
bis heute noch kaum verstanden wird.[41] Man kann die Dogmengeschichte
sozusagen im historischen „Vorwärtseinschnitt" betrachten, wie es die
„Klassiker" dieser Disziplin – Harnack, Seeberg, Loofs – von jeher getan
haben. In diesem Fall erscheint das dogmengeschichtliche Ganze als ein
vorwiegend theologiegeschichtliches Entwicklungsgefälle, ausgehend vom
biblisch-kerygmatischen Ursprung des Glaubens bis zur resultativen grie-
chisch-metaphysischen Lehrgestalt. Ein völlig anderes Panorama ergibt
sich aber, sobald man den gleichen Verlauf nicht kritisch betrachtend von
seinen „Anfängen" her, sondern kirchlich-mitlebend, d. h. aber vom „Ausgang" nach rückwärts, auf den biblischen Ursprung hin durchfährt; denn
damit tritt uns als primäres Subjekt der Dogmengeschichte nicht der moderne Dogmenhistoriker und seine Konzeption, sondern – hier schließt
sich der Ring unserer Betrachtungen – das „evangelische Christusbild" in
seiner Anschaulichkeit als dogmengeschichtliches Kriterium entgegen, jener „Deus incarnatus", der schon das Subjekt des Abendmahlsbuches war,
dessen Spuren Elert bis in die äußersten Verzweigungen der Theopaschi-
ten und Monergeten des 7. Jahrhunderts entdecken wollte, weil allein dieser Christus erfahrungschristologisch wirklich ist. Finitum capax infiniti.[42]

III. Epilog

Ich komme zum Schluß. Bei der Adventsfeier des Luther-Heimes i. J.
1953 ist Elert in diesem Raum noch einmal dabeigewesen und hat eine
Ansprache gehalten. „Ihr Amerikaner", sagte er zu seinen jungen Freunden von drüben, die gekommen waren, um bei ihm zu promovieren, „ihr
liebt die bunten elektrischen Kerzen, die nicht ausgehen können; wir Deutschen lieben die richtigen brennenden Kerzen"; denn – er sah auf das
abbrennende Adventslicht herunter, das vor ihm stand – „man muß Kerzen
auch herunterbrennen lassen". Es war sein letzter irdischer Advent. Noch
hielt er – vom Tode gezeichnet – am 10. Oktober 1954 im Braunschwei-
ger Dom, am Grabe Heinrichs des Löwen, den großartigen Vortrag über
Augustin, eine ganz späte Ehrung für den größten christlichen Theologen,
mit dem er sich nie ganz hatte anfreunden können.[43] Dann trat zum letzten
Mal das Schicksal bei ihm ein, und nun unmittelbar ins Studierzimmer:
der schwere Abschied von der Dogmengeschichte, mitten in der Arbeit –
die Chirurgie – durch die Phantasien des Sterbenden wanderten die Namen

der Kirchenväter, die bekannten und die ganz unbekannten – „ecclesia universalis". An einem eisgrauen Novembernachmittag standen wir drüben auf dem Neustädter Friedhof um den Universitätsprediger Paul Althaus an Elerts offenem Grab. Die Lieder, die an seinem Sarge gesungen werden sollten: „Herzlich lieb hab' ich Dich, o Herr" und „Herr, Du hast Deinen Namen sehr herrlich in der Welt gemacht", hatte er selbst bestimmt. Noch sah ich ihn innerlich vor mir, mühelos und frei dozierend, sah ihn in der Neustädter Kirche bei den unvergeßlichen Universitätsgottesdiensten, die selbst ein Stück Erlanger Fakultät waren, oben links auf der Empore auf dem Platze Hofmanns und Zahns oder selbst als Prediger auf der Kanzel, und sah um ihn die Häupter der Erlanger Theologen bis tief ins 19. Jahrhundert, jener „genius loci", der uns heutige Erlanger von fern noch immer umgibt.

Es kam die Zeit der Elert-Nachrufe, die Zeit der Elert-Verunglimpfung, die Zeit des Elert-Vergessens[44]. Wer heute vor sein Grab tritt, steht ergriffen unter der Gewalt dieser Aussage: Mitten in das schwere Basalt-Kreuz ist der Name ELERT gemeißelt, kommentarlos; denn dieser Name umgreift sie alle: den Vater, die beiden Söhne und die Ehefrau, es gibt keinen Namensträger mehr. Das Schicksal dieses Namens, i. S. von Elerts „Wir-Ethik" (Ethos, 448f) unmittelbar in den Christusnamen des Kreuzes hineingeschrieben, ist Erfahrungstheologie in letzter Hingabe.

Die Frage, ob Theologie und Kirche heute sich mit Elerts geistigem Vermächtnis verständigen könnten, kann hier nicht mehr behandelt werden. Ihre Diskussion müßte vom allgemein häretisierenden Stil der neueren evangelischen Theologie ausgehen, bzw. von der (mir unbegreiflichen) Unfähigkeit der evangelischen Kirche, ihren weithin pluralistisch-säkularistischen Weg der Gegenwart als einen solchen unter Gottes Gericht zu begreifen. Und sie müßte unter der Erkenntnis stehen, daß die großen theologischen Problematiker zugleich auch die großen Problemsteller sind.

Möglicherweise war Elert einer der größten Theologen des letzten Jahrhunderts. Und so mag am Schluß auch über ihn das Wort gelten, das Ferdinand Kattenbusch einst über Hofmann gesagt hat:

„Sein Name wird ein Leuchten behalten".

Anmerkungen

1 Die gesamte theologische Elert- (bzw. Anti-Elert-) Literatur wird jetzt besprochen in der Kieler Dissertation des Isländers Sigurjon Arni Eyjolfsson, Rechtfertigung und Schöpfung in der Theologie Werner Elerts (340 Seiten, Masch. Schr. 1991), hier S. 35ff. Die Arbeit macht den ehrlichen Versuch, Elert theologisch Gerechtigkeit widerfahren zu lassen.

2 W. Gerhold, Ein Lehrer der lutherischen Kirche; Zum 25. Todestag Werner Elerts (Ztschr. „Concordia", Neuendettelsau, 64. Jahrg., Dez. 1979, S. 5ff); R. Keller, Erinnerung an Werner Elert, Gedanken – Berichte – Anfragen; ein Versuch zum 25. Todestag (Jahrb. des Martin-Luther-Bundes 1979, S. 9ff). Hinzuweisen ist außerdem auf die kurze Würdigung Elerts durch H. Günther (Oberursel): „Ein Prediger und Lehrer der Kirche" (Lutherische Kirche – Kirchenblatt der SELK 1985, S. 6) mit Bildnis: Elert im Jahre 1920 als Direktor des Breslauer altlutherischen Seminars im Kreise von Studenten und Dozenten (S. 4).

3 Mit dem Versuch von Herrn Kollegen Hamm (Erlangen), die Erlanger Professoren Althaus und Elert als politische Verbrecher zu kriminalisieren, habe ich mich in meinem Aufsatz „In Sachen Althaus/Elert, Einspruch gegen Berndt Hamm" (Homiletisch-Liturgisches Korrespondenzblatt NF 1990/91, Nr. 30, S. 153ff) eingehend auseinandergesetzt. Vgl. dazu auch die kritische Stellungnahme von F. W. Graf: „Der Geschichte ihre Eigenheit aberkannt – Kirchenhistoriker und Zeitungen streiten über die Rolle der Kirchen im Nationalsozialismus" (Christ und Welt vom 3. 5. 1991, S. 22). Inzwischen geht die Erlanger Rufmord-Kampagne gegen Paul Althaus und Werner Elert unvermindert weiter, s. den Artikel von Stefan Stosch „Kollegiale Rücksichtnahme verdrängte die Frage nach der Erblast" (Frankfurter Rundschau vom 7. November 1991, S. 18) über die Forderung Hamms, das Erlanger landeskirchliche Studentenwohnheim „vom Namen Elerts zu befreien", d. h. Elerts Andenken öffentlich zu entehren. Die Forderung Hamms wurde vom Organ des Arbeitskreises „Evangelische Erneuerung" (November 1991, S. 15ff) ohne Gegenargument vollinhaltlich begrüßt (verantwortlich für die Information B. Hamm und St. Stosch).

4 Wenn A. Peters (Art. Werner Elert, TRE Bd. 9, hier S. 494) bei Elert schon vor dem 1. Weltkrieg einen „rassisch getönten Nationalismus" angedeutet findet und anderenorts (Luth. Monatshefte 1985, S. 556) erklärt, Elert habe sich nach 1945 „dem echten Eingeständnis der eigenen Fehler" entzogen, so laufen solche Formulierungen (ungeachtet aller sonstigen theologischen Positiva) angesichts der heutigen kirchlichen Verständnislage auf ein politisches Todesurteil hinaus. Vgl. dagegen W. Trillhaas (unten Anm. 10, S. 41): [Zu sprechen ist hier nicht] „von der momentanen Unsicherheit, wie sie in den Jahren 1933 und 1934 vielen unterlaufen ist, vor allem durch die irrige Meinung, daß die Skrupellosigkeit und Gewalt der nationalsozialistischen Bewegung die Würde des Staates für sich in Anspruch nehmen könne und er für sein Gesetz den Gehorsam des guten Gewissens seiner Bürger mit Beschlag belegen dürfe. Diesem Irrtum ist auch Elert 1934 im sogenannten ‚Ansbacher Ratschlag' für einen Augenblick erlegen. Aber er hat noch vor dem Ende des Jahres sich aus dieser Verstrickung zurückgezogen, was ihm nie gedankt, was nie zu seinen Gunsten in Rechnung gestellt worden ist" (s. auch u. Anm. 39). Mit Nachdruck ist darauf hinzuweisen, daß der „Ansbacher Ratschlag" (Erstveröffentlichung in der AELKZ vom 22. Juni 1934, also noch vor dem 30. Juni 1934!) keine politische Kundgebung, sondern eine theologische Stellungnahme sein wollte.

Er war auch keine Äußerung der Erlanger Theologischen Fakultät. Zu dem vielfach isoliert und ohne Zusammenhang wiedergegebenen Sprachgebrauch vgl. man die zahlreichen Belege „bekennender" Theologen (darunter die Brüder Niemöller) bis zum Jahre 1935 (!) bei F. Baumgärtel, Wider die Kirchenkampflegenden (³1976). Wie wenig Elert noch i. J. 1950 imstande war, die „Barmer theologische Erklärung" theologisch anzuerkennen, zeigt seine Kritik an der dort vertretenen Christologie in dem Aufsatz „Die Kirche und ihre Dogmengeschichte" (jetzt in: Der Ausgang der altkirchlichen Christologie, 1957, S. 320f).

5   Vgl. dazu Elert, Dogma, Ethos, Pathos; Dreierlei Christentum (1920). Es ist ein Vorzug der Dissertation von Eyjolfsson (s. o. Anm. 1), daß sie neben Elerts alt-lutherischer Herkunft seine Verwurzelung in der Erlanger Erfahrungstheologie aus-drücklich an den Anfang stellt (S. 3ff). Freilich ist Elerts Erfahrungsbegriff (wie derjenige von Paul Althaus) durch die Grundsatzkritik von Ludwig Ihmels (s. dazu u. Anm. 12) hindurchgegangen, der die subjektivistischen Schlagschatten der Er-langer Theologie beseitigt hat.

6   Im Nachgang zu meiner Auseinandersetzung mit B. Hamm (s. o. Anm. 3) habe ich zu S. 158 (ebda.) zu berichtigen: Nicht vier, sondern sechs der Erlanger Theo-logieprofessoren haben im 2. Weltkrieg ihre Söhne verloren: Althaus, Strathmann, Elert (beide Söhne), Preuß, Ulmer und Friedrich Hauck.

7   Das „Finitum capax infiniti" ist ein weltanschauliches Grundproblem und hat einen philosophischen und einen theologischen Aspekt. Philosophisch gehört es mit der „Coincidentia oppositorum" von Cusanus bis Hamann zusammen und wird hier panentheistisch ambivalent (vgl. H. Heimsoeth, Die sechs großen Themen der abend-ländischen Metaphysik, ⁵1965, S. 61ff; das Cusanus-Zitat bei E. Cassirer, Individuum und Kosmos in der Philosophie der Renaissance, ⁶1977, S. 72). In theologischer Hinsicht bildet es das Prinzip der lutherischen Kondeszendenzchristologie (hier wiederum Hamann, vgl. M. Seitz, Hermann Bezzel, 1961) sowie der Realpräsenz Christi im hl. Abendmahl (die Formel erstmals bei Joh. Gerhard, s. G. Hornig b. C. Andresen Hdb. der Dogmen- u. Theol. Geschichte, Bd. III, 1984, S. 89f). Luther kommt der Formel wörtlich nahe in der Genesisvorlesung: „Is qui est summus, ut Angeli non capiant ... ita finitus est, ut nihil magis sit finitum et conclusum: et econtra" (WA XLIII, S. 580). Elert hat das Problem „Finitum/Infinitum" vor allem seiner Christologie zugrundegelegt (vgl. schon, Der christl. Glaube § 55, dazu ders., Ztschr. f. syst. Theol. 1939, S. 500ff und Der Ausgang der altkirchlichen Christo-logie – passim). Mit den Arbeiten von E. Metzke zur „Coincidentia oppositorum" (s. den gleichnamigen Aufsatzband, hg. posthum 1961 von K. Gründer) hat sich Elert bis zuletzt beschäftigt und dessen Aufsatz zu Luthers Abendmahlstheologie (ebda. S. 158ff) in seiner „Sozietät" als besonders tiefgreifend empfohlen (münd-lich Prof. Dr. E. Wölfel, Kiel).

8   In seiner Auffassung vom „Deus absconditus" folgt Elert i. w. der Darstellung von Th. Harnack (Luthers Theologie, ²1927, Bd. I), wonach der „Deus absolutus" i. S. Luthers mit dem „Deus iratus", d. h. mit dem Gott des Gesetzes identisch ist (vgl. bes. §§ 7–8, S. 84ff u. 97ff sowie §§ 18–19, S. 251ff u. S. 261ff), wie auch Eyjolfs-son (S. 173f) richtig bemerkt. Dabei tritt freilich Gott als unbedingte Schicksals-größe (zumal unter dem Eindruck von Luthers Auslegung des 90. Psalms, WA LI, S. 484–596; Elert, S. 16) weit expressiver hervor als bei Harnack. Zur Sache vgl. außer F. Blanke, Der verborgene Gott bei Luther (1928) vor allem H. Rückert, Luthers Anschauung von der Verborgenheit Gottes (in: Vorträge und Aufsätze zur historischen Theologie, 1972, S. 96ff).

9   W. Elert, Gesetz und Evangelium, in dem Aufsatzband „Zwischen Gnade und Ungnade" (1948), S. 132 (ff); Wiederabdruck in: „Ein Lehrer der Kirche", S. 51 (ff).

10   W. Trillhaas, Konservative Theologie und moderne Welt; Erinnerung an Werner
Elert (Jahrbuch des Martin-Luther-Bundes 1986, S. 35ff), Wiederabdruck in den
Ernst-Troeltsch-Studien Bd. IV (1987), S. 305ff unter dem Titel „Umstrittene Mo-
derne". Sehr persönliche Elert-Notizen auch in „Aufgehobene Vergangenheit", S. 86f.

11   Dieser Lebenslauf (46 Zeilen) liegt dem Folgenden zugrunde, dagegen enthält das
Fakultätsbuch handschriftlich nur das Datum der Aufnahme in die Fakultät (17. Nov.
1923) und die Notiz zweier Rufablehnungen (Münster und Göttingen); Weiteres bei
W. v. Loewenich, Erlebte Theologie (1979), S. 117ff u. 169ff.

12   Ihmels hat vor allem in seinem Werk „Die christliche Wahrheitsgewißheit" (²1908)
und in Auseinandersetzung mit seinem Erlanger Lehrer Frank der Erlanger Er-
fahrungstheologie ein objektiveres Antlitz gegeben, s. dazu Elert, Der Kampf um das
Christentum, S. 463f. Näheres bei R. Jelke, Die Eigenart der Erlanger Theologie,
Neue kirchliche Ztschr. 1930, S. 19ff, hier bes. S. 39ff sowie P. Althaus, Artikel
„Erfahrungstheologie" in RGG 3. Aufl. Bd. II, S. 532f, ders. in „Die christliche
Wahrheit" Bd. I, S. 192; ausführlich M. Keller-Hüschemenger, Das Problem der
Heilsgewissheit in der Erlanger Theologie (1963), S. 76ff, vgl. auch F. W. Kant-
zenbach, Von Ludwig Ihmels bis zu Paul Althaus, Einheit und Wandlungen luthe-
rischer Theologie im ersten Drittel des 20. Jahrhunderts, Neue Ztschr. f. syst. Theo-
logie 1969, S. 94ff, hier bes. S. 100ff. Der Aufsatz ist wörtlich übernommen in
Kantzenbachs Werk „Evangelischer Geist und Glaube im neuzeitlichen Bayern"
(1980), S. 394ff.

13   Elerts philosophische Dissertation (bei R. Falckenberg) handelt über „Rudolf Rocholls Philosophie der Geschichte" (Abhandlungen zur Philosophie und ihrer Geschichte, hg. von R. Falckenberg, Nr. 12, 1910). Das Thema der theologischen
Dissertation (bei A. W. Hunzinger) lautet „Prolegomena zur Geschichtsphilosophie,
eine Studie zur Grundlegung der Apologetik" (im Druck 1911), „eine Arbeit, die
ebenso unreif wie innerlich unsolide war, aber doch Hunzingers Beifall fand" (hand-
schriftlicher Lebenslauf von 1927, s. o. Anm. 11). Eine Bibliographie der Elert-
Schriften (140 Nummern, dazu 202 Rezensionen und 14 Lexika-Artikel) hat Herwig
Wagner in der von F. Hübner, W. Maurer und E. Kinder herausgegebenen „Ge-
denkschrift für Werner Elert" (1955), S. 411ff zusammengestellt. Die „Gedenk-
schrift" war ursprünglich als „Festschrift" zu Elerts 70. Geburtstag vorgesehen.

14   W. Elert, Rudolf Rocholls Philosophie der Geschichte (s. die vorige Anm.); ders.,
Die Religiosität des Petrus, ein religionspsychologischer Versuch (1911); ders., Die
voluntaristische Mystik Jakob Boehmes; eine psychologische Studie (1913). Schon
die psychologischen Untertitel weisen auf das Erfahrungsproblem. Zu bemerken ist,
daß der Altlutheraner Rocholl ein ausgesprochener Verehrer Hamanns war, der für
die Erlanger Theologie eine initiale Rolle spielt. Die Petrusstudie weist auf Elerts
Erlanger Lehrer Th. Zahn; denn sie vertritt die „Echtheit" des II. Petrusbriefes,
während die Beschäftigung mit Boehme ein Thema übernimmt, mit dem sich schon
Harleß und Hofmann auseinandergesetzt haben, vgl. auch Elert, Jakob Boehmes
deutsches Christentum (Biblische Zeit- und Streitfragen 1914) sowie H. Bornkamm,
Luther und Boehme (1925).

15   Meist werden nur Althaus und Elert als Hauptrepräsentanten der Erlanger Theologie
im 20. Jahrhundert genannt, dagegen wird Procksch in der Regel übergangen (Ausnahmen: Trillhaas, Aufgehobene Vergangenheit, S. 83ff u. v. Loewenich, Erlebte
Theologie, S. 122ff u. 162). Prockschs große alttestamentlich-systematische „Theo-

logie des Alten Testaments" (hg. von G. v. Rad mit A. Alt und O. Grether, 1950) stand schon bei Erscheinen im Schatten der „Theologie des Alten Testaments" seines Schülers W. Eichrodt (3 Teile, 1933–35; 2.–3. Aufl. 1948).

16 F. R. H. v. Frank, Geschichte und Kritik der neueren Theologie insbesondere der systematischen (Vorlesungsmanuskript), hg. posthum von P. Schaarschmidt (1894), in der 3. Aufl. (1898) von R. Seeberg, in der 4. Aufl. (1908) von R. Grützmacher – mit je verschiedenen Weiterführungen. Als schmerzlicher Gegensatz muß vor allem Franks Auseinandersetzung mit dem „Lehrbuch der Dogmengeschichte" des Kollegensohnes Adolf Harnack angesehen werden (S. 327ff). Neben Frank vgl. auch R. Seeberg, Die Kirche Deutschlands im 19. Jahrhundert (²1904) und M. Kähler, Geschichte der protestantischen Dogmatik im 19. Jahrhundert (2. Aufl. hg. von E. Kähler 1989).

17 S. dazu Elert a. a. O. S. 289f: „,Erkannt wird das Göttliche allein auf dem Weg des Erfahrens und Erlebens' ... Mit dieser Aussage treten die Erlanger gegen alle Kantianer und Neukantianer auf die Seite Schleiermachers. Für die Ritschlgruppe ist der Glaube ein Verhalten, für die Erlanger ein Verhältnis, für jene ein Urteil, für diese eine Funktion, eine Beziehung zwischen Gott und Mensch." Freilich wird die Abhängigkeit von Schleiermacher hier theologiegeschichtlich überzogen. Ihrem Selbstverständnis nach wußten sich die Erlanger von Schleiermacher weitgehend unabhängig.

18 Das Unverhältnis zwischen Barth und „Erlangen" hat schon die Auseinandersetzung mit A. Ritschl zur Voraussetzung (s. dazu Fr. H. R. v. Frank, Über die kirchliche Bedeutung der Theologie Albrecht Ritschls, ³1891). Hinzu kam der konfessionelle Unterschied sowie der theologische Alleinvertretungsanspruch der Dialektischen Theologie (unter Verdammung aller sog. „Theologia naturalis"), schließlich auch der politische Gegensatz, der eine Verständigung vollends aussichtslos werden ließ.

19 Elerts Schicksalsbegriff ist von Oswald Spengler geprägt und dem Erfahrungsbegriff zugeordnet (s. dazu jetzt Eyjolfsson a. a. O. S. 126ff, der freilich auch Elerts Kritik an Spengler hervorhebt). Wie für Spengler (Der Untergang des Abendlandes, Bd. I, S. 181) die „Idee der Gnade" schicksalhaft ist, so für Elert die vicaria satisfactio Christi – gegen Hofmanns Versöhnungslehre (Der christl. Glaube, ⁶1988, S. 339). Zum Verhältnis Elert/Spengler, s. Der Kampf um das Christentum (1920), S. 326ff: Es gibt keine Wirklichkeit an sich; alles ist schicksalhaft, daher: „Das Christentum ist unser Schicksal." Zu Elerts Geschichtsauffassung s. u. Anm. 29.

20 Elert, Karl Barths Index der verbotenen Bücher (Theologia militans 2, 1935, S. 17f) nach Karl Joseph Friedrich, Die heilige Kümmernis (um 1931). Dazu Elert, S. 19: „Wenn wir uns als Christen und Theologen um die Realitäten des irdischen Lebens einschl. der geschichtlichen Stunde kümmern ..., so lesen wir nicht in Büchern. Auf diesen Ausdruck kann in diesem Zusammenhang nur einer kommen, der selbst keine anderen Realitäten als Bücher kennt ..."

21 Titel wie „Bekenntnis, Blut und Boden" (1934) oder „Der Christ und der völkische Wehrwille" (1937) darf man bei Elert nicht DC-theologisch mißverstehen. S. dazu W. Trillhaas: „Wenn (Elert) während des sog. ,Dritten Reiches' zuweilen kleineren Schriften Titel mitgegeben hat, welche die schlimmsten Nazi-Affinitäten vermuten lassen ..., so bedeutet sich damit vielerlei: Tarnung, Anreiz zur Lektüre, aber auch so etwas wie Schabernack, gleichzeitig seine präsumptiven Leser ,auf den Arm zu nehmen' und zu belehren." (Jahrb. d. Martin-Luther-Bundes 1986, S. 42f).

22 Die „Kriegsbriefe gefallener Studenten 1939–45" (hg. von W. und H. Bähr, 1952) sind das Pendant zu dem gleichnamigen Werk des ersten Weltkrieges (hg. von Ph. Witkop, 1928); die Briefe von Rembrand Elert, S. 347ff (vgl. auch Georg Wil-

helm Althaus, S. 21f); die Reihe der Gefallenen prominenten deutschen Namens –
von Harnack bis Mendelssohn-Bartholdy – ist bestürzend. Die Vorstellung von
Gottes „Larven" in Elerts „Philologie der Heimsuchung" (Zwischen Gnade und
Ungnade, S. 15) stammt von Luther, vgl. aber auch Spengler a. a. O. S. 205: „Jedes
Schicksal erscheint in einer sinnlichen Verkleidung"; zur Ambivalenz von „Schick-
sal" und „Zufall" s. ebda. S. 180ff. Zur persönlichen Seite vgl. Trillhaas a. a. O.
S. 43: „Zu den ... Schwierigkeiten Elerts kam ... auch vor allem seine leichte Ver-
letzlichkeit, die er in schweren Fällen – wovon sein autobiographischer Artikel
,Philologie der Heimsuchung' erschütterndes Zeugnis gibt – mit einer geradezu
erschreckenden Ironie überspielte."

23 Zu dem von Elert und seinen Schülern vertretenen „Dualismus" von „Gesetz und
    Evangelium" bemerkt E. Wolf (RGG 3. Aufl. Bd. II, Sp. 1525): „Seine Motive sind
    von denen Marcions nicht sehr weit entfernt." Freilich sah sich schon K. Barth
    seinen Kritikern (Harnack, Jülicher u. a.) gegenüber im Blick auf seinen Gottes-
    begriff („Der ganz andere") genötigt, „gewisse frappierende Parallelen" mit dem
    altkirchlichen Erzhäretiker zuzugeben (s. meinen Artikel „Marcion von Sinope" in:
    Gestalten der Kirchengeschichte, hg. von M. Greschat, Bd. I, 1984, S. 69).

24 Vgl. jedoch P. Althaus, Die Theologie Martin Luthers (⁶1983), S. 58ff (Glaube und
    Erfahrung) sowie W. Maurer, Die Einheit der Theologie Luthers (jetzt in: Kirche
    und Geschichte, hg. von E. W. Kohls und G. Müller) Bd. I (1970), S. 13: „Es han-
    delt sich (i. S. von A. Vilmar) um die subjektive Nacherfahrung einer objektiv in
    der Kirche, und d. h. in ihrem Dogma vorgegebenen Erfahrung."

25 S. o. Anm. 2, S. 19ff. Keller diskutiert vor allem Elerts Kritik an der lutherischen
    Lehre von der Schriftinspiration.

26 Elert ist darin ein genuiner Repräsentant der „Erlanger Theologie", daß er den
    theologischen Aussagen keine abstrakten Prinzipien vorordnet, sondern unmittelbar
    vom biblisch/kirchlichen Befund ausgeht. Wie Gott nie „an sich", sondern allein
    „für uns" zu erkennen ist, so gibt es auch biblisch keinen abstrakten Begriff von
    „Offenbarung", „Wort Gottes" (K. Barth) oder „Kerygma" (s. dazu Elert, Karl Barths
    Index der verbotenen Bücher, S. 11ff; Morphologie des Luthertums Bd. I, S. 60
    und Der christliche Glaube §§ 22–23 u. 34.

27 W. Maurer, Offenbarung und Skepsis, ein Thema aus dem Streit zwischen Luther
    und Erasmus (in: Kirche und Geschichte, Bd. II, S. 366ff). In Erasmus bekämpfte
    Luther die Rationalisierung der konkret ergehenden Offenbarung. Zu Maurer s. jetzt
    R. Kellers Artikel in der „Neuen Deutschen Biographie" Bd. 16, S. 442ff.

28 Das Werk knüpft an O. Ritschls „Dogmengeschichte des Protestantismus" an (4 Bde.
    1908–27). Eine ausführliche Rezension von Bd. I hat H. Tilemann erstellt (Theol.
    Literaturzeitung 1933, Sp. 53ff) mit dem Resultat: „Der Bau als Ganzes ist ein
    Meisterstück".

29 Elerts Geschichtsauffassung ist nicht in erster Linie pragmatisch-horizontal, son-
    dern schicksalhaft-vertikal strukturiert s. o. Anm. 19 sowie Oswald Spengler, Der
    Untergang des Abendlandes Bd. I, S. 152ff (Schicksalsidee und Kausalitätsprinzip).
    Zum Begriff der „Morphologie" s. Spengler S. 205f: „Mir schwebt eine rein abend-
    ländische Art, Geschichte im höchsten Sinn zu erforschen, vor ... eine Morphologie
    des Werdens aller Menschlichkeit ... Wie man die Züge eines Bildnisses von Rem-
    brandt ... durchdringt, so die großen schicksalhaften Züge im Antlitz einer Kultur ...
    anzuschauen und zu verstehen, ist die neue Kunst."

30 Werner Elert zum Gedächtnis; Zwei Reden von Paul Althaus (1955) vgl. auch die
    Übersicht b. H. Stephan, Luther in den Wandlungen seiner Kirche (²1951), S. 118f.

Die Wendung vom „heißen Herzen" b. Althaus, S. 14, vgl. Elert, Die Lehre des Luthertums im Abriß (3. Aufl.), S. 79.

31 Statt zahlreicher Beispiele sei nur auf den Übergang von Luthers Lebensgefühl – über Kreuz und Jammertal – zu Leibnizens „Theodizee" verwiesen (Morphologie Bd. I, S. 407ff u. 416ff).

32 Zur Auseinandersetzung Elert/Hirsch s. Die Lehre des Luthertums im Abriß (3. Aufl.), S. 149ff (Luther und Luthertum).

33 Vielleicht gibt es kein theologisches Werk Elerts, dem das Wort von Trillhaas „Elert ist nie in der Gruppe marschiert" (a. a. O. S. 44) so entspricht wie „Das christliche Ethos" (mit Widmung für die gefallenen Söhne). Das Werk folgt noch immer dem seit Harleß' Ethik üblichen individualethischen Ansatz, der dann zur „Wir-Ethik" erweitert wird, ohne auf alle modern-ethischen Probleme einzugehen (s. Trillhaas, S. 40 u. 44). Daher seine „relative Wirkungslosigkeit". Tolle lege!

34 W. Elert, Der christliche Glaube. Herausgeber der 3.–5. Auflage war Ernst Kinder. Im Geleitwort zur 6. Auflage (1988) sagt W. Trillhaas: „Wir meinen, daß Elerts Wort heute noch Gehör verdient ... Er war nicht auf Popularität bedacht. Er hat das Licht, das ihm in die Hand gegeben war, durch die bösen Tage des Krieges und der Zeit danach unbeirrt hindurchgetragen ... Es war erlittene Theologie. Werner Elert sollte ... an dem heutigen theologischen Gespräch noch lebendig beteiligt sein. Nicht nur, weil er es ‚verdient‘ – was hieße das schon? –, sondern weil es der Generation der heute Lebenden heilsam sein könnte."

35 6. Aufl. S. 21. Zum „Sollgehalt" der kirchlichen Predigt vgl. Elert, Bekenntnis, Blut und Boden, S. 44, Abriß der luth. Lehre, S. 105 und Der christl. Glaube (6. Aufl.) S. 24. Zur Frage kirchlicher Mehrheitsbeschlüsse „Ecclesia militans" (Drei Kapitel von der Kirche und ihrer Verfassung), 1933, S. 26 u. 33f. Zum „Tertius usus legis" s. vor allem „Zwischen Gnade und Ungnade", S. 161ff. Die Stelle WA XXXIX/I, S. 485 (Zweite Antinomer-Disputation) hielt Elert für gefälscht, vgl. dagegen Althaus, Die Theologie Martin Luthers, S. 237.

36 Der Aufsatz „Paulus und Nero" (Zwischen Gnade und Ungnade, S. 39ff), d. h. die Frage, ob die staatliche Loyalität des Paulus (hier Röm 13) unter Kaiser Nero mit derjenigen im „3. Reich" parallelisierbar sei, hat Elert von seiten des BK-Pfarrers K. Steinbauer den Vorwurf der Unbußfertigkeit eingetragen (Korrespondenzblatt für die evang.-luth. Geistlichen in Bayern 1950, Nr. 3 und 4, dazu Elert „Unter Anklage" (ebda. Nr. 14 und 15). Nach A. Peters (Luth. Monatshefte 1985, S. 556) hat sich Elert diesem Vorwurf „in persönlich durchaus ehrenhafter Weise" gestellt.

37 Elert, Zwischen Gnade und Ungnade, S. 91ff, zu Raschke S. 95, A. 3. Raschkes Novelle „Simona oder die Sinne" (Paul List-Verlag, Leipzig 1942), war sein letztes größeres Werk (Die Bibliographie des „Deutschen Dichterlexikons" 1963, S. 469f ist hier unvollständig). Raschke fiel als Kriegsberichterstatter am 24. November 1943 in Rußland.

38 Raschke nimmt Elerts Lehre von der „Gesamtschuld" (Ethos, § 27) vorweg. Dagegen findet A. Peters, Zwischen Gesetz und Evangelium; Werner Elert – ein Versuch ihn zu verstehen (Luth. Monatshefte 1985, S. 553ff) den Blick bei Raschke/Elert ausschließlich auf die „Greueltaten des Gegners" gerichtet (S. 556). Damit wird der humanistische Sinn der „gemeinsamen Verantwortung" entleert. Der von Peters vorgeschlagene Weg zu einer echten „Retractatio" über das „Stuttgarter Schuldbekenntnis" von 1945 ist in diesem Falle gerade kein Weg; denn die Stuttgarter Erklärung handelt nicht von der „gemeinsamen", sondern nur von der „einsamen" (nämlich allein deutschen) Verantwortung. Vgl. dagegen das Gedicht von W. Ber-

gengruen „An die Völker der Erde" (Dies Irae, S. 24f): „Völker der Welt, der Abfall war allen gemein, Gott hatte jedem gesetzt, des Bruders Hüter zu sein ..." (geschrieben 1944). Man lese das ganze Gedicht!

39 Dazu Trillhaas (a. a. O. S. 41, vgl. dazu o. Anm. 4): „Die große und unvergeßliche Leistung (Elerts) für die Universität war die Übernahme des Dekanates seiner Fakultät im Dritten Reich, und zwar nach den damaligen Gewohnheiten als decanus perpetuus 1935–43, also nicht weniger als über acht Jahre. Elert hat darüber eine Denkschrift im Dekanat hinterlegt, die den später aufkommenden Verdächtigungen wohl zur Beschämung gereichen würde, wenn sie nicht unbegreiflicherweise unter amtlichem Verschluß gehalten würde."

40 S. dazu meine Rezension der 2. Auflage von 1985 (mit einer Einführung von A. E. Buchrucker) im Homiletisch-Liturgischen Korrespondenzblatt NF 1985/86, Nr. 11, S. 408ff. Die von Elert zugrundegelegte (auf Th. Zahn zurückgehende) Bedeutung von „Communio sanctorum" als Genetivus objectivus i. S. von „Gemeinschaft am Heiligen" (s. dazu auch H. Sasse, Kirche und Herrenmahl, ²1990, hg. von M. Wittenberg, S. 34) ist wahrscheinlich nicht ursprünglich, vgl. schon R. Seeberg, Lehrbuch der Dogmengeschichte Bd. II, ⁴1953, S. 465ff und neuerdings J. N. D. Kelly, Altchristliche Glaubensbekenntnisse (deutsch 1972), S. 383ff.

41 W. Elert, Der Ausgang der altkirchlichen Christologie; eine Untersuchung über Theodor von Pharan und seine Zeit als Einführung in die Alte Dogmengeschichte (hg. posthum von W. Maurer und E. Bergsträßer, 1957). Elert vertritt darin die These von der „Enthellenisierung" des Christentums durch das „Christusbild" der Evangelien bzw. des Neuen Testaments (beides ist inzwischen auch von der kath. Dogmengeschichtsschreibung übernommen) und fordert in diesem Zusammenhang eine „rückwärtsgewandte Diagnose" der Dogmengeschichte (S. 11).

42 S. schon Elert, Die theopaschitische Formel (Theol. Literaturzeitung 1950, Sp. 195ff). Problematisch an Elerts Konzeption ist die Überschätzung der cyrillisch-monophysitischen Christologie zuungunsten der abendländischen Zwei-Naturenlehre, s. hierzu meine Nachweise in „Grundriß der Dogmengeschichte" Bd. II/1 (1991) bes. S. 86ff und S. 195. Elerts „Christologie" ist noch ohne Kenntnis der neueren, vorwiegend französischen Forschungen zum nachchalcedonischen Zeitalter geschrieben.

43 W. Elert, Augustin als Lehrer der Christenheit (in dem Aufsatzband „Ein Lehrer der Kirche", S. 174ff). Elerts Vorbehalte gegen Augustin bezogen sich a) auf dessen Prädestinationslehre, b) auf die Zweinaturenchristologie (Finitum non capax infiniti) und c) auf dessen (symbolische) Sakramentsauffassung. Das alles schien für Elert eher auf den Calvinismus als auf Luther vorauszudeuten.

44 Um dem Vergessen entgegenzuwirken, habe ich diesen Vortrag auch schon im Homiletisch-Liturgischen Korrespondenzblatt NF 1991/92, Nr. 33, S. 5–35 mit Beigabe von vier Bildern veröffentlicht. Ich danke der Redaktion des HLK für die freundlich gewährte Genehmigung des Wiederabdrucks.

GÉRARD SIEGWALT

Evangelische Katholizität
im Geiste lutherischer Theologie

In der Formulierung des Tagungsthemas[1] „Lutherische Spiritualität gestern und heute" sagt das „Gestern und Heute" etwas Entscheidendes aus. Lutherische Spiritualität ist nämlich ebenso wie auch der christliche Glaube nicht etwas, das ein für allemal gegeben ist, sondern etwas, das sich fortsetzt – etwas, das gewiss immer gleich bleiben muß, aber gewiss auch etwas, das immer wieder neu erfahren werden muß. Tradition und Erneuerung gehen Hand in Hand. Die Erneuerung geschieht aus der Kraft der Tradition heraus und muß so geschehen, wenn sie wirklich die Erneuerung des in der Tradition gegebenen Lebens sein soll.

Mein Beitrag setzt bei dem Begriff der „evangelischen Katholizität" ein, so wie er in den zwanziger Jahren unseres Jahrhunderts auftaucht und führt von da aus zu dem, was ich in der *Dogmatik für die evangelische Katholizität*, an der ich arbeite, unternehme.[2] In einem zweiten Teil wollen wir uns die Frage stellen: in welcher Beziehung steht die „evangelische Katholizität" zu einer Theologie im Geiste Luthers.

Den Ausgangspunkt bei der evangelischen Katholizität zu nehmen, heißt sich einer Herausforderung zu stellen, die heute in besonderer Weise vordringlich ist. Diese Herausforderung kann aber, wie ich meine, gerade auf dem Hintergrunde lutherischer Spiritualität aufgenommen und verarbeitet werden.

I. Evangelische Katholizität

Ehe wir von unserer Zeit sprechen, gebe ich einen kurzen geschichtlichen *Rückblick*:

Die Kirche hat seit eh und je das Anliegen der Katholizität. Im Nicaenum wird als ein Wesensmerkmal der Kirche das der Katholizität genannt. Die römisch-katholische Kirche hat das in ihrer Geschichte immer wieder im Sinne eines Machtanspruchs verstanden, d. h. sie band die Katholizität an die hierarchische Struktur der Kirche als Amtskirche. Diesem Anspruch widersetzte sich bereits die Ostkirche, die Orthodoxie. Für sie ist die Katholizität der Kirche die der ungetrennten Christenheit, also der

Kirche der ersten Jahrhunderte. Diese ist gekennzeichnet durch die Gemeinschaft (koinonia, sobornost) der verschiedenen Patriarchate, der Regionalkirchen, die miteinander in der Einheit des Glaubens der Väter verbunden sind. Dem hierarchischen Verständnis von Katholizität in der römisch-katholischen Kirche steht hier also ein gemeinschaftliches, ein kommunielles Verständnis von Katholizität gegenüber, das die verschiedenen Ortskirchen miteinander verbindet. Auch die Reformation des 16. Jahrhunderts leistete dem römischen Verständnis Widerstand. Luthers Bestreben war es, den Katholizismus zur wahren Katholizität der Kirche zurück- oder hinzuführen. Diese ist bestimmt, qualifiziert durch das *Evangelium*.

Luther ist zunächst bereit, aus Zweckmässigkeitsgründen die hierarchische Struktur der römisch-katholischen Kirche anzuerkennen – sie ist *de jure humano* – wenn sie nur ganz im Dienst des Evangeliums steht. Denn die Katholizität hängt am Evangelium. Es ließe sich zeigen, wie das Gesagte in der Confessio Augustana zum Tragen kommt. Der gleiche Gedanke der Katholizität wird auch in der calvinischen Reformation ausgesprochen, so z. B. in der Confessio Helvetica Posterior. Allerdings wird deutlich, daß Calvin einen eher extensiven, quantitativen Begriff von Katholizität hat, Luther einen eher intensiven, qualitativen. Jedoch schließen beide Akzentuierungen einander nicht aus. Für die Folgezeit ist wichtig zu erwähnen, daß der Gedanke der Katholizität – trotz wachsender antikatholischer Tendenzen – innerhalb des Protestantismus immer wieder neu belebt worden ist. So in der lutherischen Orthodoxie z. B. durch Johann Gerhard, der von der Confessio Augustana als einer Confessio catholica handelt, so auch bei Georg Calixt, der die Idee des *quinquesaecularis consensus* als Einheit der alten Kirche in die neue Zeit zu übertragen sucht. Sodann wäre von der Aufklärung zu reden, von der Romantik, von den konfessionellen, hochkirchlichen Erneuerungsbewegungen im 19. Jahrhundert und dann natürlich von der sich im 20. Jahrhundert immer mehr durchsetzenden ökumenischen Bewegung.

Damit sind wir an unserem eigentlichen *Ausgangspunkt*, den beginnenden zwanziger Jahren unseres Jahrhunderts angelangt. Zwei Namen müssen hier genannt werden. Zunächst derjenige von *Nathan Söderblom*. Söderblom, Religionshistoriker und lutherischer Erzbischof von Uppsala, hat schon 1919 einen Artikel über „Die Aufgabe der Kirche. Internationale Freundschaft durch evangelische Katholizität" veröffentlicht. Er scheint den Begriff „evangelische Katholizität" nicht nur interkonfessionell, also im kirchlichen Sinn ökumenisch, sondern ökumenisch im weiteren Sinn zu verstehen, so daß er sich auf die ganze bewohnte Erde bezieht und die nicht-christlichen Religionen einschließt.[3] Dieses Verständnis werden wir jedenfalls bei Paul Tillich antreffen. Zuvor muß jedoch der andere Pionier der „evangelischen Katholizität" genannt werden: *Friedrich Heiler*. In seinem Buch: „Das Wesen des Katholizismus" (S. 92ff) sagt er, es handle sich bei diesem Begriff um „eine Synthese, eine innere Vereinigung von evangelischem Christentum und katholischem Kirchentum". Diese „Synthese" steht im Gegensatz zu dem, was Heiler den „römisch-katholischen Synkretismus" nennt. Sie stellt das Evangelium in die Mitte und verbindet den persönlichen christlichen Glauben und die kirchliche Gestaltwerdung, die Wirklichkeit der Kirche. Heiler spricht von einer Kirche, deren „Seele evangelisch und deren Leib katholisch ist".

Ich erwähnte schon *Paul Tillich*. In den Gesammelten Werken[4] steht ein nicht datierter, kurzer Artikel, in welchem Tillich sich, ohne Namen zu nennen, mit der „evangelischen Katholizität" beschäftigt, und zwar so, daß er die Sache systematisch anfaßt und damit über die historische Gegebenheit hinausgeht. Es ist in dieser Hinsicht daran zu erinnern, daß Tillich der Berneuchener Bewegung der zwanziger Jahre angehörte, der es ja um die Verwirklichung von Kirche ging[5]. Eben dieses Stichwort erscheint denn auch im Titel der Überlegungen Tillichs: *Neue Formen christlicher Verwirklichung*. Und der Untertitel präzisiert: *Eine Betrachtung über Sinn und Grenzen evangelischer Katholizität*. Die Ausgangsthese lautet folgendermaßen:

„Katholizität heißt Geltung für alle, und zwar in dem doppelten Sinne von Anspruch an alle und Angemessenheit für alle. Die katholische Kirche vertritt mit ihrem Namen den Anspruch des Christentums, für alle zu gelten und für alle angemessen zu sein. Sofern nun dieser Anspruch mit dem Christentum unlöslich verbunden ist, kann es keine christliche Kirche geben, die nicht der Idee nach katholisch wäre. Denn eine Einschränkung jenes Anspruches würde bedeuten, daß das Evangelium nicht ,Evangelium' ist, nämlich Botschaft von der Erlösung der Welt. Von hier aus gesehen ist ,evangelische Katholizität' keine seltsame, paradoxe Zusammenstellung, sondern eine Selbstverständlichkeit."

Der Katholizismus im römischen Sinne stellt nach Tillich eine *complexio oppositorum* dar, das heißt, er vereint Gegensätzliches, statt es voneinander auszuschließen. Ein solches Verständnis von Katholizität könnte man als inklusiv bezeichnen. Demgegenüber versteht der Protestantismus Katholizität – Tillich zufolge – in exklusiver Weise. Die evangelische Kirche, sagt er, ist „nicht complexio oppositorum, sondern selbst ein *oppositum*, eine unter anderen Möglichkeiten, ... eine Kirche neben anderen." Aufgrund einer einseitigen Theologie komme es im Protestantismus zu einer Verarmung[6]. „Der kultische, mystische, priesterliche Geist findet nur schwer eine Stätte in ihm. Seine Formen sind nüchtern, intellektuell bis ins Lehrhafte, Moralische ... Darum fehlt ihm die Wirkung auf die Massen."

Sodann spricht Tillich von der Notwendigkeit der Überwindung des Gegensatzes zwischen Katholizismus und Protestantismus im Sinne dessen, was er anderswo die gegenseitige Zuordnung von „katholischer Substanz" und „protestantischem Prinzip" nennt. Das „protestantische Prinzip" sieht Tillich repräsentiert in der sogenannten particula exclusiva, dem „Allein": allein Christus – allein aus Gnaden – allein durch den Glauben – allein die Schrift. Die „katholische Substanz" richtet sich demgegenüber an der Ganzheit, an der Fülle aus: der ganze Christus – die ganze Gnade, der ganze Glaube. Tillich sagt:

„Die Angemessenheit der christlichen Verkündigung für alle soll sich darin zeigen, daß der Protestantismus die begrenzte, partikulare Form seines Daseins überwindet, daß er erstens diejenigen Elemente des Katholizismus wieder aufnimmt, die von seinem Protest nicht notwendig mitgetroffen sind, und daß er zweitens noch über den Katholizismus hinaus sich mit den Schöpfungen der profanen Kultur verbindet."

Mit solchen „Elementen" meint Tillich den „Reichtum der altkirchlichen Formen", den „unverderbten Sinn zahlreicher katholischer Einrichtungen bis hin zu Kloster, Messe und Marienkult". Eine derartige „Aufnahme" kann freilich nur geschehen, wenn das „protestantische Prinzip" gleichzeitig berücksichtigt wird.

Weiter kann und muß der Protestantismus nach Tillich eine größere Katholizität verwirklichen als der Katholizismus. Denn „evangelische Katholizität" beschränkt sich nicht auf die Kirche. Sie betrifft ebenso die Schöpfungen der profanen Kultur. Es geht darum, „daß die ganze Breite des profanen Lebens direkt, ohne Vermittlung ausdrücklicher kultischer Gestaltung, unter die kritische und zugleich erfüllende Kraft der evangelischen Verkündigung gestellt werde". Alle menschlichen Möglichkeiten können und müssen „in das Nein und das Ja der christlichen Verkündigung gestellt" werden. Dazu ist der Protestantismus, gerade wegen des „protestantischen Prinzips", freier als der Katholizismus, sofern er fähig ist, seinen einengenden Partikularismus zu überwinden, der ihn so oft auf seine eigene Kirchlichkeit beschränkt. Entsprechend lautet die Schlußfolgerung Tillichs:

„Evangelische Katholizität ist die Befreiung des protestantischen Prinzips aus der Enge seiner evangelisch-kirchlichen Verwirklichung. Sie ist universaler als der römische Katholizismus und bringt gerade in dieser Universalität den Radikalismus der christlichen Botschaft zum Ausdruck.

Um evangelische Katholizität ringen heißt um eine christliche Verwirklichung ringen, die katholisch ist, ohne an die Enge des evangelischen Kirchentums gebunden zu sein. Evangelische Katholizität in diesem Sinne ist das Ziel alles Ringens um neue Formen christlicher Verwirklichung."

Es wäre nun zu fragen, wie Tillich selbst dem hier Gesagten in seinem Werk Genüge getan hat, und ebenso, inwieweit seine Diagnose sowohl des Protestantismus wie auch die des Katholizismus nach dem II. Vatikanischen Konzil und den verschiedenen ökumenischen Dialogen der vergangenen Jahrzehnte noch zutreffend ist.

Ich lasse es hier mit den Fragen sein Bewenden haben und füge dem Gesagten stattdessen noch einige Gedanken darüber an, worin ich *Grund und Ziel der „Dogmatik für die evangelische Katholizität"* sehe. Ich habe die beiden ersten Teilbände dieser Dogmatik in der Zeitschrift der Evangelischen Michaelsbruderschaft *Quatember* (1990/2) in ihren Grundzügen dargestellt und erlaube mir im folgenden einige Auszüge aus diesem Artikel zu übernehmen.

Die „Dogmatik für die evangelische Katholizität" steht unter dem Leitgedanken der *recapitulatio* gemäß Eph 1,10, wo es heißt, daß Gott „in Christus alle Dinge zusammenfassen (wörtlich: rekapitulieren)" will. Im Griechischen steht der Ausdruck „anakephalaiosasthai", eine Verbal-Bildung zu dem Substantiv „kephalé" = Haupt. Das lateinische „recapitulare" mit dem Substantiv „caput" = Haupt ist die genaue Übersetzung dazu. Wir wissen, daß schon Irenäus von Lyon am Ende des 2. Jahrhunderts mit diesem Gedanken der recapitulatio gearbeitet hat und daß er in der östlichen Orthodoxie beheimatet ist.

Recapitulatio sagt zweierlei: einmal, das *alles* von Christus betroffen ist, ohne Ausnahme – sodann: daß alles so von ihm betroffen ist, daß er das Haupt von allem ist. Wie ist er das aber? Die Antwort auf diese Frage läßt sich anhand eines Beispiels aus dem Neuen Testament geben. Das Neue Testament spricht von der Rekapitulation des alttestamentlichen Gesetzes durch das Evangelium, durch Christus. Es sagt dazu dreierlei: 1. Das Evangelium löst das Gesetz auf, d. h. das legalistisch mißverstandene Gesetz. 2. Das Evangelium bestätigt das Gesetz, d. h. das Gesetz in seinem wahren, evangelischen Verständnis, als Wegweisung für den Weg des Heils. 3. Das Evangelium erfüllt das Gesetz, d. h. es führt es zu seiner Erfüllung. Dementsprechend besteht die Rekapitulation zugleich in einer *negatio* oder in der Ablehnung eines falschen Verständnisses des Gesetzes, sodann in einer *confirmatio* oder einer *assumptio*, d. h. in einer Bekräftigung seines Wahrheitsgehaltes, und schließlich in einer *sublimatio*, in einer Erfüllung des Gesetzes. Was hier für das Gesetz gesagt ist, gilt aber für

„alle Dinge", auch für die nicht-christlichen Religionen und für die Natur-
und Humanwissenschaften wie für die Kultur im allgemeinen: Sie alle
sind im Sinne eines so verstandenen Prozesses der *recapitulatio* zu begreifen.

Demnach enthält die recapitulatio drei Momente: Exklusivität (das Nein
des Evangeliums), Inklusivität (das Ja des Evangeliums) und Transzendenz, d. h. die Überwindung des Gegensatzes zwischen dem Nein und
dem Ja im Sinne ihrer Versöhnung in der Fülle der Wahrheit des Evangeliums.

In diesem Sinne sind alle Dinge von Christus betroffen, die Welt der
Kultur, der Religionen, der Wissenschaft ebenso wie die Welt der Gesellschaft und des persönlichen Lebens. Davon will die „Dogmatik für die
evangelische Katholizität" Rechenschaft geben. Sie will auf ihre Weise
dazu beitragen, daß die Kirche insgesamt wie auch der einzelne Christ den
Herausforderungen besser gewachsen ist, die sich aus dem Betroffensein
durch die genannten Bereiche ergeben.

Mit dieser Akzentsetzung unterscheidet sich das Anliegen meiner dog-
matischen Arbeit von der *Oekumenischen Dogmatik* von Edmund Schlink,
der den Begriff „oekumenisch" auf die ekklesiologischen Belange beschränkt. So wesentlich diese sind und so wertvoll der Ertrag der Lebensarbeit Schlinks im ganzen ist, es mag deutlich geworden sein, daß
„Evangelische Katholizität" im Sinne einer Theologie der Rekapitulation
weiter gefaßt ist und alle Dimensionen unseres Lebens und unserer Welt
mit einzubeziehen sucht.

II. ... im Geiste lutherischer Theologie

Was hat das Anliegen der „evangelischen Katholizität" nun aber mit
lutherischer Spiritualität zu tun, und inwiefern läßt sich sagen, daß von
hier aus gerade die unsere Welt bedrängenden Herausforderungen aufgenommen und verarbeitet werden können?

Ich möchte hier daran erinnern, daß Luthers Theologie zutiefst in den
Aussagen des Evangeliums über Kreuz und Auferstehung Christi wurzelt.
Sie kann insofern selbst als Kreuzestheologie bezeichnet werden, als sie
im Kreuzesgeschehen ihren eigentlichen Kristallisationspunkt hat und von
hier aus das ganze Heilshandeln Gottes in Christus bedenkt. Die Theologie
der „Rekapitulation", von der ich in meiner Dogmatik handle, folgt ganz
bewußt dieser Spur der theologia crucis und der aus ihr erwachsenden
Spiritualität. Inwiefern das gilt, möchte ich im folgenden mit einem Blick

auf die Probleme zeigen, die Glauben und Denken in unserer Zeit herausfordern und in die Verantwortung stellen[7], und zwar so, daß alle Lebensäußerungen davon betroffen sind.

1. Die Dogmatik geht zunächst von der Tatsache aus, daß die moderne Welt in einer Grundlagenkrise steckt, die ihrerseits auch den christlichen Glauben erfaßt. Deshalb ist Theologie zuerst und zutiefst eine Theologie aus der Angefochtenheit des Glaubens heraus.

Mit Grundlagenkrise ist die Erschütterung gemeint, die sowohl die Fundamente der Wissenschaft und der Kultur, der Gesellschaft und des Menschen und ihrer Beziehungen zur Natur als auch die Fundamente von Glauben und Kirche betrifft. Damit erweist sie sich zugleich auch immer als die Erschütterung der persönlichen menschlichen Existenz.

Es gibt zwei Weisen, auf diese Krise zu reagieren. Die eine ist die Haltung der Flucht aus der Krise – wie sie gegenwärtig ist in allen Erscheinungen von Restauration, die sich an die Vergangenheit klammern. Ohne Zweifel ist die Vergangenheit durch die Krise nicht abgeschafft, sondern diese führt sie ins Gericht. Alle nur restaurativen Bemühungen jedoch wollen sich gerade dem Gericht entziehen. Damit müssen sie freilich aufs Ganze gesehen scheitern. Die Haltung der Flucht führt nicht weiter.

Es gibt aber auch die andere Haltung, die die Krise durchsteht in dem tiefen Gespür dafür, daß sie eine „Heimsuchung" Gottes darstellt, die durch das Gericht hindurch zum Heil führt. In dieser Haltung läßt der Mensch es zu, daß Gott ihn vollständig entblößt, ihn all seiner Sicherungen beraubt, seine Fundamente erschüttert und ihn gleichsam ganz in den Anfang zurückwirft. Da, wo wir eine solche Heimsuchung aushalten, kann es uns geschenkt werden, daß wir so wie die Nachkommen des aus dem Paradies verstoßenen Adams lernen, „den Namen des Herrn anzurufen", ihn wirklich neu, ursprünglich zu entdecken und stammelnd zu nennen (vgl. 1. Mose 4,26). Zugleich werden wir in diesem Namen neuer Fundamente gewahr. Es sind im Grunde die ewigen, alten. Sie können sich aber nur durch die erlittene Erschütterung hindurch bewähren. In gerade dieser Weise kann die Krise nun zum „Ort" werden für die Offenbarung Gottes und für das Neuwerden aller Dinge in Ihm.

Das, was in der ausgehaltenen Erfahrung der fundamentalen Erschütterung aller Grundlagen erlebt wird, ist sehr wohl dem vergleichbar, was Luther zu seiner Zeit als Glaubensanfechtung erfahren und worauf er mit der Entwicklung der theologia crucis geantwortet hat. Ja man wird sagen können, die theologia crucis ist ihm in dieser Erfahrung zum Schlüssel geworden, der ihm Gott und die ganze Welt neu erschlossen hat, der sein Leben und Denken und nicht zuletzt sein seelsorgerliches Handeln bestimmt hat. Eine Kraft, die weit über die persönliche Existenz des Reformators hinaus reicht und sich in alle Bereiche des Glaubens hinein auswirkt.

In diesem Sinne der theologia crucis ist das, was in der Krise als Gericht Gottes glaubend durchgehalten wird, Glaube unter dem Kreuz. In demselben Sinne spricht ein Kapitel in der Dogmatik von der „Aporie des Glaubens" (I/1, Kap. III). Der Begriff der „Aporie" bezeichnet das Fehlen eines Ausgangs, die Ausweglosigkeit, das absolute Wegende. Und doch ist die Aporie beides, nicht nur ein Ende, sondern auch ein Anfang, und gerade so gehört sie zum Wesen des Glaubens: als einem Scheitern, einem Sterben und als einer Auferstehung im Staunen.

Der hier angedeutete Erfahrungszusammenhang, in dem der angefochtene Glaube aller seiner Ausflüchte und Auswege beraubt und in die Aporie hineingeführt ist, wird sinnvoll im Licht des Kreuzes Christi, das sich für den Glaubenden als gegenwärtig erfahrbar erweist. Und so wie das eigentliche Ziel, ja, der Sinn von Karfreitag Ostern ist, läßt sich der Ausweg aus der Krise nur durch die Krise *hindurch* erfahren. Der hebräische Begriff für Ostern – päsach, Passah weist übrigens auf diese Durchgangserfahrung hin. Er bezeichnet zunächst das schonende Vorübergehen Gottes an den Türen der Israeliten, dem dann der Aufbruch des Volkes aus Ägypten, der Durchzug durchs Rote Meer und die Errettung aus der Katastrophe folgen (vgl. 2. Mose 11,13).

Wir können auch erinnern an Goethes berühmt gewordene Formulierung aus dem West-östlichen Diwan: „stirb und werde"[8]. Diesem Aufruf liegt die Erkenntnis zugrunde, daß es sich hier um ein Lebensgesetz handelt und damit um etwas universal Gültiges: aller Neuanfang ist notwendig an einen ihm vorausliegenden Tod gebunden. Zugleich enthält dieses Gesetz eine universale Verheißung: dem, der sich dem unumgänglichen Sterbensprozeß aussetzt, kann das Neuwerden geschenkt werden. Die eigentliche Wahrheit dieses Lebensgesetzes erschließt sich freilich erst in Christus und von Christus her: das Geheimnis des österlichen Lebens, das Geheimnis der Auferstehung und damit das Geheimnis Gottes selbst offenbart sich im durchgehaltenen Todesleiden Christi. So kann sich Gottes Geheimnis auch für uns offenbaren, wenn wir die Krise als ein Gerichtshandeln Gottes an uns akzeptieren, das uns durch das Sterben hindurch zum Leben führen will. Noch mehr: Gerade in der durchgestandenen Anfechtung geschieht an uns die Teilhabe an Christi Sterben und Auferstehen.

2. Als Theologie aus der Angefochtenheit des Glaubens heraus ist die Theologie zugleich *Mystagogie*. Der Begriff Mystagogie bedeutet Einübung in das Mysterium. Theologische Mystagogie will einüben in das Geheimnis Gottes, das sich in Kreuz und Auferstehung offenbart. Die Dogmatik denkt über dieses Geheimnis des Glaubens nach und will so zu ihm hinführen.

Nach dem Kirchenvater Kyrill von Jerusalem (um 350) ist das eigentliche Mysterium das Mahl des Herrn, also die Eucharistie. Mit seinen „Mystagogischen Katechesen" will er die an Ostern Neugetauften zum Sakramentsempfang vorbereiten und damit an das Geheimnis der Eucharistie heranführen, um an ihm teilzuhaben. Dabei geht es aber darum, daß sie – in der Teilhabe an der Eucharistie – an Christus teilhaben. Er selber ist ja eigentlich das Geheimnis Gottes (vgl. die Briefe an die Epheser und an die Kolosser).

Es ist bekannt, daß Luther zur Beschreibung der geheimnisvollen Gegenwart des gekreuzigten und auferstandenen Christus im Geheimnis der Eucharistie die drei Präpositionen „in, cum et sub" verwendet. „Geheimnis" ist die Eucharistie, weil sie „in, mit und unter" dem gebrochenen Brot und dem geteilten Kelch im Mahl des Herrn die Gegenwart Christi in seinem Leib und Blut schenkt und damit die Wirklichkeit Gottes selbst vergegenwärtigt.

Das hier ausgeführte Verständnis von Geheimnis[9] ist nun noch zu erweitern, und zwar so, daß die „letzte", die letztgültige Dimension der Transzendenz, die allem innewohnt, in den Blick kommt. In diesem Sinn sprechen wir von „dem Geheimnis aller Dinge". Dieser Ausdruck umschließt beides: das geheimnisvoll Verborgene und das Wirkliche, also Transzendenz und Immanenz.Die Immanenz als „das Vorletzte"[10] hat eine „letzte" Dimension. Diese „letzte Dimension" der Dinge ist ihre Christusdimension. Sie zu erkennen ist Aufgabe der christlichen Theologie als einer Theologie der Rekapitulation aller Dinge in Christus.

Schluß

Demnach folgt die „Dogmatik für die evangelische Katholizität" bewußt der Spur der theologia crucis, wie sie von Luther vorgezeichnet ist. Sie tut dies in ökumenischer Verantwortung, im genannten doppelten Sinn des Wortes „ökumenisch". Damit erweist sie sich als systematische Theologie.

Die christliche Theologie ist systematisch durch ihren Willen zur Kohärenz, Stimmigkeit. Es gibt eine doppelte Kohärenz der Theologie: eine interne und eine externe. Die interne Kohärenz betrifft die Daten der besonderen Offenbarung, wie sie in den heiligen Schriften des Alten und Neuen Testaments bezeugt sind. Es ist wichtig, die letzte Einheit und damit die Kohärenz dieser Daten aufzuzeigen. Doch genügt das allein nicht. Es muß auch die Kohärenz zwischen den Gegebenheiten der besonderen Offenbarung, also dem Glauben, und der immanenten Wirklichkeit, also der Vernunft, aufgewiesen werden. Denn die Welt des Glaubens ist die Welt des Glaubens „in, mit und unter" der Wirklichkeit. Die Beziehung zwischen beiden ist von der Art jener, welche nach dem Dogma von Chalcedon zwischen den beiden Naturen Christi besteht: sie sind weder voneinander getrennt noch miteinander zu verwischen.

Anmerkungen

1 Überarbeitete und gekürzte Fassung eines Vortrages, gehalten auf der Theologentagung des Martin-Luther-Bundes auf dem Liebfrauenberg/Elsaß am 6. November 1990.
2 Dogmatique pour la catholicité évangélique. Système mystagogique de la foi chrétienne:
   I. Les fondements de la foi
      1. La quête des fondements, 328 S., 1986.
      2. Réalité et révélation, 524 S., Paris/Genf 1987, Cerf/Labor et Fides.
   Der folgende Band (mit zwei Unterbänden) soll 1991 und 1992 erscheinen. Nach den Prolegomena (Bd. I) geht es da um die Epilegomena, d. i. die Ekklesiologie. Hier der Titel:
   II. La réalisation de la foi
      1. L'Église chrétienne dans la société humaine.
      2. Les médiations: L'Église et les moyens de grâce.
3 So meine Vermutung; ich konnte den Text selbst noch nirgendwo ausfindigmachen.
4 Bd. XIII, S. 92–95, zwischen 1919 und 1933 geschrieben; mehr läßt sich nicht mit Sicherheit sagen.
5 Deutlich so im Berneuchener Buch ausgedrückt, 1925/26.
6 Tillich polemisiert hier, ohne ihn zu nennen, gegen K. Barth. Er spricht von dem „im Kreuz geschehenen Gericht über alle menschlichen Möglichkeiten, insbesondere über alle menschliche Religion. Nicht die Zusammenfassung religiöser Möglichkeiten, sondern die Tat Gottes in Christus sei Grund und Inhalt christlicher Katholizität". Tillich kann diese Aussage durchaus selber aufnehmen, doch versteht er sie als eine polare, d. h. als auf eine *andere* bezogene Aussage.
7 Ich nehme hier Gedanken auf, die ich in dem oben genannten Artikel näher ausgeführt habe (Quatember 1990/2).

8 Vgl. Buch des Sängers, in der dtv-Gesamtausgabe, Bd. 5, S. 15:
    Selige Sehnsucht:
    Und solang du dies nicht hast,
    Dieses: Stirb und werde!
    Bist du nur ein trüber Gast
    Auf der dunklen Erde.
9 Das sich in der Formel „in, mit und unter" ausdrückende Verständnis kommt übrigens ganz nahe heran an das heutige römisch-katholische Verständnis und mehr noch an das orthodoxe Verständnis der Eucharistie.
10 Vgl. D. Bonhoeffer in seiner *Ethik*.

Zum anderen aber wird sich zeigen, ob die Theologie dieses Bekenntnisjubiläum ernst genommen hat. Die eindringliche Beschäftigung mit Luther, die unsere theologische Lage charakterisiert, hat uns zu den Quellen der Reformation zurückgeführt. Aber diese Quellen liegen nicht in Luther, sondern im Evangelium. Dieser Erkenntnis tragen wir Rechnung, wenn wir nicht den Ehrgeiz der persönlichen Professorentheologie befriedigen, sondern uns, wie die Bekenner von Augsburg als verantwortliche Lehrer der Kirche wissen. „Es muß uns die offentliche warheit einis machen, und nit die eygensinnigkeit" (WA 6,455,14). Dies Wort steht nicht bei dem alten Luther, sondern bei dem von 1520. Die öffentliche Wahrheit muß uns eins machen – das ist die Katholizitätsidee der Augustana.

Werner Elert

ÁGNES RITOÓK-SZALAY

Ein unbekannter Brief von Mátyás Dévai?

In memoriam Prof. Dr. Jenő Sólyom

Man kennt die vielseitigen und weitverzweigten Beziehungen Ungarns zu Wittenberg in der Reformationszeit. Zu ihrer Erforschung ist schon viel geschehen. Doch gelangen die hiesigen Publikationen – aus sprachlichen oder sonstigen Gründen – nur selten dorthin, wo man sie im Rahmen der allgemeinen Kirchen- und Kulturgeschichte sehr gut verwerten könnte. Jenő Sólyom, der ehemalige Leiter des Evangelischen Landesarchivs in Ungarn, trug jedoch immer Sorge dafür, daß die Ergebnisse der ungarischen Forschung im Ausland bekannt wurden, namentlich der Melanchthon-Forschungsstelle in Heidelberg.

Dieser Zusammenarbeit ist es zu verdanken, daß Dr. Heinz Scheible, Leiter der Heidelberger Forschungsstelle, uns einen an Melanchthon gerichteten Brief zukommen ließ. Das bislang unbekannte Schreiben wurde vermutlich von einem unserer Landsleute verfaßt. Dr. Scheible bat um Hilfe bei der Identifizierung des Absenders und gab gleichzeitig seine Zustimmung zur separaten Veröffentlichung des Briefes. Er ist in lateinischer Sprache geschrieben, Datum und Unterschrift sind abgerissen. Wir geben hier den Inhalt wieder:

Nach dem einleitenden Gruß dankt der unbekannte Briefschreiber für die unvergleichliche Liebe, die ihm sein Professor schon seit zwei Jahren entgegenbringt; er dankt für den Unterricht und für die Loslösung aus vielen Irrtümern. Als er nämlich vor acht Jahren nach einem Aufenthalt in Wittenberg von nur fünf Monaten heimkehrte, hatte er nur wenig dazugelernt.

Er konnte damals nicht verstehen, daß Gott in seiner Kirche solch groben Irrtum – wie die Lutheraner sagen – geduldet habe, obwohl er versprochen hatte, sie niemals im Stich zu lassen. Er dachte nicht daran, daß Christus künftige Greuel geweissagt hatte. Er konnte nicht zwischen der wahren und der vorgeblichen Kirche unterscheiden. Doch die Gespräche mit Melanchthon befreiten ihn von allem Irrtum, so daß er nun beruhigt heimkehrt. Denn er sieht gleichsam mit seinen Augen die Wahrheit und die reine Lehre. Er sieht, was er künftig tun müsse: er sieht, daß er notfalls sogar Steinigung und Feuertod zu erdulden habe. Er ist bereit zu

siegen oder zu sterben. Nächst Gott dankt er dafür Melanchthon, dessen
Wohltaten er sein Leben lang nicht vergessen wird. Zum mindesten wer-
den zahlreiche Briefe an Melanchthon dafür Zeugnis ablegen.
Übrigens fällt ihm jetzt die Schuld des Johann bei Dr. Basilius ein. Er –
der Briefschreiber – wollte Melanchthon in Erfurt nach dem Betrag fragen.
Als nämlich Johann bei Basilius studierte, war Stephan in dessen Begleitung.
Dem Briefschreiber ist es nicht gelungen, in Wittenberg von einem der
Studenten zu erfahren, welche Summe andere gezahlt hatten. Doch
Melanchthon war zu sehr beschäftigt. Später vergaß es der Schreiber. Er
schickt nun dem Dr. Basilius einen ungarischen Gulden, und sollte das nicht
genügen, so lebt in Wittenberg ein Ungar namens Demetrius, der auf Ver-
langen [den Rest begleichen wird]. Er grüßt seinen Professor und bittet auch
weiterhin um seine Zuneigung. [Grüße von Johann] Petreius. Nürnberg ...

Der untere Teil des Briefes wurde irgendwann abgerissen; somit fehlen
Datum und Unterschrift. Die letzten Zeilen sind ebenfalls verstümmelt.
Der Originalbrief befindet sich in der Handschriftenabteilung der British
Library innerhalb einer großen Handschriftensammlung, die im Jahr 1856
erworben wurde. Der Band enthält zumeist Material aus der Reforma-
tionszeit und scheint das Ergebnis einer ungeordneten Sammeltätigkeit zu
sein. Daher geben die sonstigen Schriften keinerlei Auskunft über die
Identität unseres Briefschreibers.[1] Aufschluß hierüber kann nur von der
Analyse des Briefinhalts erhofft werden.

Wir beginnen die Untersuchung mit der Eingrenzung des Zeitraums
aufgrund der sich bietenden Anhaltspunkte. Heinz Scheible hat darauf
aufmerksam gemacht, daß mit Dr. Basilius nur Basilius Monner gemeint
sein kann, der im Januar des Jahres 1539 Doktor der Rechte wurde. Die
andere zeitliche Grenze liefert der Name Petreius. Dieser ist mit dem
berühmten Buchdrucker Johann Petreius identisch, der im März des Jahres
1550 starb. Das Jahrzehnt ist somit festgelegt: der Brief wurde zwischen
Januar 1539 und März 1550 aus Nürnberg an Melanchthon gerichtet.

Aus dem Inhalt geht hervor, daß der Briefschreiber jetzt schon zum
zweiten Mal mit Melanchthon zusammengetroffen war. Er hat jetzt zwei
Jahre, vor acht Jahren fünf Monate in Wittenberg verbracht. Er genoß die
Wohltaten Melanchthons und verabschiedet sich von ihm in inniger Freundschaft. Diese Angaben ließen Heinz Scheible vermuten, daß der Briefschreiber der große ungarische Reformator Matthias (Mátyás) Dévai gewesen sei. Einzelheiten und weitere Nachweise erwartete er von der ungarischen Forschung.

Von Dévai wurden bis jetzt acht autographe Briefe aufgefunden, die
zweifellos von ihm geschrieben wurden. Vergleicht man nun den vorlie-

genden Brief mit den authentischen Dévai-Briefen, so kann man sich sofort überzeugen, daß dieser nicht von Dévais Hand stammt. Im Vergleich mit den großzügigen, gewandten Schriftzügen des Reformators Dévai zeigt dieses Schreiben eine viel gleichmäßigere Hand. Wir müssen also weitere Untersuchungen anstellen, um die allem Anschein nach bedeutende Persönlichkeit der frühen Reformatorengeneration zu identifizieren. Die erste Frage lautet: Stammt der Briefschreiber tatsächlich aus Ungarn? Dies ist anzunehmen, da er einen ungarischen Studenten – einen gewissen Demetrius – als Mittelsmann zur Bezahlung einer Schuld nennt. In dem schon festgestellten Jahrzehnt, den 1540er Jahren, ist uns ein ungarischer, in Wittenberg studierender Jüngling dieses Namens bekannt: Demetrius Batizi. Er begann seine Studien am 22. Oktober 1540 und wurde Magister am 4. September 1544. Wir wissen, daß er in Wittenberg über bescheidene finanzielle Mittel verfügte und auch einem anderen seiner Studienkollegen Geld geliehen hatte.[2] Damit ist der mögliche Zeitraum weiter eingeschränkt; wir müssen den Briefschreiber in der ersten Hälfte des Jahrzehnts suchen.

Der Briefschreiber erwähnt mehrmals Dr. Basilius, dem ein Honorar zusteht. Monner wurde gleich nach dem Erwerb des Doktortitels Erzieher der beiden Söhne des sächsischen Kurfürsten Johann Friedrich. Im Frühling des Jahres 1543 befand sich Monner mit seinen Alumnen in Wittenberg, wo die beiden Herzöge am 29. April im Beisein ihrer Eltern und des Professorenkollegiums der Universität Vorträge hielten – dies könnte eine Art Prüfung nach Beendigung der Studienzeit gewesen sein.[3] Die beiden – vorläufig nicht identifizierten Personen Johann und Stephan – im Brief ohne Familiennamen erwähnt – studieren bei diesem Dr. Basilius.

Es war an der Wittenberger Universität üblich, daß die Neuankömmlinge eine Zeit lang von Privatlehrern unterrichtet wurden, damit sie sich einlebten und später den Anforderungen der Universität genügen konnten. Meistens übernahmen Magister das Amt des Präzeptors; sie kümmerten sich in der Regel um mehrere Schüler gleichzeitig und hielten so eine Art Privatschule. Das Schulgeld und die Prüfungsgebühren wurden durch die Universität festgesetzt. Die den Lehrern zustehenden Beträge bildeten einen bedeutenden Teil der Universitätskosten der Studenten. Wer einen Doktor als Präzeptor hatte, der noch obendrein der Erzieher der Kurfürstensöhne war, dem mußten höhere finanzielle Mittel zur Verfügung stehen als den Durchschnittsstudenten, ganz abgesehen davon, daß er sozusagen mit den Herzögen die Schulbank teilte. Ihn, d. h. Johann, dürfen wir also kaum unter denen suchen, die aus den Kreisen der Bürger oder des niederen Adels stammten. Seine hervorragende gesellschaftliche Stellung ist schon dadurch angedeutet, daß er seine finanziellen Angelegenheiten nicht selbst regelte, sondern daß ein anwesender Landsmann dies an seiner Stelle tat. Zu dieser Zeit war nur ein junger Adeliger von hohem Rang aus Ungarn in Wittenberg, und zwar János (Johann) Alaghy, der sich knapp vor dem herzoglichen Prüfungsfest am 25. April an der Wittenberger Universität immatrikulieren ließ. Ihm ist es zuzutrauen, daß er die hohen Kosten auf sich nahm und sich unter den Schülern des Doktors befand, war er doch ein Neffe der mächtigen und reichen Brüder Gáspár (Kaspar) und György (Georg) Serédy als Sohn von deren verwitweter Schwester. Gáspár Serédy sorgte für Johanns, seines künftigen Erben, Erziehung. János (Johann) Alaghy hatte vorher seit 1539 in der Stadt Bartfeld die Schule des Leonhard Stöckel besucht. Sein Leben lang blieb er den dort und in Wittenberg aufgenommenen lutherischen Lehren treu. Seine Anhänglichkeit ist schon daraus ersichtlich, daß er in seinem Todesjahr die Veröffentlichung des literarischen Erbes Stöckels, seines einstigen Lehrers, mit einem hohen Betrag unterstützte. Was Dr. Basilius anbelangt, wissen wir, daß er gerne mit seinen Schülern prahlte – der bei Stöckel ausgebildete ungarische Magnatenjüngling brachte ihm keine Schande! Stephan (István), der mit ihm bei Basilius studierte, mag vielleicht István (Stephan) Gávay gewesen sein, der seit 1542 in Wittenberg studiert hatte und den einige Quellen als den Adoptivbruder des János (Johann) Alaghy nennen.[4] Diese Alaghy-Serédy-Kombination läßt uns aber weiterschreiten in Richtung auf die Identifizierung des Briefschreibers. Es ist uns bekannt, daß Dévai vor Péter Perényi fliehen mußte und von Gáspár Serédy in Szikszó Zuflucht erhielt. Um der Verfolgung des Bischofs von Erlau zu entgehen, zog er irgendwann im Jahre 1541 nach Wittenberg. Über die Kontakte Dévais zu Gáspár Serédy, einem Schirmherrn der Reformation, ist uns bereits vieles bekannt, und ein Auftrag von seiten Serédys, seinen Neffen in der Fremde zu betreuen, paßt gut in das Bild.[5] Unter anderem hatte Dévais früherer Aufenthalt in Wittenberg den Zweck, Mentorpflichten für Ferenc Hességhy zu erfüllen.

Da alle Indizien, die aus dem Brief erhoben werden konnten, auf die Person Dévais hinweisen, versuchen wir nunmehr das, was der Briefschreiber über sich selbst aussagt, mit unseren Kenntnissen über den Reformator Dévai zu vergleichen. Soviel wir wissen, ging Dévai im Dezember des Jahres 1529 zum ersten Mal nach Wittenberg. Wie lange er dort blieb, entzieht sich unserer Kenntnis. Sicher ist, daß er im Jahre 1537 wieder dort weilte, und zwar vom Frühjahr bis zum Herbst und dann vom Anfang des Jahres 1542 bis zum späten Frühjahr des Jahres 1543. Vor und nach diesen Aufenthalten in Wittenberg verbrachte Dévai jeweils längere

Zeit in Nürnberg bei Veit Dietrich. Scheinbar kann damit der Umstand, daß der Briefschreiber nur zwei Besuche in Wittenberg erwähnt, nicht in Einklang gebracht werden. Jenő Sólyom wies aber darauf hin, daß Dévai anläßlich seines ersten Aufenthalts in Wittenberg wenig Gelegenheit gehabt haben dürfte, den Reformatoren zu begegnen, da jene zu diesem Zeitpunkt äußerst selten in Wittenberg weilten.[6] Da der Brief eigentlich nicht in der Absicht geschrieben wurde, eine vollständige Autobiographie zu bieten – er sollte nur die geistige Entwicklung darstellen –, konnte dieser unbedeutende erste Aufenthalt übergangen werden. Der Briefschreiber wollte Melanchthon lediglich kundtun, daß er jetzt in einem zwei Jahre langen direkten Kontakt viel mehr von ihm lernen konnte als früher während seines nur fünf Monate währenden Besuches. De facto verbrachte Dévai – laut verifizierbaren Daten – die Zeit von April 1537 bis Oktober desselben Jahres in Wittenberg, und dies macht sechs Monate aus. Wenn wir uns aber den Zweck der im Brief enthaltenen Ausführungen vor Augen halten, können wir uns getrost über diese minimale Diskrepanz als einen kleinen Gedächtnisfehler hinwegsetzen. Die acht Jahre, die er als Zeitspanne zwischen seinen beiden Aufenthalten in Wittenberg erwähnt, kann man so erklären, daß er den Brief aus Nürnberg sendet und seine dortige Ankunft – im Jahr 1536 – in die Rechnung einbezieht. Im übrigen macht der Brief selbst keine allzu bestimmten Aussagen über die Zeiträume, sondern jede Angabe ist mit den Worten „fast" und „ungefähr" eingeschränkt, was darauf hindeutet, daß der Briefschreiber die Termine selbst nicht genau im Gedächtnis hatte. Die Zeitangaben sind also kein Grund, Dévai als Verfasser des Briefes auszuschließen.

Wann wurde der Brief verfaßt? Aufgrund der vorgenommenen Analyse können wir mit Sicherheit behaupten, daß der Brief zwischen dem Januar des Jahres 1539 und dem Frühling des Jahres 1543 entstanden ist; in Anbetracht der Rolle des Dr. Basilius ist eher der spätere Zeitpunkt anzunehmen. Doch wurde bis jetzt noch eine Zeitangabe außer acht gelassen. Aus dem Brief geht hervor, daß dessen Verfasser in Erfurt, wo er die finanzielle Angelegenheit mit Melanchthon klären wollte, nur eine kurze Zeit mit ihm zusammengewesen sein konnte. Dies läßt darauf schließen, daß es sich hier um Melanchthons Aufenthalt in dieser Stadt auf seiner Bonner Reise handelt: Melanchthon brach am 17. April 1543 von Wittenberg nach Bonn auf und verließ es am 15. August desselben Jahres; sein Weg führte ihn beide Male durch Erfurt. Auf der Hinfahrt erreichte er Erfurt etwa am 23. April, und zu diesem Zeitpunkt bot sich dem Briefschreiber Gelegenheit, mit Melanchthon zu sprechen. Falls tatsächlich Dévai den Brief verfaßt hat, so wäre er aus Nürnberg nach Erfurt Melanchthon – der sich für längere Zeit entfernte – entgegengereist, da ja Erfurt auf halben Weg zwischen den beiden Städten liegt. Damals traf Dévai schon Vorbereitungen zur Heimreise und wollte sich vor allem von dem Reformator verabschieden, der sich mit Einwilligung des Kurfürsten von Sachsen zur Reformation des Hochstiftes Köln begab. Dieses Datum (ca. 23. April 1543) wird von der Information über Alaghy-Basilius gestützt, denn so lange währte der Aufenthalt der Herzöge in Wittenberg und höchstwahrscheinlich auch der Unterricht des János Alaghy. Alaghy ließ sich nämlich danach an der Universität immatrikulieren, und Dévai hätte das Honorar begleichen sollen. Wir wissen auch, daß Dévai in Erfurt bekannt war. Der dortige Pfarrer, Johann Lang, war ein alter Mitstreiter Luthers. Ihm berichtete Veit Dietrich aus Nürnberg, daß Dévai nach seiner Heimkehr wie der Apostel Paulus umhergehe, im Lande (Ungarn) die Frohbotschaft verkündend. Die beiden (J. Lang und V. Dietrich) erwähnen Dévai in ihrer Korrespondenz als einen alten gemeinsamen Bekannten, über den gute Nachrichten eingegangen sind.[7]

Zu diesem – auf Dévai weisenden – Zeichen gesellt sich noch eines. Der Brief wurde in Nürnberg verfaßt und darin der Buchdrucker Johann Petreius erwähnt. Durch dessen Werkstatt wurden die lateinischen Werke Dévais publiziert, und es ist anzunehmen, daß die Kontakte zwischen Petreius und Dévai auch später bestehen blieben.

Bis jetzt haben wir uns noch nicht mit den persönlichen Ausführungen des Briefes befaßt. Vor allem springt die nahe Beziehung zu Melanchthon ins Auge. Der Briefschreiber konnte Melanchthon gegenüber aufrichtig über seine früheren Glaubensskrupel sprechen und genoß Melanchthons Wohltaten. Wir wissen, daß Dévai niedergeschlagen, körperlich krank und seelisch belastet, im Jahre 1541 in Deutschland eintraf. Uns ist sein Brief an Ferenc Révay vom März des Jahres 1542 bekannt – übrigens das Letzte, was von seiner Hand erhalten blieb –, in welchem er seinen körperlichen und seelischen Zustand beschreibt.[8] Er war fast vierzig Jahre alt, heimatlos, tief verbittert wegen der Verfolgungen; ein Mann, der keine Hoffnung mehr hegte. Zwar kümmerte sich Melanchthon um ihn und ließ ihm die beste Versorgung zuteil werden, doch war die Konstitution des vielgeprüften ungarischen Reformators bereits derart geschwächt, daß er vor dem kommenden Sommer und vor den ihn bedrängenden Krankheiten Angst hatte. Auch seine menschlichen Kontakte verschlechterten sich. Sogar Révay gegenüber, der ja vieles für ihn tat, spüren wir, daß seine Ungeduld das Einvernehmen störte. Für die Zukunft hatte er keinerlei Pläne – anscheinend waren damals seine inneren Reserven völlig erschöpft. Nach kaum mehr als einem Jahr jedoch berichten seine deutschen Freunde

einander darüber, daß Dévai mit apostolischem Eifer das Evangelium ver-
kündige, und zwar nicht an einem bestimmten Ort, sondern stets unterwegs von Dorf zu Dorf jenseits der Theiß. Die sorgfältige, liebevolle
Pflege in Wittenberg hatte also zur Folge, daß der ungarische Reformator
physisch und psychisch genas, seine Kräfte zurückgewann.

Melanchthons pädagogische Fähigkeiten sind bekannt. Er wußte seine
Schüler stets in die richtigen Bahnen zu lenken und fruchtbringend anzu-
leiten. Hier aber geschah mehr, nämlich das, was wir heute unter Psy-
chotherapie verstehen. Melanchthon half einem Erwachsenen bei der Wie-
dergewinnung seines Glaubens und seines Sendungsbewußtseins und vergaß darüber nicht, daß auch der Körper – als Heimstatt von Geist und
Seele – der Pflege bedarf. Wenn wir uns nun den Brief vergegenwärtigen,
haben wir darin den Bericht gerade einer solchen seelischen Heilung vor
Augen. Der Glaube des Briefschreibers war erschüttert gewesen, sah er
doch den Irrtum in der Kirche und hatte das Gefühl, daß Christus – entgegen seiner Verheißung – sie verlassen hatte. Er klagte dies Melanchthon
und erfuhr von ihm, daß all dies der Heiligen Schrift entspreche. Christus
hatte es vorausgesagt, daß die Zeit komme, da der Greuel der Verwüstung
über die Kirche hereinbreche. Dieser Vers des Matthäusevangeliums
(24,15), der den diesbezüglichen Abschnitt des Buches Daniel zitiert, war
den Wittenbergern besonders ans Herz gewachsen, meinten sie doch, die
Voraussage gelte ihnen, der Jüngste Tag stehe bald bevor und die Vor-
zeichen desselben seien schon wahrnehmbar. Gleichzeitig schöpften sie
Trost aus ihrer Wahrnehmung, daß nämlich die Wartezeit nicht mehr lange
dauern werde. Dies ist der Grund, weshalb auch Luther in seinen verzag-
ten Stunden seine Briefe mit der Formel „Komm Herr Jesu" versah. Die
Gewißheit aber verpflichtet die Berufenen, das Evangelium zu verkünden
und für dasselbe gleich dem Apostel Paulus auch Marter zu erdulden. Der
Briefschreiber berichtet Melanchthon über einen solchen Prozeß der Erkenntnis. Er konnte sich in der Periode zwischen dem verbitterten Brief an
Ferenc Révay und der Missionsreise jenseits der Theiß in Dévai vollziehen. Mehr noch als alle erwähnten äußerlichen Argumente scheint diese
Ähnlichkeit der inneren Entwicklung des Briefschreibers mit der geistigen
(seelischen) Genesung Dévais zu überzeugen.

In diesem Zusammenhang können wir noch ein auffälliges Phänomen
beobachten. Das Wort „video" (= ich sehe) kommt dreimal mit besonde-
rem Akzent vor, abweichend von der Art, wie man es gewöhnlich für die
Sinneswahrnehmung mittels der Augen gebraucht. Nun ist uns bekannt,
daß Dévai seine zweite Reise nach Nürnberg wegen eines schweren Augen-
leidens unternahm, wo er im Jahre 1536 einige Monate lang behandelt

wurde. Über das Ergebnis der Therapie konnten wir nichts ermitteln. Für die Zeit nach dem Jahr 1542 liegen uns keine schriftlichen Quellen vor. Im vorliegenden Brief schimmert ein verborgener Zusammenhang zwischen seinem schwach gewordenen Organ und seiner zu neuen Kräften gelangten Seele durch.

Vielleicht sind wir beim Nachweis der Verfasserschaft Dévais zu weit gegangen, denn die Tatsache, daß es sich nicht um seine Handschrift handelt, ist nicht aus der Welt zu schaffen. Diese Zeilen wurden durch eine weniger geübte und weniger rasche Hand geschrieben; die äußere Form scheint nicht im Einklang mit dem Inhalt zu stehen. Möglicherweise hinderte das erwähnte Augenleiden Dévai am Schreiben. Bekanntlich sind von ihm keine nach 1542 datierten Briefe erhalten. Die Kunde über seine Missionsreisen zirkulierte, auch Veit Dietrich erhielt einen Brief von ihm, jedoch konnte derselbe – und auch das in Frage stehende Schreiben – von Dévai einem seiner Gehilfen diktiert worden sein. In Anbetracht seiner innigen Freundschaft und langen Bekanntschaft mit Melanchthon erübrigte sich eine Erklärung, weshalb er sich eines Schreibers bediente.

Wenn wir nun die Beziehungen Dévais zu Wittenberg weiter verfolgen, gelangen wir zum Sommer des Jahres 1543, zur Frage seiner Heimkehr und zur Problematik, welche Lehren er mitbrachte. Schon unter den Zeitgenossen und seitdem in der kirchengeschichtlichen Literatur verursachte Dévais Standpunkt in der Abendmahlslehre – der sich angeblich der helvetischen Auffassung näherte – viel Unruhe. Laut Stöckels Bericht vom 30. Juni 1543 hatte Dévai aus Wittenberg von Luther ein eigenhändiges „breve scriptum" mitgebracht.[9] Aus einem späteren Brief geht hervor, daß dieses Schriftstück, das die Abendmahlslehre zum Inhalt hat, in Ungarn etliche Male abgeschrieben wurde. Leider ist uns weder Luthers Manuskript noch eine Abschrift desselben erhalten. Davon, daß zu dieser Zeit ein ausführliches Werk zu diesem Thema von Luther verfaßt worden wäre, weiß die Fachliteratur nichts. Es ist auch kaum anzunehmen, daß Luther, der damals von schweren Krankheiten heimgesucht wurde, ein für einen Einzelnen bestimmtes Werk verfaßt hätte, noch dazu einem ungarischen Interessenten zuliebe (Ferenc Révay war bei uns sein erster Leser) auf Lateinisch – nur dies konnte für einen Ungarn in Frage kommen –, denn wir wissen, daß Luther sich ungern dieser Sprache bediente. Tatsache bleibt jedoch, daß durch Dévais Vermittlung ein eigenhändiges Schreiben Luthers nach Ungarn gelangte und daß dasselbe Luthers damalige, aktuelle Abendmahlslehre enthielt, denn das verlangte man hier von ihm.

Über die Auslegung der Abendmahlsworte Christi waren die Theologen dieser Zeit geteilter Meinung, die Ansicht der Schweizer wich von derjenigen der Wittenberger ab. Die unter mehreren möglichen Deutungen schwankenden Gläubigen baten angesehene Theologen um Stellungnahmen. So verlangten z. B. Ende des Jahres 1542 die italienischen Protestanten eine genaue Formulierung der Abendmahlslehre von ihren deutschen Brüdern. Das Ersuchen der Italiener gelangte durch die Vermittlung des Nürnberger Predigers Veit Dietrich nach Wittenberg. Die Antwort wurde ein halbes Jahr später auf demselben Wege zurückgeleitet. Luther verwies auf seine Krankheit und schob die Antwort hinaus. Der tatsächliche Grund der Verzögerung war aber nicht sein Gesundheitszustand, sondern der Umstand, daß er keine weiteren Zwistigkeiten verursachen wollte – wußte er doch, daß man seine Erklärung sofort vervielfältigt und in weitem Kreis verbreitet hätte. Er beauftragte daher den diplomatischer veranlagten Melanchthon mit der Antwort. Dieser aber war bekanntlich mit Billigung des Kurfürsten von April bis August abwesend. Endlich gab Luther dem vielfachen Drängen nach und verfaßte einen langen Antwortbrief, in welchem – wie wir alle wissen – der Abendmahlslehre kaum eine Seite gewidmet ist.[10] Er datierte den umfangreichen Brief vom Juni, d. h., daß er ihn zu diesem Zeitpunkt beendete, Teile davon hatte er jedoch schon viel früher ausgearbeitet. Dies ist uns aus der zeitgenössischen Korrespondenz bekannt, die Frage wurde des öfteren erörtert. Möglicherweise erhielt auch Dévai eine derartige frühere Version. Wie dies vorauszusehen war, entbrannte aufgrund der durch Abschriften verbreiteten Luther-Schrift an verschiedenen Stellen der Streit.

Auch Melanchthon war mit der Formulierung nicht einverstanden, brachte jedoch seine abweichende Meinung – um des Friedens willen – auch diesmal nicht offen zum Ausdruck. Im freundschaftlichen Briefwechsel ging er jedoch wiederholt auf die Angelegenheit ein, und es ist anzunehmen, daß im häuslichen Kreis, in seinem Heim und in Anwesenheit jener, die ihnen beiden nahe standen, über die Sache noch öfters debattiert wurde.

Dévai mag die Stellungnahme Luthers erhalten haben und hat vielleicht auch mit Petreius über den Druck verhandelt, gleichzeitig aber waren ihm die im Hause Melanchthons herrschenden, von einem freieren Geist beseelten Diskussionen nicht fremd. Seine eigene Auffassung gab er in seiner Heimat kund. Es fehlte nicht an einem Informanten, der Luther unterrichtete. Wir kennen nur den Antwortbrief Luthers an die Gemeinde von Eperjes, in welchem es heißt, Luther habe seine Abendmahlslehre nicht geändert und Dévai – der in Deutschland hochgeschätzt werde – habe nichts dergleichen bei ihm gelernt. Luther fügt hinzu, daß er auch bezüglich Melanchthon keinen Verdacht hege. Dieser Satz beweist, daß Dévai in

Ungarn Melanchthon genannt hatte, als von den verschiedenen Varianten der Abendmahlslehre die Rede war, zumindest aber, als eine von Luther abweichende zur Sprache kam. Dies konnte jene „media sententia" sein, die er seinen Zeitgenossen mündlich kund gab, von der jedoch kein Mensch je auch nur eine einzige Zeile von Dévais Hand gesehen hat. Hier müssen wir der Auffassung Jenő Sólyoms zustimmen, der darauf hinweist, daß die theologischen Fragen zu Beginn des 16. Jahrhunderts noch viel offener waren als später; man konnte und durfte darüber diskutieren, und Dévai, der sich bereits früher als ein Mann von selbständigem Denken erwiesen hatte, wohl in der Abendmahlslehre seine eigenen, selbst gewonnenen Ansichten äußerte.[11]

Aus dem am Ende verstümmelten, ohne Datierung und Unterschrift überlieferten Brief tritt die Gestalt des Mátyás Dévai klarer und deutlicher hervor. Obwohl wir von diesem Schreiben nicht einfach sagen können, daß es von Dévai stammt, dürfen wir doch unter Vorbehalt annehmen, daß der Verfasser Dévai gewesen ist und daß er seine Gedanken durch eine fremde Hand niederschreiben ließ. Der kummervolle Zustand des Reformators war uns bekannt, wir wußten, daß er nach Jahren, wieder aufgerichtet, als unermüdlicher Prediger tätig war; was aber inzwischen geschah, von der geistigen Krise bis zum Neuerwachen des apostolischen Sendungs-Bewußtseins, entzog sich bis jetzt unserer Kenntnis. Eben darüber sagt dieser Brief viel aus und ist daher ein Zeugnis dafür, daß und wie Wittenberg Mátyás Dévai der Reformation wiedergegeben hat.

Anmerkungen

1 Catalogue of additions to the manuscripts in the British Museum in the years 1854–1860. 1875. Add. 21524, f. 18r–v.
2 Magyar Protestáns Egyháztörténeti Adattár 11 (1927), 52–54.
3 Diese Vorträge ließ Monner mit Luthers Vorwort auch veröffentlichen: WA 54, 12–13.
4 Századok 1899, 523.
5 Botta István: Dévai Mátyás és Serédy Gáspár, in: Diakonia 2 (1979), 72–79.
6 Sólyom Jenő: Luther és Magyarország. Budapest 1933, 114.
7 Sólyom Jenő: Dévai Mátyás tiszántuli müködése, in: Egyháztörténet N.F. 2 (1959), 193–217, und in: Irodalomtörténeti Közlemények 1960, 66–67.
8 Történelmi Tár 1880, 10–12.
9 Frankl, Vilmos: Révai Ferencz nádori helytartó fiainak hazai és külföldi iskoláztatása. Pest 1873, 63.
10 WAB 10, 197–208 und 328–333.
11 Sólyom Jenő: Luther ... 125.

Textedition von Walter Thüringer

Nürnberg, [nach 23. April 1543]

[Mátyás Dévai] an Philipp Melanchthon in Wittenberg.

Clarissimo viro Philippo Melanchthoni, praeceptori suo quamobservandissimo. Vitebergae.

S. d. Cogitanti[a], optime praeceptor, quid ad te scriberem, primum mihi venit in mentem tuus singularis in me amor, quo iam ab annis fere duobus me complexus es, erudiens me et explicans tua sapientia ex multis erroribus. Nam cum ante annos plus minus octo Vitebergae vixissem menses tantum quinque, nihilo redieram aut fortasse paululo tantum sanior. Sic enim cogitabam: Qui fieri potest, quod deus tantum errorem, quemadmodum loquuntur Lutherani, in ecclesia passus fuisset, qui reliquisset suam ecclesiam, cui promisit se nunquam defuturum? Neque cogitabam Christi vaticinium de abominatione futura in ecclesia neque sciebam discernere locos verae et eius, quae tantum titulum habet ecclesiae. At posteaquam mihi tecum colloqui et de rebus variis conferendi potestas data est, depulisti omnem errorem, et nunc animo[b], ut ego sentio, tranquillo et securo redeo. Video enim quasi oculis imaginem quandam veritatis et doctrinae syncerae. Video, quid posthac[c] facere debeam, video inquam, quod mihi saxa et ignes ferendi sint, si res postulet. Et statui semel aut vincere aut mori. Deus mihi testis est me vera et ex animo syncero tecum locutum esse omnia haecque[d] ad te scribere nunc eodem[e] animi candore. Quare primum deo optimo maximas ago gratias, deinde tibi pro tanto beneficio, polliceorque, quandiu ego vivam, non intermorituram fore apud me memoriam tuorum beneficiorum; cui rei testes erunt, si non aliud, vel crebrae meae literae. Caeterum memini debiti cuiusdam, quod Ioannes debet doctori Basilio. Cum essem tecum Erfordiae, volebam te de ea re[f] alloqui, ut abs te discerem, quantum illi iudicares me debere dare. Nam Stephanus tunc, cum Basilium audiret Ioannes, fuit cum eo. Ego vero[g] a nullo studioso Vitebergae scire potui, quantum dederint alii. Sed cum te vellem interpellare, tum non licebat per tuas occupationes, postea vero mihi hoc exciderat. Quapropter nunc mitto Basilio doctori aureum Ungaricum, quo si illi non fuerit satisfactum, est[h] Vitebergae Demetrius quidam Ungarus[i], qui si admonere[tur ...].[k] Vale, praeceptor optime, et me [ama. Salutat te Ioannes] Petreius. Norinberg[ae ...].

Handschrift: London, British Library, Add. Ms. 21524, f.18r–v. Schluß abgerissen.

a Gestr.: mihi
b animo eingef.
c Gestr.: mihi faciendum
d Hs.: hacque
e Hs.: eadem
f Gestr.: interp
g Gestr.: am
h 1 Großbuchstabe gestr.
i Hs.: Ung.
k Eckige Klammern für abgerissene Zeilenenden

Hätte Moses das Ende begreifen wollen, wie das Volk Israel dem Heer des Pharao entgehen möchte, so wären sie vielleicht noch heut diesen Tag in Ägypten. Der Herr mehre Euch und uns allen den Glauben. Wenn wir den haben, was will uns der Teufel mitsamt der ganzen Welt tun?

Martin Luther

KONRAD KRESSEL

Albrecht Markgraf zu Brandenburg-Ansbach, Herzog in Preußen

Ein lutherischer Politiker von europäischem Gewicht

Vor fünfhundert Jahren wurde am 17. Mai 1490 im Ansbacher Schloß Markgraf Albrecht als dritter Sohn des Markgrafen Friedrich IV. und seiner Gemahlin Sophia, einer polnischen Königstochter, geboren. Obwohl er mit der Auflösung des Ordensstaates in Ostpreußen einen wesentlichen Beitrag zur Reformation nicht nur in Deutschland, sondern in Europa geleistet hat, erinnert in seiner Geburtsstadt kein Straßenname oder Brunnen – von einem Denkmal gar nicht zu reden – an ihn. Warum ist er nahezu völlig dem Vergessen anheimgefallen? In seiner Geburtsstadt sind andere Markgrafen des Hauses Brandenburg-Ansbach, die keine solche Bedeutung erlangten, nicht vergessen worden.

Wir wollen versuchen, diese Persönlichkeit ein wenig der Vergessenheit zu entreißen und seine Person und sein Wirken ein wenig ins Licht zu rücken. Die wichtigsten Stationen seines Lebens, die Schwerpunkte seines Wirkens und seine Bedeutung verdienen nämlich auch heute noch Beachtung.

I. Die Stationen seines Lebens

1. Die Kindheit

Zur Kindheit, die einen Menschen prägt, gehört auch seine Familie. Sein Vater war sehr verschwenderisch und feierte große Feste. Wohl tat er das auch seiner Frau zuliebe. Ihre Schwester Hedwig war mit Herzog Georg dem Reichen verheiratet, an den heute noch die „Landshuter Hochzeit" erinnert. Markgräfin Sophia scheint als Mutter von achtzehn Kindern eine fromme Frau gewesen zu sein. Zumindest hat sie ihr Sohn Albrecht in einem Brief aus dem Jahre 1505 so gesehen, denn er will ihr mit seinem geistlichen Stand eine Freude machen.

2. Die Ausbildung des jungen Markgrafen

Seine Ausbildung vollzieht sich in den üblichen Bahnen höfischer Ausbildung jener Zeit. Im Jahr 1511 tat sich eine neue Möglichkeit für ihn auf. Der Deutsche Ritterorden suchte einen Hochmeister. Dabei wurde sein Name genannt und er wurde von den entsprechenden Ordenskapiteln gewählt. Damit war seine Zukunft fürstlich gesichert. Zugleich wurde ihm eine schwere Aufgabe übertragen. Anscheinend war ihm aber doch ernst, was er seiner Mutter 1505 aus Köln geschrieben hatte: „... und ist noch meine Meinung, mit Gottes Willen geistlich zu werden". So hat er nicht nur die Wahl zum Hochmeister verstanden, sondern auch sein Amt als regierender Fürst im Sinne dieses Wortes durchgehalten. Davon wird noch zu reden sein.

3. Der Hochmeister des Deutschen Ordens

Albrecht wird 1511 zum Hochmeister gewählt. Die Wahl war von Anfang an von einem *Problem* belastet. Seit dem Thorner Frieden waren die Hochmeister gehalten, dem polnischen König den Lehenseid und damit Heeresfolge zu leisten. So viel ich sehe, haben vier Hochmeister den Lehenseid geleistet und einer von ihnen ist bei einem Feldzug des polnischen Königs gefallen. In dieser Lage suchte man einen Ausweg, indem man schon vor Albrecht einen Reichsfürsten zum Hochmeister wählte. Ähnliche Gedanken mögen auch die Wahl Albrechts bestimmt haben. Zudem hatte er eine polnische Königstochter zur Mutter. Der König, dem er den Eid zu leisten hatte, war sein Onkel. Dieses Problem war die Voraussetzung für seine Wahl. Doch gingen diese Überlegungen nicht auf, wie wir später sehen werden. – Zunächst aber einige *historische Daten* zu seiner Wahl. Nachdem die Vorverhandlungen gelaufen waren, traf man sich am 10. Februar 1511 in Chemnitz. Drei Tage später legte Albrecht in der Ordens-Propstei Zschillen bei Chemnitz das Ordenskleid in der Gegenwart seiner Brüder Kasimir und Georg an und erhielt die Zusicherung seiner Wahl. Auch sein Vater stimmte zu und sah darin eine Versorgung „in dem Spital des deutschen Adels", wie man damals sagte. Stolz verlieh er ihm im April des gleichen Jahres die goldene Kette des Schwanenritterordens. Am 6. Juli 1511 wählten ihn die Ordensgebieter in Königsberg zum Hochmeister. Doch zögerte sich sein Dienstantritt hinaus. Am 5. Oktober 1512 starb seine Mutter Sophia, die er noch zu ihrer letzten Ruhestätte in Heilsbronn begleitete. Am 11. Oktober brach er mit Gefolge auf und ritt über Berlin nach Ostpreußen. Bei Marienwerder erreichte er am 14. November das Ordensgebiet, wo er feierlich begrüßt wurde, und kam am 22. November in Königsberg an. Auch hier war die Begrüßung feierlich und pompös. Am 20. Dezember kam sein Bruder Kasimir zu Besuch und sie hielten im Dom noch eine Totenmesse für ihre Mutter, bevor der Bruder am 7. Januar nach Franken zurückreiste. – Aber nun begann die Auseinandersetzung um die rauhe politische Wirklichkeit, in der der Orden lebte. Der polnische König hatte zum Lehenseid aufgefordert. Doch der Kaiser bestärkte Albrecht in seiner Ablehnung. So begann man bald, *Kriegspläne* zu schmieden. 1519 bekundet der Hochmeister vor den verschiedenen Gremien des Ordens seinen Willen zum Kampf und kündigte zum 1. Januar 1520 dem Polenkönig den Frieden auf. Der Krieg verlief wechselreich und ohne große Erfolge. Meuternde Söldner behinderten die Kriegsführung, weil kein Geld vorhanden war. So kamen im Frühjahr 1521 die Waffenstillstandsverhandlungen in Gang und man einigte sich, daß an Ostern ein Waffenstillstand für vier Jahre eintreten sollte. Er wurde am 5. April zu Thorn abgeschlossen, am 7. April ratifiziert und am 12. April begann die Entlassung der Söldner. Der Krieg hatte keine Lösung der Probleme gebracht. So machte sich der Hochmeister auf den Weg ins Reich, um Helfer für den Orden zu gewinnen. Seine Bemühungen waren nicht von Erfolg gekrönt und verliefen anders, als er und andere erwartet hatten.

4. Eine unerwartete Wendung in Nürnberg

Die Bedrohung des Ordenslandes war durch den Abschluß eines Waffenstillstandes nicht beseitigt, sondern nur aufgeschoben. So mußte sich der Hochmeister nach Hilfe umsehen. Wo anders konnte er sie finden als im Reich? Von dorther war dem Orden in seiner Geschichte immer wieder Hilfe zuteil geworden. Albrecht machte sich am 9. April 1522 auf die Reise. Sein Itinerar gibt uns bis zu seiner Rückkehr nach Königsberg genauen Bericht über deren Verlauf. Am 8. Oktober kam er in Nürnberg an. Warum fuhr er gerade nach Nürnberg?

Der Wormser Reichstag von 1521 hatte nicht nur die Reichsacht über Luther beschlossen, sondern auch das Treffen des Reichsregiments und des Reichskammergerichts in Nürnberg. Außerdem fand in Nürnberg traditionsgemäß immer der erste *Reichstag* eines Kaisers statt. Wegen der Pest war Karls V. erster Reichstag in Worms gewesen. Doch traten die Fürsten des Reiches unter dem Bruder des Kaisers, Ferdinand, 1522 und 1523 in Nürnberg zu einem Reichstag zusammen. Hier fand Markgraf Albrecht also die Landesherren, die ihm und dem Orden helfen konnten, wenn sie wollten. Von Geburt und auch als Hochmeister war er Reichsfürst und so taucht sein Name in Berichten und Protokollen jener Reichstage immer wieder auf. Im Zusammenhang mit der drohenden Türkengefahr wird er genannt. Man scheint ihn sogar als Truppenführer gegen die Türken genannt zu haben. Aber auch in den Verhandlungen über die „Luthersache" wird er als mäßigend erwähnt. Eine Hilfe für den Orden konnte er nicht mitnehmen, als er sich nach Königsberg zurückbegab. Aber er nahm etwas anderes mit nach Hause. Er war entschlossen, die Reformation in seinem Lande durchzuführen. Wie war es dazu gekommen?

Man kann sich die *Bedeutung Nürnbergs* für die Reformation gar nicht wichtig genug vorstellen. In der Stadt werden 1522 Ansätze für die Durchführung der Reformation historisch greifbar. Da waren Leute, die schon lange Luthers Anhänger waren, wie der Ratsschreiber Lazarus Spengler, den Johann Eck 1520 als kleine Rache mit auf die Bannbulle gegen Luther gesetzt hatte. In Nürnberg war Prior des Augustinerklosters Wenzeslaus Linck, Doktorvater und Freund Martin Luthers. Hier wirkten die eben ernannten evangelischen Prediger von St. Sebald und St. Lorenz, Dominikus Schleupner und Andreas Osiander. Unter den Augen des Reichsregiments und gegen viele Einsprüche der päpstlichen Legaten vollzog sich die Reformation der Kirche von unten her. Das Abendmahl wurde unter beiderlei Gestalt in St. Sebald gefeiert. Ein andermal wurden sogar die städtischen Truppen in der Nacht bereitgestellt, um Übergriffen zu wehren. Hier bekommt Albrecht Kontakt mit vielen lutherisch gesonnenen Leuten. Das bleibt nicht ohne Eindruck auf ihn. Entscheidend wird für ihn die Predigt Osianders in St. Lorenz. Der Nürnberger Reformator machte auf Albrecht einen solchen Eindruck, daß dieser für die Reformation gewonnen wurde. Später hat er Osiander als „seinen Vater im Glauben" bezeichnet. Die Verbindung zwischen beiden Männern ist nicht mehr abgerissen. Osiander geht 1549 im Interim schließlich nach Königsberg und findet dort ein neues Arbeitsfeld. Doch löst er zugleich den osiandrischen Streit aus, der über seinen Tod im Jahre 1552 hinaus die Theologen beschäftigt. Daß der Hochmeister während seines Aufenthaltes auf dem Reichstag in Nürnberg 1522 auch mehrmals in das heimatliche Ansbach kommt – achtmal weist das Itinerar auf (einmal sogar zum Fasching) – ist nicht verwunderlich. Der Hochmeister war mit der Absicht zur Fürstenversammlung gekommen, Hilfe für den Orden zu holen. Um die Jahreswende 1524/25 verläßt er Nürnberg als ein anderer und mit anderen Absichten. Daß es dazu kam, hängt auch mit zwei anderen Reisen und seinem persönlichen Kontakt zu Martin Luther zusammen.

5. Die Beziehungen zwischen Markgraf Albrecht und Luther

Die ersten Kontaktversuche zu Luther liegen bereits vor der Reise nach Nürnberg. 1520 hatte Papst Leo X. den Hochmeister aufgefordert, den Orden zu reformieren. Einer seiner Ratgeber hatte empfohlen, das Ordensbuch an Luther zu schicken und dessen Rat einzuholen. Die Ausführung des Ratschlags unterblieb. Unter dem Eindruck seiner Annäherung an die Reformation wollte Albrecht mit Luther selbst reden. So kam es, daß er auf der Rückreise von Berlin, vermutlich am 1. Advent 1523, sich heimlich in Wittenberg mit Luther traf. Das Treffen wurde von beiden Seiten streng geheim behandelt. Aus den wenigen erhaltenen Notizen ist zu entnehmen, daß es Luther war, der den Rat zur Umwandlung in einen weltlichen Staat unter Auflösung des Ordens gab. Albrecht muß vieldeutig geschwiegen haben. Beide Seiten hatten aber wohl den Eindruck, daß man sich verstanden hatte. Stellen wir uns diesen Besuch einen Augenblick vor unser geistiges Auge. Der Reformator Luther trägt noch die Mönchskutte. Er legt sie erst am 9. Oktober 1524 ab. Auch der Hochmeister hatte ja wohl an seiner Kleidung Insignien seiner Würde. Vielleicht so, wie sie auf seinem Bild in Heilsbronn dargestellt sind. Und diese beiden Männer beraten über die Auflösung des Deutschen Ordens. Im Zusammenhang mit diesem Treffen entstand Luthers Schrift „an die herren deutschen ordens, daß sie falsche Keuschheit meiden und zur rechten ehelichen Keuschheit greifen". Diese Schrift Luthers ist ein hohes Lob auf die Ehe als Stiftung Gottes und lehnt alle widersprechenden menschlichen Vorschriften, auch Konzilsbeschlüsse, eindeutig ab. Damit waren die Weichen für die weitere Entwicklung gestellt. Albrechts Itinerar erwähnt einen weiteren Besuch in Wittenberg am 12. Mai 1524. In Luthers Briefen konnte ich keine Spuren dieses Besuches finden. Eine letzte Begegnung der beiden Männer fand am 9. Dezember 1545, also ein paar Wochen vor Luthers Tod, statt. Sie haben beide seit 1524 in dauerndem Kontakt miteinander gestanden. Persönliche Gedanken werden ausgetauscht. Der Herzog lädt 1526 Luther persönlich zu seiner Hochzeit ein. Luthers Sohn Hans und sein Schwager von Bora finden später Unterkunft und Stellung in Ostpreußen. Darüber werden theologische Fragen nicht vergessen. Oft fragt Albrecht Luther um seinen Rat. In einem Fall kritisiert er sogar die Heftigkeit Luthers in einer Schrift gegen seinen Vetter, den Erzbischof Albrecht von Mainz, weil sie das ganze Haus Brandenburg verletze. Es war eine tiefe persönliche Beziehung entstanden, die für die gesamte Reformation von großer Bedeutung wurde.

6. Der Lehenseid und die Umwandlung des Ordensstaates in ein weltliches Herzogtum

Während Albrecht außer Landes weilte, war die Zeit in Preußen nicht stehengeblieben. Auch dort griff die reformatorische Bewegung wie in Nürnberg zunehmend um sich. Da vor Ort verständige Männer in der Verantwortung standen und evangelische Prediger wirkten, die der Markgraf geschickt hatte, wurde die Bewegung in verhältnismäßig ruhige Bahnen gelenkt und konnte sich mit Zustimmung Albrechts weiterentwickeln.

Wir wollen jedoch zunächst noch einmal die Bedeutung des Lehenseides beleuchten. Ich erinnere daran, daß der Orden 1230 mit der Heidenmission in Preußen beauftragt wurde und rasch und erfolgreich seinen Ordensstaat aufbaute. Schwierigkeiten ergaben sich, als die Litauer von Polen aus missioniert wurden. Plötzlich kam die Missionsaufgabe in Wegfall und es standen sich handfeste politische Interessen gegenüber. Der Friede von Thorn 1466 nimmt die Westhälfte des ordensstaatlichen Gebietes weg und verlangt vom Hochmeister den Lehenseid gegen den polnischen König. Wir lassen die staatsrechtliche Seite dieser Frage an dieser Stelle auf sich beruhen. Die ältere völkisch-national bestimmte Geschichtsschreibung sieht darin eine fortgesetzte Kette von Verrat. Zwar verweigern mehrere Hochmeister den verlangten Huldigungseid, aber damit ändert sich die Lage nicht. Nach dem „Reiterkrieg" von 1520/21 war in Thorn ein Waffenstillstand für vier Jahre abgeschlossen worden. Wollte Albrecht keinen neuen Krieg riskieren, mußte er wohl oder übel den Lehenseid leisten, wobei ihm persönlich die Zeremonie leichter fiel, weil der polnische König Sigmund I. sein Onkel war.

Der Akt selbst war durch längere politische Verhandlungen *vorbereitet* worden, bei denen auch seine Brüder Kasimir und Georg eine Rolle spielten. Davon wird noch zu reden sein. Auch die Stände in Königsberg hatten zugestimmt und ihre Vertreter hatten sich deswegen nach Krakau begeben. Am 2. April 1525 ritt der Hochmeister feierlich in der polnischen Hauptstadt ein. Am 9. April wurde der Friede zwischen dem Deutschen Orden und der Krone Polens geschlossen. Am 10. April schwor Albrecht als Herzog in Preußen dem polnischen König feierlich den Lehenseid. Der König übergab ihm daraufhin die neue preußische Fahne, den schwarzen Adler auf weißem Damast, der ein „S" auf der Brust tragen mußte. So war aus dem Ordensstaat ein weltliches Herzogtum geworden, das neue Möglichkeiten hatte, sich unter dem Hause Hohenzollern zu entwickeln. Das war die nüchterne politische Einsicht des vom Reich verlassenen Hochmeisters des Deutschen Ordens gewesen. Dies hatte der zum Herzog gewordene Albrecht in Preußen erreicht.

7. Reformen im Ordensland und Neuordnung der Kirche

Auch in Ostpreußen griff die reformatorische Bewegung immer mehr um sich. Die Nachricht davon drang in alle Welt. Luther konnte feststellen: „Siehe das Wunder, in voller Fahrt mit prallen Segeln eilt das Evangelium nach Preußen!" Und im Monat nach dem Huldigungseid in Krakau schrieb der Reformator an Albrecht selbst: „byn ich hoch erfrewet und wundsche furder, das der selbige barmhertzige Gott solch angefangenn guete an E[uer] f[ürstlichen] g[naden] volfure zu seligem ende, auch des gantzen landes nutz und frumm. Amen." Was war geschehen? Was hatte Luther zu solcher Begeisterung hingerissen?

Nun seien wenigstens ein paar Schritte auf dem *Weg zur Reformation* angedeutet. Sie unterscheiden sich nicht wesentlich von den Vorgängen in anderen Ländern, die sich der Reformation anschlossen. Bischof Georg von Polentz – von Haus aus Jurist – hielt an Weihnachten 1523 eine reformatorische Predigt in Königsberg, von der die Kunde bis nach Rom drang. Im Januar 1524 erließ er ein lateinisches Reformationsmandat an seine Pfarrer. Der Bischof von Pomesanien, Erhard von Queiß in Marienwerder, folgte Ende 1524 mit seinen „Themata", einem radikalen Reformprogramm. Schon in der Fastenzeit 1524 feierte man in Königsberg die Messe nach Christi Einsetzung, also das Abendmahl unter beiderlei Gestalt. Im gleichen Jahr beschließen die Königsberger Gemeinden Altstadt und Kneiphof die Einführung eines allgemeinen Kastens, wie er z. B. ein Jahr später auch in Schwabach aufgestellt wird.

Die Reformation ist wirklich in vollem Lauf, wie Luther feststellte, als Albrecht nach Ostpreußen zurückkehrte. Nun konnte man sich den weiteren Fragen zuwenden. Es seien noch einmal die beiden Bischöfe erwähnt, weil sie – im Unterschied zu den anderen Bischöfen im Reich – 1525 und 1526 alle ihre weltlichen Rechte an den Herzog abtraten und Bischöfe im altkirchlichen und im heutigen Sinne wurden. Im Juli 1525 bekannte sich dann der Herzog in einem Mandat zur Reformation. Unruhen der Bauern verzögerten den geplanten Landtag. Die beratschlagte „Landesordnung" ermöglichte dann die Erstellung einer Kirchenordnung, die am 10. Dezember 1525 vorgelegt und beschlossen wurde: „Artikel der Ceremonien und andrer Kirchenordnung". Ohne sie näher zu würdigen, möchte ich nur auf zwei Unterschiede von den anderen Kirchenordnungen hinweisen. Im Gottesdienst werden biblische Bücher fortlaufend gelesen und nicht wie sonst Perikopen, die in der Kirche des Abendlandes üblichen Epistel- und Evangelientexte. Es werden besondere Synoden eingerichtet, die sich um Kirchenfragen annehmen. Eine weitere Besonderheit sind die sogenannten

Tolken, die als Übersetzer der Predigt usw. in die heimische Volkssprache fungieren. Das Pfarrerrecht wird durch bestimmte Artikel der schon vorhin zitierten „Landesordnung" geregelt. Die Durchführung der neuen Ordnungen wird wie in Franken durch die folgenden Visitationen geregelt, für die 1526 und 1528 die entsprechenden Instruktionen geschaffen werden.

Der weitere *Fortgang* der Reformation wird durch die „Synodalstatuten von 1530" in geordnete Bahnen gelenkt. Auch diese Synoden sind etwas Besonderes. Man darf sie nicht mit den Synoden der Neuzeit verwechseln, doch zeigen sie eine breite Fächerung der kirchlichen Verantwortung. Ähnlich wie in anderen evangelischen Territorien beschäftigte man sich mit einer klaren Lehrgrundlage. Vergleichbar mit der Bekenntnisbildung vor der Augsburgischen Konfession mit all ihren Verhandlungen und Vorlagen kommt es in Ostpreußen zu Verhandlungen, die – noch vor der Augustana – mit den sogenannten „constitutionen", einem theologischen Lehrbuch, im Januar 1530 abgeschlossen werden. Die Reformation und Kirchenbildung ist damit nicht vollendet, aber doch zu einem gewissen Abschluß gekommen. – Nicht vergessen sei, daß das Bemühen um die kirchliche Ordnung den Herzog bis zu seinem Lebensende begleitete. Noch in seinem Todesjahr erscheint eine Ordnung über die Wahl der Bischöfe, eine im damaligen deutschen Luthertum einmalige Erscheinung.

8. Gefährdungen für die junge evangelische Kirche

Die Durchsetzung einer geschichtlichen Idee braucht längere Zeit und sie ist dabei immer bedroht. Im ganzen Reich war ja der Fortbestand der evangelischen Kirche erst mit dem Augsburger Religionsfrieden (1555) bzw. seiner Bestätigung im Westfälischen Frieden (1648) rechtlich gesichert. Bedrohungen für die Kirche können von außen und innen kommen. Äußerlich hatte das Land durch den Friedensschluß in Krakau einigermaßen Ruhe gefunden. Im Inneren aber gab es noch ein Reihe von Problemen. – Da ist der *Bauernkrieg*, der überall mitten in die reformatorische Umwandlung hineinstößt. Der Norden Deutschlands bleibt davon verschont. Doch in Ostpreußen schlägt ein Bauernaufstand im Spätsommer 1525 auch seine Wellen. Er wird hier rascher und unblutiger beendet. – Überall ist die reformatorische Bewegung von verschiedenen *religiösen Gruppierungen* begleitet, denen Luther zu zurückhaltend ist und die seine Reformation zu Ende führen wollen. Da ist die Bewegung der Täufer, von der Ostpreußen fast unberührt bleibt. Für Ostpreußen kommen die Erschütterungen durch Kaspar von Schwenkfeld. Einige Zeit war er am Hof von Albrechts Schwager in Liegnitz tätig und so drangen seine Ideen nach Ostpreußen ein. Sein

Rat, Friedrich von Heideck, war in Liegnitz für die schwenkfeldischen Ideen gewonnen worden und konnte Einfluß auf den Herzog nehmen. Auch entsprechende Prediger wurden ins Land gerufen. Doch die Bischöfe – voran Paul Speratus (1484–1551) – erhoben ihre warnende Stimme. So kam es Ende Dezember 1531 zum Religionsgespräch in Rastenburg. Die Antwort auf diese Fragen kam aus Wittenberg mit Luthers „Sendbrief wider etliche Rottengeister" im Jahr 1532. Der Streit dauerte noch einige Jahre. – Der Schmalkaldische Krieg, der kurz nach Luthers Tod begann, bezog Ostpreußen nicht direkt mit ein. Doch viele Flüchtlinge aus dem Reich fanden Unterschlupf in Ostpreußen, als sie sich dem kaiserlichen Interim nicht beugten. Darunter auch Andreas Osiander, der 25 Jahre zuvor Albrecht für die Reformation gewonnen hatte. Osiander gehörte zu den bedeutendsten Theologen der Reformationszeit, der bei der Einführung der Reformation in Nürnberg, bei der Erstellung der Brandenburg-Nürnberger Kirchenordnung, der Einführung der Reformation in Pfalz-Neuburg sich große Verdienste erworben hatte. Jedoch wurde der willensstarke und theologisch unbeugsame Mann von vielen Zeitgenossen als schwierig empfunden. Unter den Notizen Lazarus Spenglers findet sich mancher Seufzer über ihn. Als Osiander aus Protest gegen das Augsburger Interim 1548 heimlich Nürnberg verlassen hatte, bot Albrecht ihm ein neues Wirkungsfeld. 1549 wurde Osiander Professor an der Universität Königsberg und Pfarrer an der Altstädtischen Kirche. Dabei kam es zu Zurücksetzungen anderer Personen. In dieser gespannten Lage entwickelte er dann 1550 eine Diskussion über seine theologischen Ideen. Ich kann sie hier nur andeuten. Im Unterschied zu Luthers forensischer Rechtfertigungslehre setzte er andere Schwerpunkte und lehrte die effektive Gerechtmachung des Sünders. Der daraus entstandene Sturm in Ostpreußen machte dem alternden Herzog, der ihm sehr zugetan war, sehr zu schaffen. Noch in der Gunst des Herzogs starb Osiander im Oktober 1552. Der Streit ging weiter und bewegte die gesamte lutherische Kirche der Zeit. In Ostpreußen klang der Streit nach seinem Tode nur langsam ab. In diesem Zusammenhang sind wohl die verschiedenen Glaubensbekenntnisse entstanden, die Albrecht formuliert hat. Gerade an ihnen zeigt sich, wie stark der Herzog theologisch durch Osiander geprägt wurde. Die theologischen Probleme des „osiandrischen Streits" wurden territorienübergreifend mit der Konkordienformel 1577 beigelegt.

9. Der Herzog und seine Familie

Für das Leben eines Menschen spielt seine Familie eine heute oft nicht genügend klar bedachte Rolle. Ich beginne mit seinen beiden Ehefrauen.

Die Hochzeit des Hochmeisters erregte damals – ebenso wie Luthers Hochzeit – großes, uns unvorstellbares Aufsehen. Nach der Auflösung des Ordens entschloß er sich zur Heirat und warb um Dorothea, die Tochter des dänischen Königs. Am 1. Juli 1526 fand in Königsberg eine großartige Hochzeit statt, zu der auch ein zweimaliger Kirchgang gehörte. Was man an dieser Ehe nicht übersehen darf, ist die Bemühung um den Glauben seiner jungen Frau. Sie kommt von einem katholischen Hof und er bemüht sich, ihr eine Einführung in den evangelischen Glauben zu geben. Er schreibt sogar ein Gebetbuch für sie. Leider starben dem Ehepaar fünf Kinder im Jahre der Geburt oder als Kleinkinder. Nur die älteste Tochter überlebt die Eltern. Damit steht die Dynastie, die das Lehen von Polen bekam, auf schwachen Füßen. Der Tod seiner Frau im Jahre 1547 stürzt ihn in tiefe Trauer. Es wird allgemein angenommen, daß in dieser Zeit sein Lied „Was mein Gott will, das g'scheh allzeit" entstand, das bis heute in unseren Gesangbüchern steht und gesungen wird. Es bringt sein großes Gottvertrauen zum Ausdruck.

Im Februar 1550 heiratet er erneut. Aus dynastischen Gründen fällt diesmal die Wahl auf Anna Maria von Braunschweig-Kalenberg. Die Ehe ist wenig glücklich. Der nun geborene Erbe ist geistesschwach. Für ihn sollte dann Markgraf Georg Friedrich von Ansbach, der Neffe Albrechts, die Regierungsgeschäfte führen. Albrecht und seine zweite Frau lebten in ihren letzten Jahren nebeneinander her, wenn die Herzogin auch am gleichen Tage wie ihr Mann verstarb und zusammen mit ihm am 5. Mai 1568 im Dom zu Königsberg beigesetzt wurde.

In den Familienbeziehungen zu jener Zeit spiegeln sich auch immer dynastische Interessen wider. Albrechts Einbeziehung seiner Brüder als Erben hat den Weg des Hauses Hohenzollern nach Ostpreußen und damit zu gewissen weiteren Entwicklungen freigemacht. Dieser Weg – wenn auch nicht in direkter Linie – ermöglichte die Königskrönung 1701 in Königsberg.

10. Die letzten Jahre und der Tod des Herzogs

Nach dem osiandrischen Streit wird es ruhiger um den Herzog. Die Quellen fließen spärlicher, zunehmend ist er von Krankheit geplagt. Auch wird er schwerfälliger, wie das bei anderen Renaissancefürsten auch zu beobachten ist. 1563 ereilte ihn ein Schlaganfall, der ihn linksseitig lähmte. Trotzdem unternahm er noch 1564 eine Reise und beteiligte sich an einer Jagd. Das Jahr 1567 sah ihn bettlägerig.

Er ließ sich vom Schloß einen hölzernen Gang zur Altstädtischen Pfarrkirche bauen, daß er zum Gottesdienst kommen konnte. Wegen einer Seu-

che brachte man ihn zu Schiff nach Tapiau. Sein Hofprediger berichtete
von seinem Sterben, daß er am 17. März das Heilige Abendmahl nahm. Er
betete den 39. und 66. Psalm. Am 19. März früh traten Sprachschwierigkeiten ein. Abends konnte er wieder das Vaterunser nachsprechen. Am
Samstag, den 20. März 1568 um sechs Uhr morgens, ist er „sanft und still
ohne alle Ungebärde, auch ohne ein Zeichen des Schmerzes nach fünf
Seufzern in dem Herrn Christo selig entschlafen". Am gleichen Tag gegen
Abend verstarb seine Frau auf Schloß Neuhausen. Am 6. April wurden
beide Särge nach Königsberg überführt und am 5. Mai nach dem Eintref-
fen der Gäste wurde das Herzogpaar im Dom beigesetzt.

Bleibt an dieser Stelle ein kurzer Rückblick auf Albrecht und seine
Generation. Sieben Jahre jünger als Luther gehört er noch zur ersten Generation der Reformatoren. Auch wenn er erst 1523 zur reformatorischen
Bewegung stößt, ist er sieben Jahre älter als Melanchthon, Luthers engster
Mitarbeiter in Wittenberg. Wenn wir auch das genaue Geburtsjahr Thomas
Müntzers nicht wissen, nimmt man allgemein an, daß er um 1489/90
geboren ist, also etwa zur gleichen Zeit wie Herzog Albrecht. Nur der
neun Jahre jüngere Johannes Brenz überlebt ihn um zwei Jahre. Für die
damalige Zeit ist er mit 78 Jahren ja sehr alt geworden. Er hat in seinem
langen Leben nicht nur den Anfang, sondern auch noch eine ganze Menge
Folgen der Reformation erlebt. Er hat viele Reformatoren, mit denen er
zusammengearbeitet hat, um viele Jahre überlebt.

II. Wissenschaftliche Neigungen

Mit der Fülle der Stationen seines Lebens sind zugleich die vielseitigen
Interessen und Wirkungsbereiche des Herzogs deutlich geworden. Doch
will ich sie ein wenig ordnen und einige Schwerpunkte setzen.

1. Musik und Dichtung

Die einzige lebendige Erinnerung an Albrecht war eigentlich sein Lied,
das sich im Gesangbuch erhalten hat. Gesangbuchkenner wußten wenigstens seinen Namen, auch wenn sie ihn gelegentlich mit seinem Neffen
verwechselten. Kurz nach 1900 hat sich Friedrich Spitta um die Auf-
hellung der von ihm gedichteten Lieder bemüht. Das schon erwähnte Lied
„Was mein Gott will, das g'scheh allzeit" ist als gesichert anzusehen, auch
wenn im ersten Gesangbuchdruck sein Name nicht erwähnt wird. Schon
als Hochmeister hatte er ein Marienlied gedichtet. Dieses Chronostichon

weist ihn als Dichter aus. Die Urheberschaft der Markgrafenlieder für seine beiden Brüder und eines Liedes für die ungarische Königin Maria kann man als gesichert ansehen. Daneben hat er sich an Liedern versucht, wie sie damals üblich waren: ein Türkenlied, ein Lied von der Kirche (Luthers Lied zu diesem Thema kannte keiner mehr), ein Glaubenslied und einige Nachdichtungen von Psalmen sind bekannt. Irgendwie sind alle seine Lieder von dem Grundton seines Wahlspruches geprägt: Vertrau auf Gott. Als Beispiel sei der vierte Vers seines Liedes über den 91. Psalm zitiert: „Gib Herz, Trost, Mut und Freudigkeit. Laß uns Herr nicht erschrecken. Unser arm Fleisches Blödigkeit, wenn uns die Nacht tut decken mit ihrer Finsterniß so groß des Tages Unfall uns nicht laß geschwindt und plötzlich stürzen."

Bei diesem Liedschaffen ist es kein Wunder, wenn er sich auch um Gesangbücher bemühte. Bereits 1527 erschien in Königsberg ein Gesangbuch. Es spielt unter den evangelischen Gesangbüchern eine nicht unwichtige Rolle, weil es bereits einen Liedzyklus für das ganze Kirchenjahr enthält. Auch wenn einige Rätsel ungeklärt sind, so ist die wesentliche Beteiligung Albrechts daran sicher. Zugleich bemühte er sich um weitere Liederbücher. Um 1540 ließ er einen Liedband seines Hofkapellmeisters Kugelmann mit den „Conventus novi" mit 26 Cantus Prussiae drucken. Das mag für seine Bemühungen um die Dichtung genügen.

Zur Musik jedoch gehören auch Menschen, die sie ausführen. So lag ihm sehr an der Gestaltung seiner Hofkapelle. Sie war im charakteristischen Sinn der deutschen Renaissance gestaltet. Wir wissen von einem Briefwechsel mit Ludwig Senfl am Münchner Hof, mit dem auch M. Luther korrespondierte. Eine Reihe von Musikern der Kapelle kennen wir mit Namen. Es sei nur Hans Kugelmann genannt, dessen Melodie zu „Nun lob mein Seel den Herren" noch in unserem Gesangbuch (EKG 188) steht. Die Hoftrompeter spielten eine große Rolle. Neben dem Hoforchester und den Hofposaunisten gab es auch einen Chor. Eine Zeitlang weilte sogar ein Lautenvirtuose von europäischem Rang, Valentin Greff, in Königsberg. Zuletzt sei auch auf die Instrumentenrechnungen hingewiesen, die wertvolle Informationen enthalten. Ein reiches dichterisches und musikalisches Leben an seinem Hofe fand Förderung und Pflege durch den Herzog. Ein kleiner Hinweis auf die *Astrologie* sei noch angefügt. Sie wurde damals an allen Höfen gepflegt. Albrecht Dürer hat für seine „Melancholie" mit dem Londoner Hofastrologen Kratzer korrespondiert. Luther tadelte seinen Freund Melanchthon wegen seiner Neigung zur Astrologie. So ist es nicht verwunderlich, wenn Albrecht sein Interesse auch an der Astrologie bekundete. Ich nehme auch an, daß der Herzog seine Finger im

Spiel hatte, als das Buch des Nikolaus Kopernikus de revolutionibus or-
bium coelestium in Nürnberg, ausgerechnet mit einem Vorwort von Andreas Osiander, gedruckt wurde.

2. Die Gründung der Universität Königsberg

Hier müssen wir noch einmal einen Blick auf die *Gesamtreformation*
werfen. Sie ist zeitlich und an vielen Punkten inhaltlich mit dem Humanismus verwandt. Damit ist sie in die vielseitigen Bildungsbestrebungen ihrer
Zeit hineingebunden. Die Ideen der Reformation werden nicht nur von der
Universität Wittenberg verbreitet. An vielen Orten werden neue Universitäten gegründet.

Auch in Ostpreußen stellte sich immer wieder die Frage nach der Ausbildung geeigneter Kräfte für Staat und Kirche. Vielen Studenten zahlte
der Herzog Stipendien. Auch hier holte er sich den Rat der Fachleute ein.
1541 ließ er sich einen Gesamtschulplan von Joachim Camerarius erstel-
len. Bald begann man, den Hochschulplan wenigstens teilweise zu verwirklichen. Doch ließ ihn der Plan nicht ruhen, eine Gesamtuniversität zu
gründen, und so wurde am 17. August 1544 die Universität Königsberg
feierlich eröffnet. Sein Aufruf aus diesem Anlaß eröffnet eine weite Per-
spektive: „Wir hoffen, daß unsere Akademie den zahlreichen großen Völkern, die in Ost und West an Preußen grenzen, Nutzen bringen wird". Sein
Brustbild mit Harnisch bildete das Siegel der Universität. Auch nach der
Gründung bemühte er sich immer wieder, die rechten Persönlichkeiten für
seine Universität zu gewinnen. Die Universität Königsberg hat sich unter
den deutschen Hochschulen einen namhaften Platz bis zum Ende im Jahr
1944 bewahren können.

3. Herzog Albrecht als Staatsmann

Politiker – und nicht nur solche, die Erfolg haben, sondern auch solche,
die die großen Zusammenhänge durchschauen und entsprechend handeln –
nennen wir Staatsmänner. Auch Herzog Albrecht hat diese Bezeichnung
verdient. Ihm gelang die Umwandlung des Ordensstaates in einen modernen *Territorialstaat*. Hier liegt das Problem seiner Zeit. Nach dem Ende
des Mittelalters versucht man überall, das gesamte Staatswesen anders zu
gestalten. An die Stelle der Bindung an eine Person tritt die Bindung durch
ein Gebiet. So weit ich sehe, liegen in diesen staatspolitischen Änderungen
sowohl reformationsfreundliches als auch reformationsfeindliches Verhalten von Fürsten begründet. Die Entwicklung vollzieht sich regional unter-

schiedlich, z. B. im damaligen Bayern ergibt sich das durch eine klare Gliederung des Landes und der Verwaltung in diesem Sinn. Ostpreußen ist nur insofern ein Sonderfall, als bereits der Ordensstaat ein hohes Maß an staatlicher Ordnung geschaffen hatte. Albrecht erreichte eine sinnvolle Umwandlung der vorhandenen Formen und damit den Erhalt eines wohlgeordneten Staatswesens.

Weithin machen wir uns eine falsche Vorstellung von der Macht der damaligen Fürsten. Mancher Gewerkschaftsvorsitzender hat gewerkschaftsintern mehr Macht als damals ein Fürst. Entscheidend war also der Umgang mit den *Ständen des Landes*. Auch in Ansbach mußte sein Bruder Georg um die Finanzierung mit den Ständen ringen. Herzog Albrecht erreichte gerade im Umgang mit seinen Ständen sehr viel. Sie stimmten dem Lehenseid für Polen ebenso zu wie der Einführung der Reformation. Der Umgang mit den Ständen war wohl das politische Feld, auf dem er am meisten Erfahrung sammelte und zu seinem und des Landes Nutzen hinzulernte.

Das schwierigste und bis in die heutige Geschichtsschreibung hinein umstrittenste Problem war die *Außenpolitik*. Obwohl Hermann von Salza in der Goldbulle von Rimini für die von den Heiden eroberten Gebiete eine selbständige Stellung garantiert bekam, war die Stellung des Ordensgebietes in Ostpreußen zum Reich nie ganz klar. Seit der Personalunion zwischen Polen und Litauen durch das Haus der Jagellonen war der Orden praktisch eingekreist. Zwar hat die national bestimmte Geschichtsschreibung auf beiden Seiten ihn deswegen gescholten oder gelobt. Aber bei dem Zustand des Reiches in der Reformationszeit und den weltweit gespannten Interessen des Hauses Habsburg – in Karls V. Reich ging bekanntlich die Sonne nicht unter – war in Ostpreußen realpolitisch nichts zu erreichen. Wenn man schon im Reich nach Osten sah, dann nur nach Südosten, wo die Türken seit der Eroberung Konstantinopels eine ständige Bedrohung waren. Sein Land lag reichspolitisch im toten Winkel und mit seinem Schritt der Umwandlung in ein weltliches Herzogtum hat er vielleicht Verrat an den Regeln des Ordens geübt, aber dennoch eine wichtige realpolitische Entscheidung getroffen. Gerade die vielen Widerstände gegen diesen Schritt zeigen ihn als Staatsmann, der sich der Entscheidung bewußt war.

4. Seine Sorge um die Kirche

Luther hat in seiner Reformschrift „an den christlichen Adel deutscher Nation von des christlichen Standes Besserung" die politisch Verantwortlichen aufgerufen, sich um die nötige Reform der Kirche zu bemühen. Vergessen wir nicht ganz, daß hinter dieser Kirche ein Jahrhundert der Reformkonzilien lag, deren letztes 1517 zu Ende gegangen war. Keiner hatte mehr das Vertrauen, daß an dieser Kirche etwas zu bessern wäre. So nahmen sich die Landesherren in Deutschland um die Frage an und versuchten jeweils, die Kirche in ihrem Gebiet zu ordnen. In den evangelischen Gebieten geschah das seit 1528 durch Kirchenordnungen und Visitationen, die der Landesherr anordnete, auch wenn er von Theologen beraten wurde. Der Fürstenstand in vielen protestantischen Kirchen zeigt, daß sie die Stellung eines Notbischofs einnahmen und dann durch die Jahrhunderte festhielten. Darum bedeutet das Jahr 1918 mit dem Ende des landesherrlichen Summepiskopats einen tiefen Einschnitt in der Geschichte der evangelischen Kirche.

Durch die Randlage Preußens im Reich war der Verlauf in Ostpreußen anders. Auch wenn man die damaligen Verhältnisse nicht an Maßstäben modernen Verfasungsrechtes der Trennung von Staat und Kirche messen kann, ist der Unterschied doch beachtlich. Er zeigt – wovon noch zu reden sein wird – die klare Unterscheidung der beiden Regimente durch Luther. Zwei der drei ostpreußischen Bischöfe geben alle weltlichen Rechte und alle weltliche Gewalt an den Herzog ab. Zugleich leistet ihnen der Herzog partnerschaftliche Hilfe zur Reform der Kirche. Das geht hin bis zur Anstellung von Predigern auf seine Kosten. Nicht nur der Herzog ist es. Auch die Kommunen beteiligen sich durch die Einrichtung des sogenannten allgemeinen Kastens an der Regelung der Sozialarbeit. Die Bedeutung der damaligen Kastenordnungen als diakonisches Engagement wäre einmal eine Untersuchung wert. Als überzeugter evangelischer Fürst wird Albrecht Partner der Kirche seines Landes, ohne ihr Notbischof zu werden.

5. Albrecht als Theologe

Die Hinwendung eines Politikers des 16. Jahrhunderts zur Reformation verlangte von ihm auch die Auseinandersetzung mit theologischen Fragen. Damals passierte ja etwas, was heute weithin fehlt. Heute läuft die Kirche den aktuellen Zeitfragen hinterher. Damals hatte die Kirche durch die Wiederentdeckung des Evangeliums durch Luther eine biblisch fundierte und sachliche Antwort auf die Zeitfragen parat. Ich will das kurz anreißen. Das gilt von seinen *Bekenntnissen*. Es lag in den Bedürfnissen dieser wechselvollen Zeit begründet, Bekenntnisse zu schreiben. Auch Lazarus Spengler fügt seinem Testament ein Bekenntnis bei, das uns in mehreren Fassungen erhalten ist. Bei Albrecht war der Anlaß zu diesen Bekenntnissen die Auseinandersetzung mit den Schwenkfeldern nach 1530 und um 1550 mit der Lehre Osianders. Sie zeigen, wieviele theologische Gespräche er mit seinen theologischen Beratern geführt hat. Auch hier zeigt sich deutlich, wie stark er theologisch von Osiander geprägt war. In manchen Bekenntnissen wird auch deutlich, wie sehr er um diese Fragen gerungen hat. Doch ist das nicht genug. Er will auch wissen, wo er mit seiner Meinung steht, und will seiner Position Ausdruck verleihen. Zugleich weiß er um die verbindende und bindende Bedeutung der Bekenntnisse. Was man heute bei oberflächlichem Umgang mit vielen neuen Bekenntnisformulierungen vergessen hat, hatte damals eine große Bedeutung. Sowohl beim Übergang von der Urkirche zur frühkatholischen Kirche um das Jahr 180 n. Chr. als auch in den ersten Jahrzehnten der Reformation spielen Bekenntnisse und Bekenntnisbildung eine kirchenbildende Rolle. Sie waren von der Basis und der Kirchenleitung gemeinsam getragen. In dieser Entwicklung haben Albrechts persönliche Glaubensbekenntnisse einen beachtlichen Stellenwert, der wieder einmal untersucht und in seiner Bedeutung gewürdigt werden sollte.

6. Der fromme Fürst

Jedes Zeitalter hat sein Frömmigkeitsideal. Zu dem Ideal der Reformationszeit gehört bei beiden Konfessionen der fromme Fürst. Das ist ein hoher Anspruch. Die Kirche entläßt auch die Politiker nicht aus der Verantwortung vor Gott. Darüber sollte man heute gelegentlich einmal nachdenken. Wie sieht dieses Ideal aus? Ich kann nur auf ein paar Dinge hinweisen. So schreibt M. Luther 1534 eine Auslegung des 101. Psalmes. Sie ist eine Art Fürstenspiegel, der wie der Beichtspiegel dem Fürsten vorhalten soll, was er zu tun hat.

Ein Punkt, an dem dieses Ideal sichtbar wird, sind Berichte vom Sterben der Fürsten. In einem gewissen Anklang an den Bericht vom Sterben Luthers wird ihr Sterben als selig beschrieben. Den Hofprediger Markgraf Albrechts habe ich schon zitiert. Das Sterbegebet Moritz' von Sachsen ist uns überliefert. Über das Sterben des in Franken berüchtigten Neffen Albrecht Alcibiades erscheint sogar ein gedruckter Bericht. Diese Hinweise mögen als Belege für diesen Frömmigkeitsstil genügen.

Daß es keine oberflächliche Frömmigkeit war, wird bei Herzog Albrecht besonders deutlich. Er ist ein *fleißiger Beter* gewesen. Das zeigt sich in seinem ganzen Leben. Ich will das mit dem Hinweis auf das Gebetbuch unterstreichen, das er seiner Frau geschrieben hat. In diesem Buch wird sein Bemühen deutlich, seine Frau für das Evangelium zu gewinnen und ihr zum rechten Frommsein zu verhelfen. Aber auch sonst ist er ein fleißiger Beter gewesen, der viele Gebete niedergeschrieben hat, die uns erhalten sind. Als einziges Beispiel möchte ich ein Gebet aus einem Zyklus von Vaterunser-Gebeten zitieren: „... Weil aber du mein Unvermögen kennest, ach Herr, so mehre in mir den Glauben, also daß ich von Herzen gern dich für meinen lieben Vater und Christus, deinen lieben Sohn, für meinen Bruder halte und kenne, obwohl mir das Fleisch solches hart ankommen läßt ...“ Sein Beten hat aber noch einen anderen Gesichtspunkt. Wir haben als Thema den lutherischen *Politiker*. Zu ihm gehört das Beten. Ich weiß, daß das ein heißes Eisen ist. Trotzdem will ich nicht ausweichen. Da steht schon in den apostolischen Ermahnungen des Neuen Testaments die Aufforderung zum Beten für die Regierenden (I Tim 2,2). Vielen Christen erscheint das zu wenig zu sein. Es sei die Frage erlaubt, ob sie das wirklich tun? Doch haben wir an Albrecht nicht nur ein Beispiel, das zur Fürbitte anspornen könnte, sondern auch das Beispiel eines Politikers, der selbst betet, betet in seiner Eigenschaft als Politiker. Friedrich Spitta hat einen solchen Text abgedruckt. Er steht unter dem Titel „Einer christlichen regimentsperson Gebet“. Da es sehr lang ist, muß ich mich auf einige Ausschnitte beschränken: „... daß Gott, der sie erschaffen, erlöste und zum regiramt berufen, bestetigt und in demselben gnädigst erhalten, fürohin auch Gnaden geben wolle, daß solchs Regiramt recht und wohl auf die Nachkommen bestellet, und die übrige Zeit ihres Lebens wohl versorgen möge ... Nun herr hast du mir das regiramt befohlen, daß ich dir in demselben zu deinem preis und meinem Nächsten (den du gleich liebst, wie du mich liebst) zum Besten diente ... Gib daß ich erkenne, daß du wahrhaftig für uns sorgest, hütest und wachest, denn es alles in deiner Macht stehet ... Und verleihe mir Kraft und Verstand, mein Land und Leut im Frieden, bei ihrer Nahrung in deiner Furcht zu schützen und zu erhalten ...“ Soviel zur Frage nach der Fürbitte in der Politik und dem Gebet des Politikers.

III. Die Bedeutung des Markgrafen Albrecht für die Kirchengeschichte

1. Als ich das 500. Jubiläum entdeckte, fesselte mich zuerst der Liederdichter. Darin sah ich seine große Bedeutung. Im Zeitalter der schnelllebigen Gesangbücher und Lieder ist es doch ganz beachtlich, wenn sich ein Lied nach 450 Jahren auch im Entwurf eines neuen Gesangbuches behaupten kann. Je mehr ich mich mit ihm beschäftigte, umso zahlreicher wurden die Aspekte seiner Bedeutung. So kam ich dazu, den *Politiker* herauszustellen. Die lutherische Zwei-Regimenten-Lehre war ja von An-

fang an umstritten. Verstärkt wurde diese Abneigung durch die nach 1945
– u. a. von Karl Barth – entdeckte angebliche Grundlinie der deutschen
Geschichte von Hitler über Bismarck zu Friedrich dem Großen und natürlich zu Luther. Ich will hier keine Verteidigungsrede halten, aber ein
geschichtliches Beispiel vorführen. M. Luther war ja kein Systematiker,
der wie viele Philosophen eine theologische Staatslehre entwerfen wollte.
Er hat von der Bibel zu konkret an ihn gestellten Fragen Stellung genommen, wie zur Unterordnung unter die Obrigkeit, oder ob man Kriegsdienst
leisten könnte. Trotzdem ist er weder ein Quietist noch ein unpolitischer
Mensch gewesen. Seine Verbindung zu Albrecht macht deutlich, daß bei
der Umwandlung des Ordensstaates politisch konkret nach seiner Zwei-
Regimenten-Lehre gehandelt wurde. Mir geht es also um ein praktisches
Beispiel eines Politikers, der sich dem Luthertum verpflichtet fühlte und
dabei europäische Bedeutung erlangte.

2. Ich will beginnen mit der *apokalyptischen Lage*, in der sich die
Umwandlung des Ordens in ein weltliches Herzogtum vollzieht. Ganz
Oberdeutschland brennt im Aufstand der Bauern. Seit dem Bauernpar-
lament in Memmingen Anfang März marschieren sie. Am 26. März sind
sie in Mergentheim, dem Deutschordenssitz. Das Archiv des Ordens in
Hornberg am Neckar geht um den 20. April herum in Flammen auf. Zur
gleichen Zeit legt der Hochmeister am 10. April den Ordensmantel ab.
Rund fünf Wochen später geht das Ideal des Thomas Müntzer, ein Reich
Gottes auf Erden aufzurichten, in der Schlacht von Frankenhausen in einem
großen Blutbad unter. Ich kann hier die Person und die Theologie Müntzers nicht weiter würdigen. Aber bei Albrecht wird auf ganz andere Weise
Politik gemacht. Mir geht es nur darum, einen Augenblick diesen gewalti-
gen Kontrast ins Bewußtsein zu rufen, vor dem diese geschichtliche Entscheidung sich vollzieht. Eine wirklich apokalyptische Lage, in der nach
der theologischen Intention Luthers gehandelt wird.

3. An diesem geschichtlichen Hintergrund wird deutlich, daß christliche
Staatslehre und Staatsgestaltung eigentlich ein *gordischer Knoten* ist. Alex-
ander hat den gordischen Knoten zerhauen. Gelöst hat er ihn nicht. Seine
Herrschaft ist untergegangen, wie andere Weltherrschaften auch. Vielleicht mußten gerade christliche Staatsgestaltungsversuche daran scheitern, daß man den Knoten einfach zerhauen hat. Für den Christen schürzen
sich bei jeder politischen Entscheidung so viele Fäden. Darum will ich
versuchen, ein paar wichtige Fäden dieses geschichtlichen Beispiels her-
auszuziehen, weil sie eigentlich ein echter Sonderfall sind.

4. Der Staat, der hier aufgelöst wird, war ein *Ordensstaat*. Schon in ihm haben sich verschiedene Fäden verschlungen. Ins Urchristentum dringt das Mönchtum in dem Augenblick ein, in dem sich die Kirche zur Welt öffnet, um dann mit Konstantin zum staatstragenden Faktor zu werden. Auf diese Weise wollen die Mönche der Verweltlichung der Kirche wehren und echtes geistliches Leben auch weiterhin ermöglichen. Der Weg von da zum Deutschen Ritterorden ist weit. Da ist die Idee des Ritterordens, der ja als Spitalorden in den Kreuzzügen beginnt. Die Pflege von Menschen in den Kreuzzügen ist der Ausgangspunkt. Als diese Aufgabe nicht mehr vorhanden ist, verbinden sich mit dem Gedanken des Ordens der Gedanke der Heidenbekehrung und der Gedanke ritterlichen Kampfes. So kommt es zur Bildung des Ordensstaates. Soweit ich sehe der einzige Ordensstaat in der europäischen Kirche des Westens. Vergessen wir dazu nicht, daß sich in Ostpreußen ein Musterstaat entwickelt hat. Doch ist das eben nicht der ganze Orden. Im Reich bleiben die Balleien. Daneben besteht einige Zeit noch der Orden der livländischen Schwertbrüder weiter. Also nicht irgendeine weltliche Gesellschafts- oder Staatsform ist von diesen geschichtlichen Vorgängen betroffen, sondern ein Mönchsstaat. Insofern ist es wirklich ein gordischer Knoten, an dem die Zwei-Regimenten-Lehre Luthers sich erproben muß.

5. Einen zweiten Faden dieser Staatsumwandlung bilden die *Bischöfe*. Vergessen wir nicht, die Bischöfe in Deutschland sind zur Reformationszeit auch Landesherren. Sie verschließen sich mit wenigen Ausnahmen der Reformation. Auch über den Vetter unseres Markgrafen, den Erzbischof Albrecht von Mainz, munkelte man damals, daß er in den weltlichen Stand treten wolle, und das hat in verschiedenen Berichten der Zeit seinen Niederschlag gefunden, daß er mit der Reformation liebäugle. Hat ihn vielleicht das Amt des Bischofs mit allen Konsequenzen jener Zeit davon abgehalten? In Ostpreußen ist das anders. Zwei Bischöfe machen mit. Die Verweigerung des Bischofs von Ermland läßt sich noch heute auf der Landkarte ablesen.

Wie ist das mit diesen Bischöfen? Sie geben alle ihre landesherrlichen Rechte an den neuen Herzog ab und nehmen nur noch ihre geistlichen Rechte und Pflichten wahr. Darum muß der Herzog in Preußen eben nicht Notbischof einer neuen Landeskirche werden, wie sein Bruder Georg in Ansbach. Das ist wieder eine typisch lutherische Auffassung, die mit der Zwei-Regimenten-Lehre zusammenhängt. Sie hat ihren deutlichen Niederschlag im Bekenntnis der lutherischen Kirche, im 28. Artikel der Augsburgischen Konfession, gefunden. Soweit ich sehe, stimmen die Äußerun-

gen aus Ostpreußen zu diesem Thema mit diesem Augustana-Artikel über-
ein (CA 28). Ich muß mich kurz fassen; darum nur ein Zitat aus der
Augustana: „Darum soll man die 2 Regiment, das geistlich und weltlich,
nicht ineinander mengen und werfen. Dann das geistlich Regiment hat
seinen befehl das Evangelium zu predigen und die Sakrament zu reichen ..." Dann wird sehr ausführlich darüber gesprochen, daß die Bischöfe
sich nicht in die weltliche Gewalt mischen sollen und wird sehr deutlich
gezeigt, welche Grenzen ihnen auch im Ordnen des Kirchenwesens gesetzt
sind. Zum letzteren möchte ich nur auf das synodale Element in den
ostpreußischen Kirchenordnungen verweisen. Daran hält man sich in Ostpreußen. Das ist kein Kampf gegeneinander, sondern geschieht im Einvernehmen beider Seiten. Ich kann nur den Theologen unter uns empfehlen,
einmal den letzten Artikel der Augustana zu lesen – er hat nichts von
seiner Aktualität verloren.

6. Ich fasse zusammen: Meine Behauptung war, daß Albrecht ein *lutherischer Politiker von europäischem Rang* ist. Das Luthertum ist nicht un-
politisch, nur ist die lutherische Kirche der Versuchung der Macht nicht
immer erlegen. Dazu zwei abschließende Aussagen. Das Herzogtum Preußen ist ein geschichtlicher Modellfall für Luthers Zwei-Regimenten-Lehre.
Das schwebte Luther vor und mit dem Bischof von Naumburg hat er
Ähnliches versucht. Doch sonst setzt sich in Deutschland durch, daß der
Landesherr Notbischof wird. Als solche Notbischöfe – wie schon erwähnt
– haben sich die Landesherren bis 1918 etabliert. Zu ihrer Ehre sei gesagt,
daß gute Bischöfe darunter waren. Die bayerische Landeskirche ist sogar
irgendwie davon mitgeprägt, daß sie einen katholischen König als Bischof
hatte. Es war ihr oft zum Heil. Das ist sicher auch Herzog Albrecht zu
danken, der vom Hochmeister zum evangelischen Landesherren wurde.
Dann geht es um sein *europäisches Gewicht*. Gestatten Sie die Frage:
Wie wird das Europa von 1992 aussehen? Ist es ein sozialistisches oder ein
katholisches Europa? Wo wird der Platz und die Aufgabe für eine reformatorische Kirche sein? Daß Ostpreußen evangelisch wurde, hat ausge-
strahlt ins Baltikum und den ganzen Ostseeraum. Schweden und Finnland
wurden für die Reformation gewonnen. Ostpreußen war eine der Brücken,
die das ermöglichte. Die Ostsee, oder wie man im Osten sagt: das baltische
Meer, ist von lauter evangelischen Ländern umgeben gewesen. Wirklich
von Bedeutung im ganzen Europa.

Der 500. Geburtstag war der Anlaß, sich an den Markgrafen Albrecht,
den Herzog in Preußen, zu erinnern. Die evangelisch-lutherische Kirche

sollte ihre Väter nicht ganz vergessen. Darum will ich mit zwei Zitaten aus seinem Testament für seinen Sohn, die die Grundlagen seines Wirkens zeigen, abschließen: „Ein Regiment führen, ist nicht ein Werk, das mit den Händen allein möge verrichtet werden, wie sonst Arbeit geschehen mag, sondern es gehört Verstand und Weisheit dazu, welche Gott, der dir die Gewalt gibt, geben muß ...“ „... so mußt du vor allen Dingen Gottes Wort dir lieb und herzlich lassen befohlen sein, daß du dasselbe gerne hörest, gerne lesest ...“ Davon war sein Werk nach der Art der lutherischen Kirche getragen: Vom Vertrauen auf Gott und sein Wort.

Vgl. über Albrecht von Preußen auch meinen Aufsatz in den acta borussica, Bd. 4/1990.

Ein jeder soll sein Amt, das ihm von Gott befohlen ist, fleißig und getreu ausrichten. Davor soll er sich hüten, sich auf seine Kräfte oder Weisheit zu verlassen und zu meinen, er sei ein so großer Mann, daß auf seinen Rat hin alles regiert werden müßte. ... Bist du aber ein Richter, ein Bischof oder ein Fürst, so schäme dich nicht, auf deine Knie zu fallen und zu sagen: Lieber Herr Gott, du hast mich zu einem Fürsten, Richter, Hausvater oder Pfarrer eingesetzt. Darum regiere und lehre du mich, gib mir Rat, Weisheit und Kraft, daß ich mein mir aufgetragenes Amt fleißig ausrichte.

Martin Luther

DIETER KNALL

Das Diasporawerk in der Kirche

Versuch einer Standortbestimmung

Ein so formuliertes Thema anläßlich einer Bundesversammlung des Martin-Luther-Bundes (MLB) zu bedenken, signalisiert zumindest, daß es gegenwärtig gar nicht mehr leicht fällt, Stellenwert und Standort eines evangelischen Diasporawerkes inmitten der Vielfalt kirchlicher Aktivitäten plausibel und eindeutig zu definieren. Das gilt in gleicher Weise neben dem MLB auch für das Gustav-Adolf-Werk (GAW). Manchem Betrachter erscheinen beide Diasporawerke in unseren Tagen wie eratische Blöcke aus dem vorigen Jahrhundert, die zwar historische Ehrwürdigkeit für sich beanspruchen können, ansonsten aber als überholt und nicht mehr aktuell gelten. Stimmt diese Einschätzung oder lassen sich nach rund 150 Jahren Diasporaarbeit für das GAW wie für den MLB weiterhin Gesichtspunkte ins Treffen führen, die ihre Existenzberechtigung erhärten? Ich gehe chronologisch vor und mache Anmerkungen 1. zur historischen Entwicklung, 2. zur gegenwärtigen Lage und 3. zu künftigen Perspektiven.

1. Zur historischen Entwicklung

Die evangelische Diasporaarbeit verdankt sich einer besorgniserregenden Beobachtung und dem Bemühen, einer erkannten Fehlentwicklung zu steuern. Im Fall des Gustav-Adolf-Vereins (GAV) war es die Beobachtung des Leipziger Superintendenten Christian Gottlob Leberecht Großmann Anfang der 30er Jahre des 19. Jahrhunderts, daß evangelische Glaubensgenossen in eine hoffnungslose Diasporasituation geraten waren. Durch ein Prager Hofdekret wurde die grenzüberschreitende seelsorgerliche Versorgung der evangelischen Minderheit in und um Fleißen (heute: Plesná in der CSFR) unterbunden. Der Pfarrer aus dem nahegelegenen Bad Brambach durfte nicht mehr diesseits der Grenze in Böhmen wirken und die Evangelischen nicht mehr jenseits der Grenze in Sachsen die Gottesdienste besuchen und Amtshandlungen in Anspruch nehmen. Auf sich selbst gestellt und allein gelassen, wären diese in der Zerstreuung und unter überwiegend katholischer Bevölkerung lebenden Evangelischen der allmäh-

lichen Glaubensentfremdung preisgegeben gewesen. Daher schlug Groß-
mann vor, ihnen Glaubenshilfe – im doppelten Sinn der Wortbedeutung:
Hilfe für ihren Glauben durch Glaubensgenossen – zukommen zu lassen.
Anläßlich der geplanten Feierlichkeiten zum zweihundertsten Todestag
König Gustav Adolfs II. von Schweden – gefallen in der Schlacht bei
Lützen am 6. November 1632 – sollte nicht nur ein ehernes Denkmal in
Lützen errichtet, sondern auch etwas dem Leben Dienendes geschaffen
werden. Vorgeschlagen wurde eine Aktion zur Unterstützung hilfsbedürf-
tiger Glaubensgenossen – ganz im Sinne König Gustav Adolfs – nunmehr
freilich nicht mit Waffen der Gewalt, sondern mit Gaben der Liebe zur
geistlichen Stabilisierung evangelischen Glaubens. Beim lutherischen Gotteskasten, wenige Jahre später, waren es die nach Amerika ausgewander-
ten Glaubensgenossen, denen geistliche Hilfe zuteil werden sollte, damit
sie ihres Glaubens nicht verlustig gingen.

Die Nöte waren wohl erkannt, aber die evangelische Kirche in ihrer
landeskirchlichen Gestalt unter landesherrlichem Kirchenregiment sah sich
im 19. Jahrhundert nicht in der Lage, den eben skizzierten Herausforderungen als Institution begegnen zu können. Vereine durchbrachen vielmehr
die Barriere der Abhängigkeit vom landesherrlichen Kirchenregiment und
nahmen in Angriff, was im Lichte des Evangeliums als unausweichliche
Aufgabe deutlich wurde. Männer und Frauen, dann aber auch Studenten
und Schüler schlossen sich zusammen, um der geistlichen Not in der Diaspora zu wehren. Die Aufgabe war allgemein einleuchtend und ihre bib-
lisch-theologische Begründung überzeugend. Der Centralleitung des Evangelischen Vereins der Gustav-Adolf-Stiftung in Leipzig traten alsbald
Hauptvereine mit Zweig- und Ortsvereinen zur Seite, die sich ihrerseits als
Vertretung der Diasporaarbeit einzelner Landeskirchen verstanden und als
solche auch satzungsgemäß dem Gesamtwerk eingegliedert wurden. Auf
diese Weise entstand schon im vorigen Jahrhundert ein Netz der Diasporaarbeit, das alle deutschen Landeskirchen umschloß und sie erstmals in
der Geschichte zu gemeinsamem Handeln vereinte und befähigte.

Man kann den GAV mit seiner die reformatorischen Kirchen umspan-
nenden Arbeit zurecht als einen Vorläufer der Evangelischen Kirche in
Deutschland (EKD) bezeichnen. Ähnliches gilt für den MLB, der sich aus
dem Zusammenwachsen einzelner lutherischer Gotteskasten und Martin-
Luther-Vereine ebenfalls schon im 19. Jahrhundert formierte, schließlich
zum Diasporawerk der Vereinigten Evangelisch-Lutherischen Kirche
Deutschlands (VELKD) entwickelte und seine Arbeit bewußt in lutherischen Kirchen und für sie entfaltete. Vielleicht ist es wichtig, an dieser
Stelle einzuflechten, daß auch die Wiege der Gustav-Adolf-Arbeit im Raum

lutherischen Kirchentums stand, der Name aus lutherischer Tradition er-
wachsen ist, die Centralleitung im Bereich einer lutherischen Kirche, nämlich in Leipzig, angesiedelt wurde (übrigens „für ewige Zeiten", wie die
Vorväter festgelegt hatten) und auch die Arbeit des GAV in seiner 158-
jährigen Geschichte überwiegend lutherischen Diasporakirchen zugute kam.

Indem lutherische, reformierte und unierte Kirchen im GAV gemeinsam ihre Bereitschaft und Offenheit zur Diasporaarbeit bekundeten, kann
diese Tätigkeit auch als ein Vorläufer im Sinn und Geist der Leuenberger
Konkordie (1973) begriffen werden. Bedauerlicherweise ist in der Geschichte auch manch ein Zwist unter den beiden Diasporawerken im deutschen Protestantismus durchzustehen gewesen und gelegentlich hat Kon-
kurrenzdenken das Miteinander belastet, weder zu Nutz und Frommen der
Diasporawerke selbst, noch ihrer Arbeitsfelder. Unbestritten blieb jedoch,
daß die Landeskirchen in den Diaporawerken das Instrument ihrer Diasporaarbeit erblickten. Ähnlich verhielt es sich mit den ebenfalls im
19. Jahrhundert entstandenen Vereinen für Innere und Äußere Mission,
auf deren Entwicklung und überregionale Zusammenschlüsse ich hier nicht
weiter eingehen kann. Mit dem Ende des landesherrlichen Kirchenregi-
mentes 1918 begann eine Entwicklung, die in der Folge nach dem Zweiten
Weltkrieg auch für die historischen Diasporawerke eine völlig neue Situation heraufführen sollte. Wie sieht diese Situation heutzutage aus?

2. Zur gegenwärtigen Lage

Hatte sich Diasporaarbeit mit dem Gewicht ihrer historischen, durchaus
positiv zu wertenden Tradition im Rahmen der überkommenen Werke
(GAV und MLB) auch in der Zeit zwischen den beiden Weltkriegen behaupten können – wobei die Arbeit insbesondere in den von Deutschland
abgetrennten Gebieten neu geordnet werden mußte, die Centralleitung des
GAV in Leipzig nach Überwindung der Inflationszeit mit ihren schlimmen
Auswirkungen erst einmal wieder Boden unter die Füße bekommen mußte,
um sich dann weiterhin als gesamtdeutsches Koordinierungsinstrument
einer geregelten Diasporafürsorge bewähren zu können – so versank im
Zuge der Folgen des Zweiten Weltkrieges u. a. auch vieles von den sichtbaren Früchten evangelischer Diasporaarbeit buchstäblich in Schutt und
Asche. Dazu gehört beispielsweise die blühende Diasporaarbeit in der
einstigen Evangelischen Kirche Rußlands bzw. in der Sowjetunion bis zu
Beginn der dreißiger Jahre unseres Jahrhunderts; ist es ein Zufall, daß ihr
letzter Bischof, Arthur Malmgren, ausgerechnet in Leipzig begraben liegt?

Ähnlich Trauriges muß von der Diasporaarbeit in Bessarabien, in der Do-
brudscha, in der Bukowina, in Galizien, in Wolynien und anderswo gesagt
werden; schließlich ist auch im Blick auf Jugoslawien, Ungarn, die Tschechoslowakei und Polen zu beklagen, daß durch die Vertreibung der deutschen Bevölkerung Unersetzliches an fruchtbarem Zusammenleben und
Zusammenwirken unter den Völkern verloren gegangen ist, was heute
vielfach schon wieder bedauert wird. Hat nicht eine Diasporaarbeit, die
über Grenzen von Nationalitäten hinauswirkte, zur Völkerverständigung
beigetragen, indem sie gewachsene völkische Identitäten respektierte und
zum geistlichen Motor dafür wurde, daß Gott in vielerlei Zungen geprie-
sen werden konnte?

Die schier unüberwindbare Nachkriegsgrenze mitten durch Deutschland
fügte auch den Diasporawerken selbst unermeßlichen Schaden zu, indem
ihre ebenfalls zwangsläufige Teilung in Ost und West erhebliche Kräfte
absorbierte, um zunächst einmal die internen Probleme bis hin zu den
Fragen der rechtlichen Gestalt und Gestaltung ihrer Arbeit zu bewältigen.
Auch schon vor dem Mauerbau (1961) mußte die Arbeit – jedenfalls des
GAW – losgelöst von der alten Mutterzentrale in Leipzig unter den West-
bedingungen neu organisiert werden. Das „Lutherische Hilfswerk der ver-
bündeten Gotteskastenvereine", seit 1932 unter dem Namen MLB in die
Geschichte eingegangen, hatte nicht mit den gleichen Schwierigkeiten zu
kämpfen, da seine „Hauptstelle der evangelisch-lutherischen Diasporapfle-
ge" schon Ende der zwanziger Jahre von Leipzig nach Erlangen verlegt
worden war und sich daher in der Bundesrepublik Deutschland befand. Im
GAW (West) erwies es sich zunächst als schwierig, die sogenannten Hauptgruppen innerhalb der einzelnen Landeskirchen ohne die frühere Koor-
dinationstätigkeit der alten Leipziger Zentrale zu gemeinsamem Handeln
zusammenzufassen. Vielmehr begannen die der zentralen Leitung verlustig gegangenen Hauptgruppen auf eigene Faust und dann oft nach sehr
persönlichen Gesichtspunkten ihrer jeweiligen Vorsitzenden Diasporaarbeit zu betreiben. Die Aufsplitterung in eine Vielzahl von Minidiaspora-
werken und die damit heraufbeschworene Gefahr, letztlich der Bedeutungs-
losigkeit anheim zu fallen, war umso größer, als in den Jahren nach dem
Zweiten Weltkrieg neue vitale Aktivitäten ins Leben traten, die ihrerseits
ebenfalls die Verpflichtung zur Obsorge für Minderheiten als geistliche
Herausforderung entdeckten und Diasporaarbeit wahrzunehmen begannen.

Ich meine damit ebenso den Lutherischen Weltbund (1947 in Lund
gegründet) wie den Ökumenischen Rat der Kirchen (1948 in Amsterdam
zustande gekommen), aber auch die entsprechenden deutschen Ableger
wie etwa den deutschen Hauptausschuß des Lutherischen Weltdienstes

und andere Aktivitäten wie die Innere Mission und das Hilfswerk der EKD, die zum Diakonischen Werk zusammengefaßt wurden, unter dessen Dach das ökumenische Notprogramm „Kirchen helfen Kirchen" zur Entwicklung gelangte, dann die Aktion „Brot für die Welt" (erster Aufruf 1959 durch den Rat der EKD und die evangelischen Freikirchen Deutschlands). 1960 wurde die „Arbeitsgemeinschaft Dienste in Übersee" gegründet, 1961 beschloß der Rat der EKD einen Ausschuß für Fragen der Entwicklungshilfe zu bestellen, dem ein Jahr später 1962 die Bildung der „Evangelischen Zentralstelle für Entwicklungshilfe e. V." zu verdanken ist. 1963 trat die „Evangelische Arbeitsgemeinschaft für Weltmission" als weiterer ökumenischer Dienst ins Leben. Gewiß muß in diesem Zusammenhang auch das Kirchliche Außenamt der EKD (jetzt Hauptabteilung III des Kirchenamtes der EKD in Hannover) genannt werden.

Ohne eine Vollständigkeit der Aufzählung von diakonisch-missionarischen Aktivitäten auch nur annähernd erreicht zu haben oder in Anspruch nehmen zu wollen, erweist sich das Feld ökumenischer, d. h. grenzüberschreitender Tätigkeiten, in dem auch die Diasporawerke anzusiedeln sind, heute als nahezu unüberschaubar. Hinzu kommt, daß so gut wie alle Landeskirchen ihrerseits mittels eigener Kanäle ökumenisch wirken. „Das Vergolden der eigenen Spuren" (ein Ausdruck von Oberkirchenrat Dr. Dummler) ist zur großen Versuchung landeskirchlicher Repräsentanten in Führungspositionen anläßlich ihrer Reisen geworden, wozu die deutsche Kirchensteuer nahezu unbegrenzte Möglichkeiten eröffnete.

Angesichts solcher Vielfalt kirchensteuergestützter Aktivitäten im Raum der EKD und der kirchlichen Weltverbände, deren ökumenische Tätigkeiten sich im Sinn von Zeugnis und Dienst gegenseitig auch überschneiden, nimmt sich die traditionell auf Spendengelder angewiesene Arbeit der Diasporawerke bescheiden aus. Sie veranlaßt bei der jüngeren Pfarrergeneration nicht selten die Frage nach Sinn und Existenzberechtigung der alten Diasporawerke in einer neuen Zeit. Gustav-Adolf-Werk und Martin-Luther-Bund sehen sich unter den gegenwärtigen Verhältnissen herausgefordert, nach ihrem Proprium zu fragen und gleichzeitig zu versuchen, den eigenen Standort inmitten der Vielfalt ökumenischer Diakonie zu bestimmen.

3. Die künftigen Perspektiven

Warum bleibt es sinnvoll, die Arbeit der historischen Diasporawerke für nicht überholt zu erachten und unter den Bedingungen von heute und morgen aus guten Gründen fortzusetzen? Zweifellos wird es in Zukunft noch nötiger sein, daß alle Aktivitäten ökumenischer Diakonie miteinander unterwegs bleiben, d. h. sich gegenseitig laufend und zuverlässig informieren, ihre Vorhaben untereinander absprechen (also koordinieren) und die Zusammenarbeit suchen (also kooperieren). Aus dem vorigen Jahrhundert hat das GAW – damals zur internen Arbeitsabwicklung – die jährliche Herausgabe von sogenannten Unterstützungslisten, heute Projektkatalog genannt, in unsere Zeit übernommen und zahlreiche Nachahmer gefunden. Dadurch können Information und Koordination ermöglicht werden.

Auch wenn die Landeskirchen sich ihrer Diasporawerke gegenwärtig keineswegs ausschließlich bedienen, um Diasporaarbeit sicherzustellen, vielmehr andere der heute zahlreich angebotenen Kanäle zur Abwicklung ökumenischer Aufgaben, darunter auch zur Unterstützung von Minderheiten, benutzen, sollten unsere Diasporawerke sich ihrer Mission auch in Zeiten wie diesen bewußt bleiben. Sie sollten vor allem die Basisarbeit nicht aufgeben, sondern trachten, in unseren evangelischen Gemeinden das geistliche Anliegen der Diasporaarbeit offen zu halten, wie es klassisch in dem von Lukas überlieferten Wort Jesu an Petrus aufklingt: „Ich habe für dich gebetet, daß dein Glaube nicht aufhöre und wenn du dermaleinst dich bekehrst, so stärke deine Brüder" (Lk 22,32).

Unsere volkskirchliche Situation darf uns nicht zum Ruhen und schon gar nicht zum Einschlafen auf dem Kirchensteuerpolster (Kissen) verführen. Kirche lebt immer noch und auch in Zukunft von Menschen, denen aufgegangen ist, was Jesus für sie getan hat. Dieses „pro nobis" spielt in Luthers Theologie und Denken eine ganz entscheidende Rolle. Mit der Bekehrung zu Jesus hängt die Stärkung der Brüder zusammen. Darum haben unsere Diasporawerke und ihre Arbeit wesensmäßig Anteil an der inneren und äußeren Mission der Kirche. Die den Diasporawerken von Gemeindegliedern zum Weiterreichen anvertrauten Gaben verstehe ich so, wie Paulus das bewegend von der Geldsammlung in Korinth für die Gemeinde in Jerusalem beschrieben hat: „... sie ergaben sich selbst zuerst dem Herrn und danach uns, nach dem Willen Gottes" (II Kor 8,5). Darum kann Paulus staunend feststellen: „Sie haben nach Kräften und sogar über ihre Kräfte willig gegeben" (II Kor 8,3). Diese zutiefst geistlichen Zusammenhänge müssen wir als Diasporawerke in unseren Kirchen und für sie offenhalten. Unsere Werbung für die Diaspora ist zugleich immer und notwendig Ruf in die Nachfolge Jesu im Hören auf sein froh und frei machendes Wort des Evangeliums. Nur indem wir unter diesem Blickwinkel unsere Aufgabe begreifen und wahrnehmen, gewinnen wir jenen

Standort, der uns inmitten aller anderen Aktivitäten getrost und so überzeugend wirken läßt, daß unsere Diasporawerke als unverzichtbarer Teil des Kirchenganzen entdeckt werden und anziehend bleiben.

Es gibt auch in der gegenwärtigen Situation keinen Grund für Minderwertigkeitskomplexe. Im Gegenteil, die Basisarbeit der Diasporawerke dient auch anderen Aktivitäten, die in unserer Kirche vielleicht nur kirchensteuermäßig verankert sind. Die Qualität kirchlicher Arbeit wird letztlich immer an ihrer Einbettung in die biblischen Verheißungen und Aufträge in der Nachfolge Jesu gemessen. Der lange Weg unserer Diasporawerke durch die Geschichte hat Segensspuren Gottes offenbar werden lassen. Neben Erfahrungen, die als Frucht der Arbeit greifbar bleiben, ist den Diasporawerken angesichts ihrer verläßlichen Arbeit durch gute und schlechte Zeitläufte unserer Geschichte Vertrauen zugewachsen, mit dem ebenso verantwortlich wie sensibel umzugehen ist.

Lassen Sie mich zum Schluß thesenartig einige Sätze als Anregung zum Nachdenken über unsere Diasporaarbeit anfügen:

1. Diasporaarbeit, die im biblischen Zeugnis ihren Grund und Auftrag sieht, ist im Zeitalter der Ökumene als Zurüstung evangelischer Minderheiten mit dem Evangelium zum Dienst und Dialog in einer anders geprägten Umwelt nötiger und dringender denn je zuvor.

2. Diasporaarbeit nach evangelischem Verständnis wendet sich gegen keine andere Konfession oder Gesellschaftsgruppe. Sie will die eigenen Glaubensgenossen in der Zerstreuung „diasporafest" machen, d. h. nicht nur Kirchen, sondern „Kirche" bauen.

3. Diasporaarbeit gilt evangelischen Minderheiten, die sich heute nicht allein der römisch-katholischen Kirche gegenüber sehen, sondern abgesehen von christlichen Konfessionen und anderen Religionen, vor allem (darin sehe ich eine deutliche Akzentverschiebung) dem Indifferentismus (einer Gleichgültigkeit bis in die eigenen Reihen), Säkularismus und Atheismus.

4. Diasporaarbeit geschieht in partnerschaftlicher Gemeinschaft mit Kirchen und Gemeinden innerhalb und außerhalb der eigenen Grenzen, d. h. immer in und aus einer Gesamtverantwortung („Kirchturmpolitik" ist keine Möglichkeit evangelischen Verhaltens).

5. Diasporaarbeit ermutigt evangelische Minderheiten zu verantwortlicher Lebensgestaltung aus der Kraft des Evangeliums, ohne sich in deren

innere Angelegenheiten einmischen zu wollen, weil die jeweilige Verantwortung nur vorort wahrgenommen werden kann.

6. Diasporaarbeit bleibt Basistätigkeit. Sie weist eine persönliche Note auf und lebt von den Gaben (Charismen und Opfergaben) der Glieder am Leibe Christi.

7. Diasporaarbeit ist immer auch Dienst an der eigenen Kirche. Sie wird durch Geben nicht ärmer, sondern entdeckt sich zugleich als die Empfangende (sie profitiert von den Diasporaerfahrungen anderer für ihre eigene Existenz), wobei es unterschiedlich akzentuierte Diasporafelder gibt (neben konfessioneller Diaspora auch völkische Diaspora, ideologische Diaspora, Diaspora in der säkularen Welt des Indifferentismus und natürlich Mischformen aller Art).

8. Diasporaarbeit ist das Schlüsselwort für die Kirche von morgen. In Zukunft werden alle Kirchen darum ringen müssen, ihre eigenen Glieder „diasporafest" und „dialogfähig" zu machen, also ökumenisch mündig.

Es gibt keine andere Ursache, Kirche zu bauen, als daß die Christen zusammenkommen, beten, Predigt hören und Sakramente empfangen können.

Martin Luther

OSKAR SAKRAUSKY

Die Gründung der Deutschen Evangelischen Gemeinde A. B. in Prag und ihre weiteren Schicksale

1. Die Gründung

Prag hat, wie alle drei böhmischen Länder Böhmen, Mähren und Schlesien eine hervorragende protestantische Vergangenheit. Es sei nur an die beiden weltbekannten Männer Johannes Hus und Amos Komenský (Comenius) erinnert. Johannes Hus starb als Ketzer auf dem Scheiterhaufen zu Konstanz (1415), Amos Comenius als Bischof der Böhmischen Brüdergemeine, als Gelehrter von Weltruf im Exil in Naarden bei Amsterdam (1670).

Die fast vollständige Ausrottung der Protestanten durch die katholischen Habsburger nach der Schlacht am Weißen Berg (1620) überlebten in Böhmen (außer in dem Gebiet von Asch) nur ungefähr 44 000 „geheime Bekenner", die sich nach der Verlautbarung des Toleranzpatentes Josephs II. am 13. Oktober 1781 zur Augsburgischen oder Helvetischen Religion meldeten.

In Böhmen wurde das Patent erst am 1. Dezember 1781 und zwar nur in deutscher Sprache bekannt gemacht, da man annahm, daß nur ausländische Personen „Akatholiken" sein können, niemals aber inländische, die sich ja bisher als normale Katholiken gezeigt hätten. War dies Absicht oder ein Versehen – Joseph II. wollte nicht, daß sein Patent „in geistlichen Dingen als verwirrt verstanden und expediert (ausgeführt) werde". Der Oberstburggraf wurde jedenfalls „in Gnaden von seiner Stelle entlassen". Daraufhin wurde das Patent ebenfalls in tschechischer Sprache verlautbart.

Bei der Meldung der Akatholiken mußte jeder persönlich seine Glaubensüberzeugung bekennen und vor einem geistlichen, katholischen Kommissarius auch Gründe für seine Entscheidung angeben. Wo 500 Seelen oder 100 Familien sich meldeten, durfte eine Gemeinde gebildet werden. Diese Gemeinden waren von Anfang an Bekenntnisgemeinden.

In Prag kam es schon im Juli 1782 zur Bildung einer deutschen Gemeinde augsburgischen Bekenntnisses. Der Militärkommandant von Prag, General der Kavallerie Graf Wurmser, selbst evangelisch aus dem Frankenland, hatte veranlaßt, daß sich neben den wenigen deutschen Bürgern seine Regimentsangehörigen im Lager Hloubětin bei Prag (heute Prag 8), soweit sie evangelisch waren, meldeten.

General Wurmser war mit seinem Corps unter der Führung von Karl Reinhard Freiherr von Ellrichshausen am 20. April 1778 in Begleitung Kaiser Josephs II. gegen Friedrich II. von Preußen in Richtung Nachod marschiert, um einen beabsichtigten Einfall des Preußenkönigs in Böhmen zu verhindern. Es kam nicht zum Gefecht, da Maria Theresia auf Grund von Verhandlungen kriegerische Auseinandersetzungen verhinderte. So wurde der sogenannte „Zwetschkenrummel" oder, wie ihn die Preußen nannten, der „Kartoffelkrieg" zu Teschen am 13. Mai 1779 verhindert. In diesem Friedensschluß kam übrigens das Innviertel von Bayern zu Österreich, wo es bis heute geblieben ist.

Der Kommandeur Freiherr von Ellrichshausen starb kurz nach dem Teschener Frieden in Prag, wohin seine Truppe verlegt worden war. Er durfte jedoch auf keinem Friedhof begraben werden, da er Protestant war. Joseph II., der ihn wegen seiner Verdienste im österreichischen Erbfolgekrieg sehr schätzte, ließ ihm auf der Marienschanze in der Nähe der Prager Burg ein Denkmal errichten, wo er auch begraben wurde. Das Denkmal des Feldzeugmeisters Joseph II. steht heute noch, die Gebeine Ellrichshausens wurden später auf dem Olschaner Friedhof (Prag 3) beigesetzt.

Als Nachfolger des Kommandeurs wurde der hochangesehene und fromme General Wurmser bestimmt. Er bot der neuentstandenen evangelischen Gemeinde A. B. Unterkunft in seinem Wohnhaus in dem gräflich Morczinischen Palais in der Spornergasse Nr. 256 (heute Nerudová ulice, rumänische Botschaft) und stellte dort einen Saal für die Gottesdienste und Amtshandlungen zur Verfügung. Das Morczinische Palais hatte dem Grafen Karl Josef Morczin aus Lukawitz gehört, auf dessen Schloß Joseph Haydn als Kammerkomponist im Jahre 1759 seine 1. Symphonie, die sogenannte „Böhmische", komponierte.

Die Spornergasse stellt die direkte Fahrverbindung von der Kleinseite zur Burg her und war daher für die gottesdienstlichen Versammlungen sehr geeignet. Als Prediger wurde auf Empfehlung des königlich bayrischen Geheimen Rates Dr. Georg Friedrich Seiler der Pastor Christian Georg Samuel Schmidt aus Erlangen berufen, der am 15. September 1782 (16. Sonntag nach Trinitatis) seine Antrittspredigt hielt. Er wurde als Garnisonsprediger bei der k. k. Militärkommandatur angestellt. Zugleich mit ihm wurde aus Erlangen ein Kantor zum Orgelspiel, Vorsingen und Schulunterricht berufen und mit 300 Gulden besoldet. General Wurmser kümmerte sich auch um die Aufbringung der Mittel, mit denen diese Gemeinde, die ja eine Militärgemeinde mit zivilen Gästen war, auch erhalten werden konnte. So verpflichtete Wurmser alle evangelischen Angehörigen der Garnison zu jährlichen Beiträgen. Nach und nach kamen immer mehr evangelische deutsche Einwohner Prags wie auch durchreisende Fremde und Handwerksgesellen, die an den Gottesdiensten im Morczinischen Palais-teilnahmen und den Pastor Schmidt zu Amtshandlungen baten. Die Gemeinde hatte bald mehr als 600 Seelen.

Trotz der starken Beanspruchung als Garnisonsgeistlicher und Pfarrer der deutschen Zivilgemeinde verfaßte Pastor Schmidt eine Gottesdienstordnung A. B. und ein Gesangbuch, welches durch seinen Nachfolger Pastor Götschel um 170 Lieder vermehrt wurde und bis zum Jahre 1843 in der deutschen evangelischen Gemeinde Prags in Gebrauch blieb.

Schon im Herbst des Jahres 1782 hatte sich neben der Militärgemeinde eine tschechische Gemeinde A. B. auf Grund eines Antrags einiger tschechischer und deutscher Bürger an die Regierung gebildet. Unter den deutschen Bürgern war der k. k. Artilleriemajor Renner und der Theaterdirektor Carl Wahr, der dem Direktionsausschuß des vom Grafen Nostitz-Rhinek neuerbauten Theaters am Obstmarkt, des späteren deutschen Ständetheaters (heute das Cajetan Tyl-Theater) angehörte. Carl Wahr, aus Preßburg stammend, gehörte zu jenen Deutschen, die mehrsprachig aufgewachsen waren. Früher hatte er das Theater am Kotzenmark geleitet. Hier wurden neben italienischen Opern auch deutsche und tschechische Schauspiele von zweisprachigen Ensembles aufgeführt, bis Wahr aus finanziellen Schwierigkeiten gezwungen war, beim Nostitz'schen Theater unterzukommen. Ein damals aufkommendes, erst österreichisches, dann tschechisches patriotisches Nationalgefühl gegenüber einer reichsdeutschen Kulturüberheblichkeit ließ ihn zum „Böhmen" werden, wie auch der verdienstvolle Historiker Job Felix Gelasius Dobner (1719–1790), Ritter von Neuburg und die Pianisten Voigt und Ungar sich als Tschechen bekannten.

Der Großteil der tschechischen Gemeinde wohnte in den Dörfern außerhalb Prags, so daß diese Gemeinde eine echte Diasporagemeinde war und nur wenig vermögende Gemeindeglieder hatte. Trotzdem berief sie aus „Ungarn" – der damaligen Slowakei – den tschechischen Prediger Mathias Markowitz als Seelsorger, der vom Neujahrstage 1783 bis Pfingsten 1784 die tschechische Gemeinde mit Gottesdiensten und Amtshandlungen im Wurmser'schen Betsaal versorgte. Wegen der Enge des Betsaales in der Spornergasse beschlossen die Vorsteher der tschechischen Gemeinde einen Betsaal mit Pfarrerwohnung zu beschaffen und erwarben mit ausländischer Hilfe in der Tischlergasse Nr. 1113 (Truhlářská ulice) ein Freihaus, genannt „Na skále" („am Felsen") für 3 000 Gulden. Der dortige Tanzsaal und die übrigen Räumlichkeiten wurden für den Gottesdienst und zur

Pastoren-, Kantoren- und Kirchendienerwohnung hergerichtet, was aber erhebliche Summen verschlang. So beschloß man in den evangelischen Städten und Ländern des benachbarten Deutschland zu collektieren. Diese Möglichkeit wurde von den Toleranzgemeinden gerne in Anspruch genommen, da man im Deutschen Reich von dem bisherigen Leid der Protestanten in den habsburgischen Ländern seit der Vertreibung der Salzburger wußte und auch die ärmliche Lage in den Gemeinden nach dem Toleranzpatent kannte. Schließlich mußten diese neben den Abgaben an die römisch-katholische Kirche ihr eigenes evangelisches Kirchenwesen aus privaten Mitteln finanzieren. Die vorliegende Spendenliste der Jahre 1783, 1784, 1785 und 1786 zeigt den Gesamtbetrag von 5 783 Gulden und 42 3/4 Kreuzer. Diese Summe wurde von deutschen Gemeinden und Privatpersonen gespendet.

Die Existenz zweier nebeneinander bestehender, national getrennter Gemeinden weist auf den schicksalhaften Gegensatz zwischen Deutschen und Tschechen. Zu diesem Gegensatz kam noch die konfessionelle Verschiedenheit zwischen augsburgischem und helvetischem Bekenntnis. Wenn es möglich gewesen wäre, bei der Gründung einer evangelischen Gemeinde in der Stadt Prag wie auch in Brünn eine doppelte Aufteilung der Gemeinde anzustreben, nämlich national und konfessionell, so wäre dies die naheligende Lösung gewesen. Tatsächlich hat sich nach Auflösung der deutschen evangelischen Militärgemeinde A. B. nicht nur eine tschechische und eine deutsche Gemeinde A. B. gebildet. Nach dieser nationalen Trennung schon im Jahre 1846 bildeten die Reformierten der tschechischen Gemeinde A. B. eine eigene Gemeinde H. B. bei St. Clemens in der Prager Neustadt. Die deutsche Gemeinde A. B., seit 1789 selbständige Zivilgemeinde A. B., versuchte, die sich immer wiederholenden Absonderungsversuche der deutschen Reformierten in der Gemeinde wegen ihrer nationalen Minderheitssituation zu unterbinden, indem sie sich „Vereinigte deutsche evangelische Gemeinde A. B. und H. B. in Prag" nannte und das Übergewicht des augsburgischen Bekenntnisses mit einem eigenen Gemeindestatut festlegte. Diese doppelte Problematik nationaler und konfessioneller Art brachte späterhin auch innere und äußere Schwierigkeiten mit sich.

Inzwischen ergab es sich, daß Pastor Schmidt von seiner Militärgemeinde sowohl in Hloubětin als auch an anderen Standorten als Seelsorger so stark beansprucht war, daß er immer weniger Zeit für die deutsche Zivilgemeinde aufwenden konnte. Sie war in nur zehn Jahren (1782–1791) von 500 auf 1 500 Seelen angewachsen. Der Protestantismus wurde in Prag ein angesehenes religiöses Bekenntnis und entsprach dem auflebenden Selbstgefühl der aufgeklärten Prager. Die Stadt hatte damals bei 77 567 Einwohnern 2 986 Häuser (ohne das jüdische Ghetto), richtete eine große Anzahl neuer Schulen ein (Schulordnung vom Jahre 1774), hatte eine Universität, in der sogar Protestanten promovieren konnten, und ein wohl gepflegtes Kulturleben. Man huldigte febronischen Ideen, die dem Papst nur einen Ehrenvorsitz unter den anderen Bischöfen zumessen wollten und vertrat die Moralisierung und Rationalisierung der kirchlichen Glaubenslehren, erklärte sich einverstanden mit der Aufhebung des Jesuitenordens (1773) und paßte sich langsam aber sicher an den aufgeklärten Dirigismus eines Joseph II. an. Er war es auch, der die deutsche Sprache in Amt und Verkehr als Staatssprache und einzig verbindliche Sprache bestimmte.

Überall wurde die religiöse Freiheit propagiert. Bei Anstellung der Beamten blieb das Bekenntnis nunmehr unbeachtet. Juden durften auf der Universität studieren. Anstelle der lateinischen Sprache bei den Vorlesungen wurde die deutsche Sprache eingeführt. Man holte sogar den Protestanten Professor August Meißner aus Dresden nach Prag, damit dieser Vorlesungen über Ästhetik und klassische Literatur halte.

Aber bald schon merkte man die einsetzenden Beschränkungen des josefinischen Dirigismus und Zentralismus. So wurde zum Beipiel die Universität der Gerichtsbarkeit des Magistrats unterstellt, die Magistrate der vier ehemaligen Städte Prags zu einem vereinheitlicht und das römisch-katholische Kirchenwesen der kaiserlichen Gewalt untergeordnet. So hatte Joseph II. sechzig Kirchen in Prag profaniert und eine ganze Anzahl Klöster zu Kasernen gemacht. Päpstliche Erlässe bedurften zu ihrer Gültigkeit der allerhöchsten Genehmigung.

Als Reaktion auf diesen Wiener Zentralismus erfolgte sehr bald beim Adel und beim Bürgertum die Besinnung auf die „Böhmische Art" und auf die tschechische Sprache, die allgemein auf das „Kuchelböhmisch" herabgesunken war. Schon bei der Königskrönung Leopolds II. in Prag (1791) sprach der Adel tschechisch, wenn auch die meisten diese Sprache nur mangelhaft beherrschten.

Der josefinische Zentralismus machte sich auch bei den Wiener Konsistorien A. B. und H. B. bemerkbar, die im Jahre 1785 von Teschen nach Wien verlegt worden waren. Dort war man für eine genaue Trennung von Militär- und Zivilgemeinde und bestimmte lt. Schreiben vom 10. März 1786:

> „... daß es zwar allemal Pflicht, Billigkeit und schuldige Gefälligkeit bleibe, Personen vom Civilstande A. C., die sich zu dessen [des Militärgeistlichen Schmidt] Vortrag und gottesdienstlichen Handlungen geneigt finden wollten, jederzeit den freien Zutritt zu gestatten, daß er diesel-

ben jedoch auch, wenn sie pfarrherliche Handlungen, Taufen, Copulationen u. s. w. von ihm verlangten, zuvor an den Herrn Civilprediger in Zukunft zu verweisen hätte."

Dies bedeutete nichts anderes, als daß die der Militärgemeinde angeschlossenen evangelischen Zivilpersonen sich an die tschechische Gemeinde hinsichtlich der cura animarum angliedern sollten.

Da Pastor Markowitz sowieso auch deutsch predigte und amtierte, war es nur naheliegend, daß ihm für seine Dienste vom Jahre 1786 von den deutschen Gemeindegliedern A. B. ein entsprechender Beitrag gezahlt werden sollte. Bis zum Jahre 1784 hätte Pastor Markowitz ja neben Schmidt den Wurmser'schen Betsaal benutzen können, von da ab war seine tschechische Gemeinde und ab 1786 auch die deutsche Zivilgemeinde auf den Betsaal der tschechischen Gemeinde in der Tischlergasse angewiesen.

Freilich hielten sich noch viele evangelische deutsche Zivilpersonen zu den Gottesdiensten der Militärgemeinde, bis diese angesichts der beginnenden unruhigen Zeiten wegen Abzug des Militärs und der Berufung Pastor Schmidts zum Rat des Konsistoriums A. B. und 2. Prediger in Wien im Jahre 1789 aufgelöst wurde. Pastor Schmidt blieb in diesem Amt bis 1796 in Wien und wurde dann als Superintendent nach Burgbernheim im Fürstentum Bayreuth berufen.

Vor seiner Abberufung aber entwarf Pastor Schmidt am 1. Juni 1789 noch einen Vertrag für die Deutschen der tschechischen Gemeinde, damit sie für diese Gemeinde eine Benützungsgebühr des Bethauses von jährlich 100 Gulden und für den Dienst des Pastors Markowitz jährlich 150 Gulden leisten sollten. Er verband damit die Hoffnung, daß nun beide Gemeinden, die tschechische und die deutsche, „auf ewige Zeiten" sich vereinigen würden.

Ein Aufruf, den ebenfalls Pastor Schmidt noch an die deutschen Glaubensbrüder richtete, ihr gottesdienstliches Leben nicht aufzugeben, sondern unter allen Umständen weiter zu pflegen, entsprach der Hoffnung des scheidenden Pastors. Denn nun entschlossen sich die deutschen Gemeindeglieder zur Gründung einer eigenen deutschen Gemeinde, damit ihr geistliches Leben sichergestellt wäre.

Dieser Aufruf ist gleichsam indirekt die Gründungsurkunde einer deutschen evangelischen Gemeinde in Prag; es war ja dem tschechischen Pastor Markowitz gar nicht möglich, Deutsche und Tschechen in gleicher Weise zu versorgen, da erstere nicht tschechisch, letztere nicht deutsch verstanden. Trotz der geleisteten Beiträge fiel die sprachliche Trennung zu Ungunsten der Deutschen aus, denn Markowitz hielt die Predigten für die

Deutschen nur an hohen Festtagen, die Betstunden nur am Sonntagnachmittag um drei Uhr. Um ein regelmäßiges geistliches Leben zu sichern, mußte eine eigene Gemeinde gegründet werden.

Wenn die sprachliche Trennung als Grund auch einleuchtend erscheint, müssen doch auch die weiteren Hintergründe dieser Entscheidung beachtet werden.

Die deutsche Gemeinde war zum Handeln entschlossen. Man nannte sich „Deutsche evangelische und reformierte Civilgemeinde" und wählte vier Vorsteher: die Herren Georg Hermannsfeld, Christian Friedrich Meier, Johann Peter Piccardt und Johann Boulogne, sämtlich eingewanderte Fabrikinhaber in Prag. Nachdem man von der k. k. Landesstelle am 4. Juni 1789 die Vollmacht erhalten hatte, einen deutschen Prediger zu berufen, wandte man sich wieder an den Geheimen Rat Dr. Seiler in Erlangen, der den Collaborator am Gymnasium in Erlangen, M. Georg Friedrich Götschel, empfahl, der auch freudig aufgenommen wurde, nachdem er von dem Superintendenten Stephan Leschka (damals Pfarrer zu Krabschitz) geprüft und ordiniert worden war. Die Landesstelle, der man bereits die finanzielle Sicherstellung des Pastorates dargestellt und garantiert hatte, bestätigte denn auch Pastor Götschel in seinem Dienst.

Die finanzielle Sicherstellung der Gemeinde wurde auf Grund einer Liste der Beitragenden der Landesstelle dargelegt und zeigt uns heute die großen Unterschiede zwischen der tschechischen und deutschen evangelischen Gemeinde in Prag.

Die Liste der Deutschen wird angeführt von jenem vorgenannten Universitätsprofessor Dr. Meißner aus Dresden, der sich mit zehn Gulden Beitrag jährlich verpflichtete. Neben ihm finden sich Namen wie Calve und André, beide Verlagsbuchhändler bis heute bekannt, dann vier Personen aus dem Adelsstand, zehn Handwerksmeister, vier Fabrikanten, sechs eingewanderte Hugenottenfamilien, die Geschäfte betrieben. Sie verließen ihre Heimat trotz der von Robespierre zugesicherten Kultusfreiheit, da viele Protestanten als Girondisten verdächtigt wurden und unter der Guillotine endeten.

Es waren alles gutsituierte, zum Teil vermögende Menschen, die auf Grund ihrer Bildung und ihrer Mittel alle ihre geschäftlichen und persönlichen Beziehungen zu den herrschenden adligen Ständen hatten und vom Ansehen dieser, ihrem eigenen Können und der damit verbundenen kulturellen Bedeutung lebten. Sie waren dem Zeitgeist der Aufklärung, des beginnenden Liberalismus und Rationalismus anhängig.

Dieser Gesellschaft gegenüber, die ja nicht aus dem Geheimprotestantismus gekommen war, sondern zumeist aus der österreichischen Verwaltungsschicht, dem Beamtentum oder der Militärbesatzung stammte, stand nun eine tschechische Gemeinde gegenüber, die vorwiegend aus Zuwanderern aus der tschechischen Landbevölkerung bestand, die ja erst im Jahre 1783 die Bauernuntertänigkeit (Leibeigenschaft) ablegen durfte und bis zum Toleranzpatent ihr zurückgezogenes, bescheidenes Leben in alter evangelischer Brüdertradition geführt hatte. Hatten sich doch im Jahre 1782 die sechs Gemeinden A. B. Kreuzberg, Křižlic, Lipkowitz, Opatowitz und Prag mit Trubin, dann auch neun Gemeinden helvetischer Konfession allein im Prager Seniorat gebildet. Diese Zuwanderer aus den bäuerlichen Gemeinden hatten ihre feste Frömmigkeitstradition, hatten alle Verfolgungen überstanden, waren äußerlich bescheiden und unansehnlich, auch der deutschen Sprache nicht mächtig, und waren nach Prag in zumeist dienende Stellungen gekommen.

Wenn der „Katechet und Vicarius Růžička" in seiner Denkschrift (1841) als Grund für die finanzielle Beihilfe aus Deutschland an die tschechische Gemeinde die Mitgliedschaft auch Deutscher angibt, dann wird die Verschiedenheit der sozialen Machtposition der Deutschen und der Tschechen deutlich: Die deutsche Gemeinde vermochte schon auf Grund einer „ausdrücklichen Verwilligung Sr. Majestät" (gegeben Wien am 25. Januar 1791) eine feilgebotene Kirche durch ein höchstes Preisangebot an sich zu bringen, und erwarb so am 28. April 1791 für 1 527 Gulden die ehemalige St. Michaelskirche in der Neustadt. Die tschechische Gemeinde hatte erst nach fünfzigjährigem intensivem Bemühen im Jahre 1863 – also schon nach dem Protestantenpatent 1861 – die Möglichkeit, auf Grund einer allerhöchsten Entschließung Kaiser Franz Josefs I. für 1 500 Gulden die ärarische Ex-Paulanerkirche in der Altstadt zu erwerben.

Diese Kirche wurde als Salvatorkirche am 8. Februar 1611 von dem lutherischen Grafen Joachim Andreas Schlick von Holeitsch, Herr von Ellbogen, kaiserlicher Rat und Landvogt der Oberlausitz, zu bauen begonnen und am 5. Oktober 1614 durch den Prediger Dr. Helvig Garthius, den letzten Administrator des utraquistischen Konsistoriums, eingeweiht. Nach der verlorenen Schlacht am Weißen Berg wurde auch Graf Schlick als Protestant und Aufrührer gegen Ferdinand II. am 21. Juni 1621 am Altstädter Ring mit zwanzig Leidensgenossen hingerichtet. Garthius starb 1629 als Superintendent von Oschatz und Freiberg in Sachsen.

So ist nun die ehemalige lutherische Kirche der Deutschen in Prag nach 366 Jahren im Besitz der heutigen Gemeinde Prag 1 Altstadt der tschechischen Brüderkirche. Sie liegt nicht weit entfernt vom Altstädter Ring.

Nach dem Abgang von Pastor Georg Christian Samuel Schmidt nach Wien sollte nun Pastor Götschel so bald wie möglich seine Wohnung in

Prag-Neustadt in der Gerbergasse (heute v Jirchářích, d. i. bei den Gerbern) C. N. 153 beziehen. Mit dem Kauf der Michaelskirche verbunden war ja auch der Erwerb des kleinen Pfarr- und Schulhauses gegenüber der Kirche. Dazu kam noch hinter der Kirche ein Garten, der ehemals ein Friedhof war. Neben diesem Garten hatte der Wachszieher und -bleicher Florian Schebelka noch ein einstöckiges Haus erworben, in dem er seine Wachsbleiche und seine Wohnung einrichtete.

Das damalige Landesgubernium bestätigte den Kauf, aber mit der Auflage, daß entsprechend dem Toleranzpatent der Turm samt Glocken abzutragen sei, das Kreuz auf der Kirche abgenommen, die katholischen Grabsteine an den Kirchenmauern entfernt und die Kirche äußerlich einem bürgerlichen Haus ähnlich gemacht werden müßten.

Dem wurde großteils entsprochen, lediglich die mit dem Abtragen und Umbau verbundenen Auflagen wurden über einen Antrag des Wachsbleichers unterlassen, da dieser wegen des dabei entstehenden Staubes seine wichtigen und umfangreichen Aufträge zur Herstellung von Kerzen und Wachslichtern für die bei der Krönungsfeier Leopolds II. beabsichtigte Illumination nicht hätte nachkommen können. Während der Wachszieher auf die Antwort seines Ersuchens wartete, gelang es den Gemeindevorstehern, die Beibehaltung des Turmes und die Unterlassung der befohlenen Umbauten durchzusetzen. Ein Kreuz auf dem Dach der Kirche wurde jedoch nicht bewilligt und konnte erst 1828 errichtet werden.

Am Pfingstsonntag, dem 12. Juni 1791, wurden das Einweihungsfest und der erste Gottesdienst in der Michaelskirche feierlich begangen. Nicht viel mehr als einen Monat später fand das Fest zur Krönung Leopolds II. statt, des Bruders Josephs II. Die Prager luden dazu ihren geliebten und verehrten Komponisten Mozart ein, der für dieses Fest die Oper „La Clemenza di Tito" (Titus) komponiert hatte. Mozart war ja schon zweimal in Prag gewesen und hatte im Oktober des Jahres 1787 die Uraufführung des „Don Giovanni" unter großem Jubel und Begeisterung selbst dirigiert. Nun wurde die Krönungsoper im Nationaltheater in Anwesenheit der kaiserlichen Herrschaften aufgeführt. Es wird berichtet, die Aufführung sei ein Mißerfolg gewesen. Mozart reiste nach Wien ab, wo er noch im Winter dieses Jahres einsam und fast unbeweint am 5. Dezember starb.

Am Abend des Krönungsfestes leuchtete Prag aber in festlicher Helligkeit. In jedem Fenster der wichtigeren Straßen und der Kleinseite waren Kerzen und Wachslichter angezündet, die gewiß alle evangelischen Prager mit Genugtuung daran erinnerten, daß dieses Lichterfest ihnen den Turm ihres Bethauses erhalten hatte und sie nun im Besitz einer richtigen Kirche waren.

2. Probleme und Ende

Nicht lange nach der feierlichen Einweihung des Bethauses, der neu-erworbenen St. Michaelskirche, kamen die beiden Vorsteher der Prager Gemeinde Georg Hermannsfeld und Johann Peter Piccardt mit der Anregung zu Pastor Götschel, einen Gemeindeausschuß zu wählen, damit dieser die von den Vorstehern getroffenen Verfügungen begutachten und das jeweilige Gemeindevermögen prüfen sollte. Es gab ja noch keine Kirchenverfassung, die erst 1861 angeordnet wurde. Es dürfte wohl der hugenottische Glaubensflüchtling Piccardt gewesen sein, der die Vorstellung aus seiner reformierten Vergangenheit mitbrachte, daß eine Gemeinde, die ohne Zutun einer landeskirchlichen Obrigkeit entstanden ist, nicht nur den Seelsorger, sondern auch die weltlichen Vorsteher der Gemeinde und dazu noch eine Schar verantwortlicher Gemeindeglieder – gleichsam als Zwei-kammer- bzw. Zweikörperschaftssystem – wählt. In den lutherischen landeskirchlichen Gemeinden im damaligen Deutschland war eine solche Ordnung nicht üblich. Tatsächlich aber beinhaltete das genannte Kirchenverfassungsprovisorium aus dem Jahre 1861 diese Gliederung der evangelischen Gemeinden Österreichs ohne Unterschied zwischen lutherisch und helvetisch. Mit dieser Ordnung ist die volle Selbständigkeit der einzelnen Gemeinde hinsichtlich ihrer äußeren Existenz gewährleistet; somit ist sie in materieller Hinsicht von ihrer kirchlichen Obrigkeit unabhängig.

In den vorliegenden Berichten über die ersten fünfzig Jahre der Prager evangelischen Gemeinde wurde deshalb immer wieder die finanzielle Situation ausführlich berücksichtigt. Diese war aber – im Gegensatz zu den meisten Toleranzgemeinden – hervorragend. Eine große Anzahl der Gemeindeglieder gehörte zur gebildeten Schicht, die freilich an die Gemeinde auch ihre Ansprüche stellte. Ganz abgesehen davon, daß sie sich einen hochgebildeten Prediger wünschten, forderten sie auch für ihre Kinder eine eigene qualifizierte Schule und legten großen Wert auf die Fortführung ihrer eigenen Bekenntnistradition. Diese drei Tendenzen sind während der gesamten Geschichte der deutschen evangelischen Gemeinde Prags bis zu ihrer Austreibung festzustellen.

Schon die ersten drei Pastoren waren überdurchschnittlich gebildet: Christian Georg Samuel Schmidt (1782–1789), Johann Christoph Friedrich Götschel (1790–1799) und Michael Gottlieb Seihm (1799–1828). Alle drei wurden über die Empfehlung des hochverehrten Geheimen Kirchenrates Georg Friedrich Seiler, des Erlanger Vermittlungstheologen zwischen Orthodoxie und Rationalismus, nach Prag vermittelt. Aber um solch einen Mann wegen eines Pastors anzusprechen, mußte man nicht nur selbst über

Rang und Titel verfügen, sondern für den gewünschten Pastor auch ein Wirkungsfeld anzubieten haben, das seinesgleichen suchte – wie eben in Prag. Es ist in diesem Rahmen nicht möglich, auf die besonderen Verdienste der drei Genannten einzugehen. Es sei nur darauf hingewiesen, daß alle drei Prager Prediger am Ende ihrer Tätigkeit das Amt eines Superintendenten ausübten: Schmidt in Burgbernheim bei Bayreuth, Götschel in Lübeck und Seihm als Superintendent A. C. in Prag. Friedrich Gotthelf Petermann (1828–1839) aus Thüringen kam nach seiner neunjährigen Amtszeit als dritter Prediger in Wien nach Prag, wo er zehn Jahre lang als Pastor wirkte. Seine Beredsamkeit, sein zuverlässiges Schaffen wie auch die Abfassung eines Leitfadens für den Religionsunterricht (1829) brachte ihm Ansehen und Verehrung der Gemeinde Prags.

Einen Pastor jedoch, einen wahrhaften Pionier der österreichischen Toleranzkirche, möchte ich ein wenig ausführlicher behandeln, zumal er entsprechend seiner entschiedenen Gesinnung entsprechend ein tragisches Ende nehmen mußte. Paul Rázga (1839–1846) stammte aus dem Preßburger Comitat Ungarns, besuchte die Gymnasien in Modern und Preßburg, studierte als einer der ersten Kandidaten an der neuerrichteten protestantisch-theologischen Lehranstalt in Wien (1821), wurde von dem Wiener Superintendenten Johann Wächter (1806–1827) examiniert und ordiniert und versah acht Jahre lang die Pfarrstellen in Trebesing und Zlan, wo er eine beachtenswerte Aufbauarbeit leistete. Vier Jahre brachte er dann als Pfarrer in seiner Heimat in der deutschen evangelischen Gemeinde in Modern zu und kam im Frühjahr 1839 nach Prag. Mit seiner Beredsamkeit und seinem Organisationstalent schuf er die Grundlage für den Neubau einer dreiklassigen Schule. Sie wurde an Stelle des alten Schul- und Pfarrhauses gegenüber der Kirche auf dem früher schon erworbenen Baugrund C Nr. 153-II erbaut und am 18. Oktober 1845 eingeweiht. Ein zweites Stockwerk erhielt sie im Jahre 1881. Die Kosten für den einstöckigen Bau betrugen 15 000 Gulden, die Pastor Rázga fast vollständig durch seine Kollekten aufbrachte.

Auf dieser zweimonatigen Reise sprach Pastor Rázga eine erstaunlich große Anzahl bedeutender deutscher Persönlichkeiten an. Er kam sogar bis nach Kopenhagen, wo es ihm gelang, zweihundert Gulden aus dem Privatvermögen König Christians VIII. (1839–1848) zu erhalten. Die Gesamtkollekte am Ende der Reise betrug 7 608 Gulden und 24 Kreuzer.

So groß auch seine Verdienste für die evangelische Gemeinde in Prag waren und so viel Lob ihm sein Bemühen auch eintrug, sein Herz war das eines national gesinnten Ungarn. Auf seiner Reise durch die deutschen Staaten, die bereits durch die Zollunion und durch 6 000 Kilometer Eisenbahnstrecken verbunden waren, hatte der idealistische Pastor eine Ideenwelt kennengelernt, die Metternich mit allen Mitteln aus dem nachnapoleonischen Österreich fernzuhalten versuchte. In Köln wurde schon die „Rheinische Zeitung" eines Dr. Karl Marx wegen „Zügellosigkeit des Ausdruckes und der Gesinnung" verboten, während in der vielsprachigen Habsburger Monarchie trotz Polizei und Zensur „Magyarismus", „Illyrismus", „Tschechismus", „Slawismus" und „Polonismus" mit ihren nationalen Programmen zu wühlen begannen. In Ungarn wurde am 29. April 1840 Lajos von Kossuth aus dem Kerker entlassen und stand ein Jahr später wieder an der Spitze des „Pesti Hirlap" (Pester Zeitung). Als begnadeter Agitator und Propagandist für die ungarische Unabhängigkeitsbewegung der Magyaren von Habsburg, vermochte er eine Feder zu schreiben, die imstande war, immer wieder die öffentliche Meinung zu bestimmen und die Leidenschaft des Volkes zu erregen.

Als Pastor Rázga von seinem Auslandsaufenthalt zurückkam, war er ein anderer geworden. Der Politiker war in ihm erwacht und sein magyarisches Herz wollte mehr als die gottgewollte Betreuung einer evangelischen Gemeinde. Dazu kam, daß diese Gemeinde sich ganz im Sinne der habsburgischen Herrschaft eines Metternich verstand. Sie war, soziologisch gesehen, ein Protektionskind des Feudalismus geworden: Hatten doch schon im Jahre 1840 Vertreter auch des katholischen Adels in Böhmen für den Schulhausneubau 2 500 Gulden gespendet. Namen wie Erzherzog Franz Karl von Österreich, die evangelische Erzherzogin Maria Dorothea, Graf und Gräfin Bouquoy, Graf Clam-Gallas, Fürstin Colloredo Mansfeld, Gräfin Czernin, Graf Desfours, Fürst Dietrichstein, Graf Dietrichstein, Fürst Fürstenberg, Fürstin Hohenzollern, Graf Kinsky, Graf Klebelsberg, Graf Kolowrat, Fürst Lamberg, Fürst Liechtenstein, Fürst Lobkowitz, Graf Nostitz und viele andere sind zu nennen.

In der alten Schule war nach dem Weggang des Lehrers und Katecheten Johannes Tobias Ungar aus Asch im Jahre 1834 Josef Růžička, geboren am 15. März 1808 zu Kohotov bei Časlau, tätig. Er lernte erst im Alter von dreizehn Jahren deutsch und studierte in Modern und danach an der theologischen Lehranstalt in Wien Theologie. Seine Kandidatenprüfung legte er bei dem Superintendenten Paul Bilnitza in Preßburg ab und ging dann nach Hermannseifen. Nach weiteren Lehramtsprüfungen bewarb er sich um die Katechetenstelle in der evangelischen deutschen Schule in Prag. Außerdem unterrichtete er im Fach Religion an Gymnasien.

Die ständig wachsenden Spannungen zwischen Tschechen und Deutschen erlebte er mit der zunehmenden Bildungsnot der tschechischen Protestanten, die keine einzige evangelische Schule besaßen, obwohl es damals (1842) drei tschechische Gemeinden A. B. in Prag selbst und in den königlichen Weinbergen gab. Es fiel ihm schwer, die vielen ansuchenden tschechischen Kinder von der Aufnahme in die einzige evangelische Schule Prags auszuschließen, obwohl der Andrang der deutschen Kinder nicht so überwog. Es war bedauerlich, daß die verhältnismäßig große evangelische tschechische Gemeinde H. B. ihre Schule geschlossen hatte, obgleich sie viele Schüler hatte.

In dieser Schulfrage kam es zwischen Růžička und dem Presbyterium zu Gegensätzen, bei deren Klärung auch die deutliche tschechische Gesinnung Růžička zutage trat. Es zeigte sich auch, daß Růžička bei der Vielzahl der tschechischen evangelischen Schüler während des Unterrichts die tschechische Sprache verwendete, was ihm dann untersagt wurde.

Prag hatte sich sehr verändert. Selbstverständlich gab es die habsburgisch-deutsche gesellschaftliche Oberschicht, die sich aber keine freiheitlichen Ideen leisten konnte. Kanzler Metternich sorgte dafür, daß der spießige und untertänige Geist, wie er unter Kaiser Franz gepflegt worden war, auch noch unter seinem Nachfolger Ferdinand weiter existierte. Aber neben diesen Repräsentanten Österreichs, den Bürokraten, Offizieren, Standespersonen und Gelehrten kam ein völlig neuer Stand auf: Die deutschen Industriellen und Wirtschaftler. Wenn sie auch wegen ihres Wohlstandes bei der vorhandenen Gesellschaft nicht ungern gesehen wurden, so vollzog sich doch insgeheim durch sie eine neue Entwicklung: Sie zogen eine zunehmende Menge tschechischen Volkes vom Lande in die Stadt, die hier als Arbeiter, Handwerker, Dienstleute, dann aber auch als Musikanten, und – langsam aufsteigend – als Lehrer, Journalisten und Intellektuelle immer deutlicher das Stadtbild zu bestimmen begannen. Noch waren die Deutschen von dieser Entwicklung unberührt, ja, sie wurde vielfach nicht einmal bemerkt; und doch bildete sich eine neue, gesellschaftliche tschechische Schicht heraus. Es begann die sogenannte tschechische Renaissance, die dann zur nationalen Aufspaltung in Prag und nicht nur dort führte, angeführt von Männern wie Palacky, Havliček oder Dobrowsky. Sie führte zielstrebig zum Revolutionsjahr 1848. Wenn Graf Thun noch in der Mitte dieses Jahrhunderts sagte: „Ich bin weder Deutscher noch Tscheche, in bin Böhme!", so war das ein letztes Aufflackern des landschaftlich begründeten Einheitsbewußtseins, das aber bald darauf auch beim Adel zerbrach (Schürer, Prag 327).

Man kann sich ausrechnen, daß Pastor Rázga aus dem Solidaritätsbewußtsein mit den unterdrückten Nationen in der angängigen Schulfrage auf seiten des tschechischen Lehrers und Predigers Růžička stand, wie auch der Lehrer Johann Sluničko, ebenfalls ein national gesinnter Tscheche.

Es mußte zwischen dem doch so verdienstvollen Rázga und dem Presbyterium zu Schwierigkeiten und zum Bruch kommen, so daß Rázga am 9. August 1846 Prag verließ. Sein national gesinntes Herz zog ihn in seine Heimat, wo Lajos Kossuth die nationale Bewegung der Magyaren mit seiner Presse und seinen öffentlichen Auftritten schürte. *„Als die Stürme des Jahres 1848 durch Ungarn brausten, stellte auch Rázga seine feurige Beredsamkeit in den Dienst der Freiheitskämpfer. Vom Balcon des Gasthauses ‚Zum grünen Baum' in Preßburg forderte er im Verein mit Kossuth das Volk zum Widerstande auf. Die Revolution unterlag und damit war auch Rázgas Verderben besiegelt."* Kossuth floh – Rázga wollte nicht fliehen und stellte sich. Er wurde eingekerkert und schließlich vom brutalen General und Baron Haynau mit anderen Revolutionären, wie etwa dem Grafen Ludwig Batthyány, am 18. Juni 1849 morgens um vier Uhr auf dem Richtplatz Eselsberg an der Donau durch den Strick hingerichtet. Später wurden seine irdischen Überreste auf den Friedhof vor dem Gaisthor überführt und begraben. Kossuth konnte in die Türkei fliehen und organisierte vom Ausland aus die Unabhängigkeitsbewegung der Magyaren. Er starb am 20. März 1894 in Turin. Er gilt bis zum heutigen Tag als Nationalheld.

Auch die deutsche evangelische Gemeinde in Prag wurde im Revolutionsjahr 1848 während der Beschießung der Stadt durch Windischgrätz in Mitleidenschaft gezogen. Erst kurz zuvor hatte die Gemeinde die Erlaubnis erhalten, Glocken in den Kirchturm zu hängen, die am 10. Juni 1848 geweiht wurden. Nur einige Stunden später verlangte die Menge, daß auch diese Glocken in Prag zum Sturm läuten sollten.

Da Pfarrer Martius dies verweigerte, drückte die Menge derart gegen das Tor, daß ein größerer Schaden zu befürchten war. Auf Anordnung des Pfarrers stieg dann der Glöckner Jahn selbst auf den Turm, um zu läuten. Während dessen fing die Menge vor dem Tor an, mit dem noch von der Glockenweihe vorhandenen Material eine Barrikade zwischen dem Pfarrhaus und dem Haus Nr. 152 zu errichten.

Einen Tag später begann der Beschuß von Prag durch Windischgrätz. Mehrere Kugeln trafen die Pastorenwohnung, und eine Bombe zerschlug eine Tür neben der Wohnung des Küsters Rösner. Da man allgemein befüchtete, daß ein Teil der Stadt in Brand geschossen würde, und der Himmel sich durch die Flammen der brennenden Mühlen rot färbte, brachten die Bewohner des Pfarr- und Schulhauses, Pfarrer Martius, Katechet Růžička, Lehrer Schmidt und Küster Rösner sowie etliche Nachbarn ihre Habseligkeiten in die geräumigen Keller.

Es war das erste Mal, daß der Gegensatz zwischen den Nationen in Prag zu einem Aufbruch des Pöbels gegen die Deutschen in den Straßen führte. Damit begannen die häßlichen Zeiten, da Straßenkrawalle nationale Heldentaten wurden, wie z. B. im Jahre 1918, spürbarer aber noch im Jahre 1920. Hier sei eine Beschreibung zitiert:

„Der Umsturz hatte sich bis auf einige Gewalttätigkeiten verhältnismäßig ruhig vollzogen. In der Folge wurde aber die Forderung, dem neuen Staate, insbesondere der Hauptstadt Prag wenigstens äußerlich ein ausgesprochen tschechisches Gepräge zu geben, immer stürmischer. Am 16. November 1920 abends erschien vor dem Schulhause ein fanatischer tschechischer Volkshaufe, in dem sich auch mehrere Legionäre befanden. Das Haustor war bereits geschlossen. Die Tumultuanten schlugen ein Fenster der Pfarramtskanzlei ein, um durch dieses ins Haus zu gelangen. Als das Tor geöffnet war, strömte die Menge in alle Räume des Hauses vom Turnsaale bis zum Dachboden. Das Bild des Turnvaters Jahn wurde zerschlagen und sonst im Hause allerlei Unfug angerichtet. Auch in die Wohnung des Seniors Dr. Zilchert und des Pfarrers Sakrausky drang die Volksmenge ein und bedrohte beide Herren tätlich. Während ein Teil des Pöbels im Schulhause wütete, nahmen andere das große Schild über dem Haustore herab und schleppten es unter dem Gejohle der Menge fort. Sicherheitswache war weit und breit nicht zu sehen. Das Schild war schwarz und trug in Goldbuchstaben die Aufschrift: ‚Deutsches evangelisches Pfarr- und Schulhaus'. Es war eines der letzten deutschen Schilder in Prag."

Solche Umtriebe des tschechischen Großstadtpöbels wiederholten sich immer dann, wenn das deutsche Element in Prag sich in der Öffentlichkeit – sei es kulturell, sei es politisch – zeigte. So kam es auch im Jahre 1932 bei der Aufführung der ersten deutschen Tonfilme in den tschechischen Kinos: „Zwei Herzen im Dreivierteltakt" und „Sonny Boy" in deutscher Fassung zu Krawallen, die dann von der berittenen Polizei auseinander getrieben werden mußten. Für das Ringen um ein besseres gegenseitiges Verständnis – sei es auf sportlichem oder auf kirchlichem Gebiet – waren solche Zwischenfälle immer ein bedauerlicher Rückfall in den alten, scheinbar unüberwindlichen Gegensatz.

Der Einmarsch der Deutschen im März 1939 und die Umgestaltung Restböhmens und Mährens zum Protektorat Böhmen und Mähren brachte für die Existenz der deutschen evangelischen Gemeinde in Prag beträchtliche Schwierigkeiten mit sich. Von der Kirchenleitung in Gablonz war man völlig abgetrennt, da zwischen dem neu entstandenen Sudetengau und dem Protektorat eine Sperrgrenze verlief, die man nur mit besonderer Bewilligung überschreiten durfte. So blieben von der Deutschen evangelischen Kirche in Böhmen, Mähren und Schlesien nur die Gemeinden des Protektorates in einem Raum beisammen. Es waren die Gemeinden Prag, Pilsen, Budweis, Iglau, Brünn, Olmütz und Mährisch Ostrau. Als Provisorischer Leiter wurde Oberkirchenrat Hugo Piesch bestimmt.

Die Besetzung Prags und Umgebung durch die Deutschen brachte viele neue und arbeitsreiche Aufgaben dür die Deutsche evangelische Kirche mit sich. Viele der Besatzungsdeutschen waren evangelisch, da sie zum Teil aus Württemberg, wie z. B. auch der Reichsprotektor Neurath, und zum Teil aus Ostpreußen kamen. Das antikirchliche Regime in Deutschland hatte es mit sich gebracht, daß viele der versetzten Beamten weder kirchlich getraut noch ihre Kinder getauft waren. Dies wurde hier im „Besatzungsklima" – welches wesentlich toleranter in kirchlichen Fragen als in Deutschland war – nachgeholt. Dazu kam, daß die Reichsdeutschen ihre Kinder in die Schulen Prags schickten, so daß die Zahl der zu haltenden Religionsstunden nicht mehr zu bewältigen war. Ähnlich war es mit den Amtshandlungen, zu denen auch trotz der Militärpfarrer Militärgottesdienste in der St. Michaelskirche kamen. Eine besondere Aufgabe wuchs der Gemeinde durch die Umsiedlung der Schwarzmeerdeutschen nach Böhmen zu. Sie waren fromm lutherisch und gewohnt, gottesdienstliche Betreuung zu erhalten. Viele dieser Familien wurden durch das SS-Bodenamt auf den von Juden verlassenen Gütern angesiedelt und benötigten nun Religionsunterricht für die Kinder und auch sonstige seelsorgerliche Betreuung. Im Gegensatz zu Österreich und dem Sudetenland waren die Kirchenaustritte aus den evangelischen Gemeinden im Protektorat eben wegen des toleranteren Klimas kaum spürbar. Eine Stellung in der Partei oder in einer der NS-Organisationen und in der Kirche schlossen sich hier nicht gegenseitig aus. Für die aus den volksdeutschen Gebieten des Südostens zur SS eingezogenen Wehrpflichtigen wurde sogar von den SS-Führern beim evangelischen Pfarramt Bibelstunden verlangt, die dann auch in der Gerbergasse in Uniform besucht wurden. Der Religionsunterricht konnte auch wie früher besucht werden, ohne daß sich die Schüler vom Gymnasium, nun in der Napoliterza, abmelden mußten. Er wurde wie früher weiter vergütet. Eine besondere Last brachte die verordnete Beibringung des Ahnenpasses mit sich. Die beiden Pfarrgemeinden Prag und Brünn hatten vom zuständigen Oberlandrat die Aufgabe erhalten, nach Vorlage der betreffenden Dokumente die Eintragungen im Ahnenpaß vorzunehmen und diese abzustempeln. Besonders schwierig war die seelsorgerliche Betreuung der vom Judentum übergetretenen evangelischen Gemeindeglieder. Die Pfarrgemeinde Prag hatte verhältnismäßig viele solcher Gemeindeglieder, von denen die ältesten schon nach 1918 aus dem Osten gekommen und zum evangelischen Glauben A. B. übergetreten waren. Die Wohlhabenderen unter ihnen waren schon in den dreißiger Jahren ausgewandert, die Zuversichtlicheren erst nach der Besatzung und unter großen finanziellen Opfern. So blieben oft nur die wenig bemittelten, älteren, vormals jüdischen, evangelischen Glaubensgenossen zurück. Besonders die Begräbnisfeierlichkeiten eines verstorbenen Christen jüdischer Abkunft waren mit vielen bürokratischen und gesetzlichen Manipulationen verbunden. Man wünschte kein öffentliches Aufsehen. Es war selbstverständlich, daß man ein solches Begräbnis hielt. Über verschiedene Kanäle, die es ja in jedem Herrschaftssystem gibt, konnte man mancherlei Ausnahmen und Erleichterungen erreichen, die auch weidlich ausgenutzt wurden.

Die deutsche evangelische Gemeinde konnte bis zum Mai 1945 existieren. Der dortige Pfarrer, Oberkirchenrat Hugo Piesch, war gerade in Karlsbad auf Urlaub, als der Umschwung in Prag eintrat. Das evangelische Pfarrhaus wurde besetzt, die Frau des Pfarrers und die drei Kinder in ein Lager verbracht, aus welchem sie dann ausgewiesen wurden. Die Gemeinde in Prag hatte damals nur einen Pfarrer, denn Pfarrvikar O. Sakrausky war zu dieser Zeit noch als Soldat im Osten. Er war im Jahre 1939 nach seiner Ordination im Februar als Pfarvikar der Gemeinde gewählt worden und konnte seinen Dienst in der Gemeinde und in der Schule noch bis zum April des Jahres 1941 versehen. Am 21. dieses Monats wurde er eingezogen und geriet nach Kriegsende in russische Gefangenschaft, aus der er im Herbst 1949 zu seiner Mutter zurückkehren konnte.

Als die erste Zeit der Eingewöhnung in die neue Heimat überwunden war, kam es am 2. März 1953 zur Gründung der „Gemeinschaft evangelischer Sudetendeutscher" (GES). Der ehemalige Pfarrer der Deutschen evangelischen Pfarrgemeinde A. und H. B. in Prag, Oberkirchenrat Hugo Piesch, wurde als Vorsitzender gewählt, während der ehemalige Superintendent Paul Zahradnik aus Schlesien den stellvertretenden Vorsitz übernahm. Der Sinn dieses Zusammenschlusses war neben dem Hilfsprogramm für Flüchtlinge und die diakonische Arbeit, die hauptsächlich von den Hilfskomitees geleistet wurde, Gesprächspartner für die neuen Partner in den deutschen Landeskirchen und für die alten Partner der evangelischen Kirchen in der Tschechoslowakei zu sein. Eine weitere Aufgabe war es, das Erbe der evangelischen Deutschen in den Sudetenländern nicht in Vergessenheit geraten zu lassen. Dafür wurde später die „Johannes-Mathesius-Gesellschaft" gegründet. Ein „Institut für böhmische Reformationsgeschichte" entstand dann unter Pfarrer Erik Turnwald († 1990), der in seinem Haus in Bad Rappenau auch die umfangreiche wissenschaftliche Sammlung der „Protestantica Bohemica" angelegt hatte. Hier bestand auch bis vor kurzem der „Johannes-Mathesius-Verlag", der das Jahrbuch „Erbe und Auftrag" der Reformation in den böhmischen Ländern herausgab. Lange Jahre hindurch – seit 1952 – erschien auch das Blatt „Glaube und Heimat" viermal jährlich zum Gedenken an die evangelische Kirche in Böhmen, Mähren und Schlesien.

Bei einem Besuch westdeutscher Kirchenvertreter in der Tschechoslowakei im Jahre 1955 wurde unserem Präsidenten D. Erich Wehrenfennig sein goldenes Amtskreuz wiedergegeben. Es befindet sich im Hause Turnwald in Bad Rappenau.

Im Jahre 1956 wurde von der GES eine Erklärung zum deutsch-tschechischen Verhältnis herausgegeben, die vom Ostkirchenausschuß (Oberkonsistorialrat Dr. G. Gülzow) gutgeheißen wurde. Im Predigerseminar Hofgeismar wurde noch eine zusätzliche Erklärung zur Begegnung mit den Christen der Ostvölker verfaßt. Die beiden Erklärungen haben folgenden Wortlaut:

Erklärung der „Gemeinschaft Evangelischer Sudetendeutscher" zur Bildung des deutsch-tschechoslowakischen Kirchenkonventes:

Die „Gemeinschaft Evangelischer Sudetendeutscher" nimmt als Organ der seit 1945 in die Gliedkirchen der EKiD verstreuten Glieder der Deutschen Evangelischen Kirche in Böhmen, Mähren und Schlesien zu dem gegenwärtigen Gespräch zwischen der EKiD und den protestantischen Kirchen in der Tschechoslowakei wie folgt Stellung:

Wir bejahen die Aufgabe, wie mit allen Brüdern in der Welt, auch mit denen in der Tschechoslowakei ökumenische Gemeinchaft zu pflegen. Bis 1918 bestand Kirchengemeinschaft zwischen den deutschen und den tschechischen evangelischen Christen. Sie wurde nach dem 1. Weltkrieg rechtlich gelöst. Ihr ökumenischer Geist hat sich aber vielfach in brüderlicher Begegnung und Hilfe in den geschichtlichen Abschnitten 1918–38 und 1938–45 lebendig erwiesen. Durch die Ereignisse im Gefolge des 2. Weltkrieges wurde diese Gemeinschaft erschüttert; obwohl einzelne Beweise der Brüderlichkeit bis in die Gegenwart zu verzeichnen sind.

Um der Liebe Christi willen wissen wir uns den leidenden Brüdern in unseren Völkern verpflichtet. Diese Leiden stammen aus einer Vergötzung von Ideologien, welche das göttliche und menschliche Recht zerstört. Wir evangelischen Christen in Böhmen, Mähren und Schlesien sind von den Auseinandersetzungen der Welt in diesem Raume unmittelbar betroffen. In diesem muß sich unser Christenstand erweisen: Im wechselseitigen Bekennen dessen, womit wir aneinander gefehlt haben und im unbedingten Festhalten an dem in den 10 Geboten begründeten Recht des Nächsten mit allen seinen Konsequenzen, mitten im Unrecht der Welt.

Aus dem bisherigen Gespräch ist uns klar geworden, daß die Freiheit zu einem solchen Bekenntnis bei den beiden Gesprächspartnern nicht in gleichem Maße gegeben ist.

Wir sind bereit, vor den Brüdern aus der Tschechoslowakei zu bekennen, daß wir im Blick auf die politischen Auseinandersetzungen der Vergangenheit den Geist unseres gemeinsamen Herrn Jesus Christus zu wenig bewährt haben im gegenseitigen Tragen, Entgiften der nationalen Gegensätze und im gemeinsamen Dienen.

Aus diesem Grunde darf einer persönlichen Begegnung der unmittelbar Betroffenen im Rahmen des Gesprächs zwischen der EKiD und den protestantischen Kirchen in der Tschechoslowakei nicht länger ausgewichen werden.

gez. *Paul Zahradnik*,	gez. *D. Erich Wehrenfennig*,
Superintendent	Kirchenpräsident
gez. *Pf. Karl Sikora*,	gez. *Pfr. Walter Eibich*,
Vorstandsmitglied	Vorstandsmitglied

Erklärung der Gemeinschaft ev. Sudetendeutscher:
In Fortführung unseres Wortes vom 1. 9. 1955 (Feuchtwangener Erklärung der Gemeinschaft Evangelischer Sudetendeutscher zum deutsch-tschechoslowakischen Verhältnis) stellen wir fest:
    Wir wissen uns durch das Wort des Herrn gerufen, das Gespräch mit jedem christlichen Bruder zu suchen.
    Christen einander fremdgewordener Völker können zueinander finden, wenn sie sich in rechter Demut unter das Wort des Herrn stellen: „Seid fleißig zu halten die Einigkeit im Geist durch das Band des Friedens und vertraget einer den anderen in der Liebe" (Eph. 4,3. 2b).
    Solche Demut bewährt sich in der Beugung unter Gottes Gericht, das uns trifft, wo immer wir vor ihm aneinander schuldig geworden sind.
    Die Begegnung kann nur stattfinden in der Gebundenheit unseres Gewissens an Gottes Wort und Gebot. Diese führen uns zum beiderseitigen Bußbekenntnis. Die Bereitschaft dazu können wir nicht voneinander fordern, sondern nur füreinander von Gott erbitten.
    Wir wissen, daß wir als Christen das uns von Gott auferlegte Kreuz zu tragen und die von ihm geforderten Opfer zu bringen haben. Die Liebe zum Nächsten dringet uns aber, sein im Aufruhr gegen Gott zerstörtes Lebensrecht zu schützen und Unrecht wieder gut zu machen.
    Ein Gespräch ohne diesen Gehorsam und diese Verantwortung hätte keine Verheißung.

Am 15. Dezember 1965 wurde ein Memorandum zur Lage der „Deutschen Evangelischen Kiche in Böhmen, Mähren und Schlesien" (in der Zerstreuung) herausgegeben, das zugleich als Stellungnahme zur Denkschrift der Kammer der EKD für öffentliche Verantwortung über „die Lage der Vertriebenen und das Verhältnis des Deutschen Volkes zu seinen östlichen Nachbarn" gilt. Das Memorandum wurde ausgearbeitet von einem Mitarbeiterkreis des „Institutes für Reformations- und Kirchengeschichte der böhmischen Länder", der allein die Verantwortung für den Inhalt trägt.

Nach der Vertreibung der Deutschen aus Prag wurde das Kirchengebäude von den Lutheranern der slowakischen Kirche in Besitz genommen, damit dort Gottesdienste und Amtshandlungen für die aus der Slowakei in Prag angesiedelten Glaubensgenossen A. B. gehalten werden konnten.

So berichtet der Senior i. R. Dr. Emanuel Varga in seiner Festschrift: „Die St. Michaelskirche in Jirchář/Prag (Seite 12 ff):

Erster Pfarrer wurde Bischof Dr. R. Koštial, der die grundlegenden organisatorischen Maßnahmen in der Gemeinde traf. Dann arbeitete hier der Pfarrer E. Mičovský, der in der Zeit der atheistischen Unterdrückung während der fünfziger Jahre den Funken des Glaubens am Leben erhielt.
Der dritte Pfarrer war Dr. Emanuel Varga, der in den Jahren 1973–1983 zusammen mit dem Gemeindeinspektor Dr. J. Mičko und anderen Gemeindemitgliedern eine grundlegende Wiederherstellung der St. Michaelskirche veranlaßte und zur Stabilisierung des kirchlichen Lebens beitrug.
Neben Gottesdiensten fanden hier auch Bibelstunden, Gemeindeveranstaltungen und hin und wieder auch Kindergottesdienste oder Konfirmationen statt. Im Jahr 1984 beteiligte sich die Gemeinde an einer Reihe bedeutender Ereignisse: die Neueinweihung der Kirche, der Konvent der Kirchengemeinden des Pressburger Seniorats und die Eröffnung der Ausstellung über das Leben der Kirche. Die Feierlichkeiten zum vierzigjährigen Bestehen der Prager slowakischen evangelischen Gemeinde wurden zu einem wichtigen gesamtkirchlichen Ereignis, an dem leitende Persönlichkeiten der Slowakischen Evangelischen Kirche A. B. aus Bratislava, slowakisch-lutherische Bischöfe aus Jugoslawien und den USA, sowie viele weitere Gäste aus der in- und ausländischen Ökumene teilnahmen.
Nach der Pensionierung von Pfarrer E. Varga wird die Gemeinde von jungen Pfarrern aus der Slowakei (Velebír, Šoltés, Hegerová, Bunčák) verwaltet. Jetzt ist hier ein neuer Pfarrer: *Andrej Hlibocky*. Noch andere Aufgaben stehen uns bevor: Unsere Kirche benötigt eine neue Orgel und die Gemeinde ein neues Pfarrhaus.
Die neuen politischen Bedingungen bieten alle Möglichkeiten für die Normalisierung des kirchlichen Lebens. Die Kirchengemeinde genießt sowohl in der Prager Diaspora, als auch bei allen Angehörigen der Augsburgischen Konfession im In- und Ausland, größtes Ansehen.
In diesem ökumenischen Geist wollen wir das 200. Jubiläum der Übernahme der St. Michaelis-Kirche durch die Prager Evangelischen begehen. Wir möchten es zur Förderung einer engeren Zusammenarbeit in der Prager Ökumene, sowie zur Zusammenarbeit mit den benachbarten deutschen evangelischen Kirchen nutzen, von wo aus die reformatorischen Gedanken Luthers zu uns gelangt sind und den Grund für den Protestantismus in unserem Land gelegt haben. Unsere Gemeinde will ein Element Stabilität inmitten allgemeiner Radikalisierung auch im politischen Leben unseres Landes sein.

Das 200. Jubiläum, welches am 15. und 16. Juni 1991 unter großer Anteilnahme österreichischer und deutscher Gäste gefeiert wurde, bei dem auch der Generalbischof der slowakischen lutherischen Kirche, Pavel Uhorskai, predigte und die slowakischen Gemeinden des Preßburger Seniorates mit Bussen gekommen waren, ließ die Teilnehmer den wunderbaren Segen Gottes erkennen, daß dieses alte, würdige Gotteshaus nun von einer neuen jungen Gemeinde besucht wird, die ebenso wie die ehemalige deutsche Gemeinde der Stadt Prag das versöhnende, gnadenbringende Wort Gottes sucht, um daraus Früchte zum ewigen Leben hervorzubringen. Wir vergänglichen Menschen vergehen mit unserer Vergangenheit, aber das Wort Gottes bleibt in Ewigkeit. Darum:

„Ich vergesse, was dahinten ist, und strecke mich zu dem, was da vorne ist, und jage nach dem vorgesteckten Ziel, nach dem Kleinod, welches vorhält die himmlische Berufung Gottes in Christo Jesu" (Phil 3,13f).

Denn wir sind es doch nicht, die die Kirche erhalten könnten, unsere Vorfahren sind es auch nicht gewesen, unsere Nachkommen werden es auch nicht sein, sondern der ists gewesen, ists noch und wirds sein, der da spricht: Ich bin bei euch alle Tage bis an der Welt Ende.

Martin Luther

VLADIMÍR LÁSKA

So lebte ich ...

Ein gläubiger Intellektueller berichtet über sein Leben in der sozialistischen Tschechoslowakei

Zur Einführung

Das Transkarpatengebiet ist ein Teil der westukrainischen Republik, der in der Zeit zwischen den beiden Weltkriegen zur ersten ČSR als autonomes Land gehörte. Dort bin ich nicht weit entfernt von der Stadt Mukatschewo im Dorf Nový Klenovec im Kriegsjahr 1941 geboren. Das Dorf wurde Anfang des 19. Jahrhunderts von Slowaken und Deutschen aus der Slowakei gegründet. Sie alle waren Lutheraner. So entstand auf diesem Gebiet die östlichste Kirchengemeinde der späteren Evangelischen Kirche Augsburgischen Bekenntnisses in der Slowakei. Da die deutschen Familien in der Minderheit waren, wurden sie natürlicherweise sehr rasch slowakisiert. So konnte zum Beispiel mein Urgroßvater mütterlicherseits nur deutsch beten, während schon mein Großvater nur slowakisch sprach, obwohl er den Familiennamen Schneider trug. Ich war das Kind des Kleinbauern Ján Láska, der auch Gemeindekantor war. Wir wohnten in einem Einfamilienhaus in der Nachbarschaft von Kirche und Schule. So war mein Leben von Anfang an eng mit dem Pulsschlag der Gemeinde verbunden. Das Kriegsende brachte diesem Land ganz neue Dimensionen. Nach der Vereinbarung zwischen Stalin und dem Präsidenten der ČSR Beneš wurde das Transkarpatenland der Sowjetunion angegliedert. Drei Jahre lang mußten wir Slowaken und Tschechen warten, bis wir nach fast einhundertfünfzig Jahren eigener Existenz in diesem Gebiet wieder in die Slowakei übersiedeln konnten. Es geschah im Rahmen „des Austauschs der Bevölkerung" zwischen der Tschechoslowakei und der Sowjetunion, das heißt Slowaken aus der Westukraine wurden in die Slowakei gebracht und Rus-Ukrainer aus der Ostslowakei in die Sowjetunion. Der Tag „U" kam im Mai 1947. Außer drei slowakischen Familien siedelte die ganze Gemeinde in die Slowakei über.

Als Schüler und Gymnasiast

Für alle übergesiedelten Slowaken begann ein schweres Leben. Ohne Wohnung, ohne materielle Hilfe, ohne Kirche, ohne Sprachkenntnisse kamen wir in die Südmittelslowakei an die slowakisch-ungarische Grenze, wo die ungarische ethnische Minderheit lebte. Alle Gemeindeglieder der Evangelischen Kirche Augsburgischen Bekenntnisses wurden in die verschiedenen Dörfer zerstreut. So entstand unter den meist katholischen und reformierten Ungarn die Diasporagemeinde Šafárikovo. In diesem Städtchen war im Jahr 1933 eine moderne evangelische Kirche gebaut worden und in der Nachkriegszeit folgte auch ein Haus gleich neben der Kirche als Pfarrhaus. Aber die Gemeinde blieb doch in die umliegenden Orte verstreut. Mein Vater, der Gemeindekantor war, mußte zum Beispiel an jedem Sonn- und Feiertag sechzehn Kilometer vom Dorf Chanava nach Šafárikovo fahren, die ersten sechs Kilometer bis zum Bahnhof zu Fuß oder mit dem Fahrrad und die restlichen zehn Kilometer mit der Bahn bei jedem Wetter, im Winter wie im Sommer. Er hatte ja das Amt, daß er im Gottesdienst mit dem Orgelspiel diente. Für die ganze Familie waren diese Wege zu weit. So war es in unserer Familie üblich, daß wir uns auch in der Hausgemeinschaft zum Hören auf das Gotteswort, zum Beten und Singen zusammenfanden. Zur Kirche mußten wir ins Nachbardorf auf Feldwegen durch die Hügellandschaft sechs Kilometer zu Fuß gehen, wenn dort am letzten Sonntag im Monat in der gemieteten reformierten Kirche unsere slowakischen lutherischen Gottesdienste stattfanden. Unter solchen Umständen kam ich zur Schule. Die ersten fünf Jahre besuchte ich die Schule von Chanava, dann ging ich drei Jahre nach Rimavská Seč. Mein Glaube, wie ich ihn im Elternhaus mitgelebt hatte, wurde in der Schule noch durch die Teilnahme am Religionsunterricht vertieft. Im Jahr 1956 wurde ich zusammen mit fünfunddreißig Knaben und Mädchen aus dieser Diaspora in der Kirche von Šafárikovo konfirmiert. Für mich war die Konfirmation wirklich ein Fest. Das wurde dadurch noch verstärkt, daß mir die Aufgabe zufiel, im Gottesdienst vor der ganzen Gemeinde ein Bußgebet im Namen aller Konfirmanden vorzutragen. Bis heute lasse ich mich in meinem geistlichen Leben von den Worten meines Konfirmationsspruches (Joh 15,8) leiten: „Darin wird mein Vater verherrlicht, daß ihr viel Frucht bringt und werdet meine Jünger."

Schon als Schüler habe ich mich für das gesellschaftliche Leben interessiert. Mein Vater hatte eine gute Hausbibliothek. So konnte ich viele Bücher mit religiösen und historischen Themen kennenlernen. Als im Jahr 1948 in der Tschechoslowakei die Kommunisten an die Macht kamen, begann für meine Eltern ein Leben voll von Schikanen, Intrigen und Druck von der Seite der Mächtigen. Mein Vater war unter den Bewohnern des Dorfes ein angesehener Mann. Darum wurde der erste Druck bei der Kollektivierung des Dorfes auf meinen Vater ausgeübt. Die Bedrohung mit Ausquartierung, Propagandabesuche der Genossen, Schikanen, die Auflagen von unmöglichen Pflichtlieferungen verschiedener Getreidesorten an den Staat sind nur einige der Methoden und Mittel, wie sie auf uns im täglichen Leben in den fünfziger Jahren angewendet wurden. Mein Vater und seine Freunde erwarteten in diesen schweren Jahren jeden Tag die Befreiung durch die USA und die westlichen Staaten. Jeden Abend, wenn er auch müde war, ging er zu Fuß in das Nachbardorf zu seinem Vetter, um die neuesten Nachrichten aus den Sendungen des BBC und des Radio Freies Europa zu hören. Kein Wunder, daß auch ich „prowestlich" orientiert war. Im Gymnasium lehnte ich die Mitgliedschaft im tschechoslowakischen Jugendverband ab, obwohl sie für jeden Studenten obligatorisch war. Erst vor dem Abitur mußte ich eintreten, da der Stellvertreter des Direktors mir mit dem Ausschluß von der Schule drohte. Ich hatte Lust, Theologie zu studieren, aber ich hatte keine Unterstützung von meiner Mutter. So meldete ich mich bei der philosophischen Fakultät der Comenius-Universität Bratislava an, um Deutsch zu studieren. Bei der Aufnahmeprüfung wurde ich unter anderem auch über meinen Glauben gefragt. Der Vorsitzende der Kommission zitierte den folgenden Satz aus der Charakteristik, die von den örtlichen Behörden über mich abgegeben worden war: „Die Familie ist religiös belastet. Der Vater organisiert im Dorf das geistliche Leben". Drei Wochen später erhielt ich das Resultat der Kommission: „Aufgrund von Mangel an Studienplätzen können wir Sie nicht zum Studium zulassen". Es ist interessant, daß auch meine jüngere Schwester, die eine Arzneimittelfachschule besuchen wollte, einen ähnlichen Bescheid erhielt. Auch ihr wurden solche Fragen gestellt: „Besuchen Sie die Kirche? Glauben Sie?" und ähnliches.

Aber der Herr hat für uns gesorgt. Im Jahr 1959 begann ich das Studium an der Pädagogischen Fakultät in den Fächern Slowakisch, Russisch und Bürgerkunde. Als künftiger Lehrer mußte ich im Blick auf Religionszugehörigkeit „angeglichen" sein, das heißt, ich sollte Atheist sein. Als Bewohner des Studentenheims war ich in schwerer Lage, wenn ich die Gottesdienste besuchen wollte. Im ersten Semester ging ich jeden Sonntagmorgen heimlich zu einem „Verwandtenbesuch". Aber bald wurden meine „Besuche" verdächtig. Unter uns waren schon Spitzel, die den Behörden alles meldeten. So wurde ich nach und nach immer vorsichtiger. Im zweiten Semester besuchte ich nur einmal im Monat einen Gottesdienst in der weiteren Umgebung der Stadt Banská Bystrica, wo es viele evangelische Gemeinden gibt. Ich erinnere mich sehr gut, daß ich sogar einmal zum Palmsonntagsgottesdienst schon am Samstag abend die Fahrt angetreten habe, denn ich wollte ins schlesische Gebiet in die Stadt Třinec, um dort nicht nur Gottes Wort zu hören, sondern um auch überhaupt die schlesische evangelische Kirche Augsburgischen Bekenntnisses kennenzulernen. Wenn ich einmal nach Hause zu meinen Eltern fuhr, war ich dort auch immer mit in der Versammlung des Volkes Gottes zum Gottesdienst der Gemeinde.

Schon im Gymnasium begann ich einen Briefkontakt mit einem polnischen evangelischen Studenten. Ich interessierte mich auch für die skandinavischen Länder, besonders für Schweden, denn wir schätzten in der Diaspora immer die lutherischen Skandinavier als unsere Mitbrüder im Glauben. So versuchte ich auch, Briefkontakte mit jungen Schweden anzuknüpfen. Da ich keine Adresse hatte, wandte ich mich direkt an den Primas der Kirche von Schweden, den Erzbischof von Uppsala, und bekam auch eine Antwort von seinem Sekretär. Wenig später folgte ein Brief von einem Studenten, der Russisch an der Universität Uppsala studierte. Ich erwähne diese Erinnerungen als Beispiel für meine damalige Orientierung und auch als Verständnishintergrund für die späteren Ereignisse.

Als Lehrer

Meine Berufspraxis begann in der selben Schule, in der ich auch mein Abitur bestanden hatte. Der Direktor der Schule in Šafárikovo war der Schwiegersohn des Gemeindekurators. Das war sehr wichtig für mich. Da er wußte, daß mein Vater Gemeindekantor in Šafárikovo ist, mußte ich das dritte Fach meiner Kombination – Bürgerkunde – in dieser Schule nicht lehren. Dieses Fach war nämlich im Inhalt voll und ganz marxistisch-leninistisch und atheistisch orientiert. Davor war ich nun durch diese glückliche Fügung verschont. Ich besuchte aber weiter die Gottesdienste der Gemeinde in der Kiche des Nachbardorfs. Erst nach fünf Jahren wurde ich zum Direktor „auf den Teppich" gerufen. Mir wurde unmißverständlich vorgeworfen, daß ich die Kirche besuche. Das könne ein sozialistischer Lehrer nicht tun, denn er solle im Vordergrund der sozialistischen Intelligenz stehen. Der Direktor riet mir, vom Kirchenbesuch abzusehen, wenn ich denn meine Stelle als Lehrer nicht verlieren wolle. Es waren schwere Zeiten für den Glauben ohne die Versammlungen der Gläubigen, ohne Freunde ...

Die meisten Lehrerinnen und Lehrer lebten nur für sich. Es war eine gespannte Atmosphäre unter uns. Niemand hatte Zutrauen zum anderen. Meine Altersgenossen unter den Kollegen fanden nur im Alkohol Freude. Nicht nur einmal luden sie auch mich ein, aber ich hatte immer Kraft zu widersprechen. Da ich von Natur aus ernst war, haben sie mir den Schimpfnamen „Herr Pfarrer" gegeben.

In diesen Jahren vertiefte ich mein Interesse für das Leben der evangelischen Kirchen in der Welt. Da unsere slowakischen kirchlichen Zeitschriften sehr arm an Nachrichten waren, habe ich mir Publikationen der Kirchen aus der DDR, aus Ungarn und aus Polen bestellt. Ein Aufbruch in meinem Leben geschah im September 1963. Damals war ich zum erstenmal im Westen. Mit einer Touristengruppe aus Prag machten wir eine Busreise nach Polen, Schweden, Dänemark und in die DDR. Ich war von der Stadt Malmö in Schweden begeistert. Die Versuchung, dort um politisches Asyl zu bitten, war stark. Aber meine Familienbindung war stärker und hat deshalb gesiegt. Seither wurde aber der Tourismus mein Hobby. Fast jedes Jahr besuchte ich als Tourist zuerst die Ostblockstaaten, später auch die westeuropäischen Staaten. Das war für mein Schicksal von entscheidender Bedeutung. Damals war ich zunächst sehr naiv. Erst später fragte ich mich: Warum stand in der Nacht ein unbekannter Mann vor unserem Haus? Warum hat sich der Geheimdienst der Polizei im Dorf über mich erkundigt?

Im Jahr 1971 zogen wir in das neu gekaufte Haus im Städtchen Jur pri Bratislave (deutsch Sankt Georgen), einer Vorstadt der slowakischen Hauptstadt Bratislava. Täglich mußte ich mit dem Bus in die Nachbarstadt Pezinok (Bösing) zum Dienst in die Schule fahren. Hier war es schon schwerer. Ich mußte außer der Fremdsprache Russisch und der Landessprache Slowakisch nun auch mein drittes Fach – Bürgerkunde – lehren. Für mich als gläubigen Christen war das eine schwere Belastung. Ich mußte nämlich den Schülern den Lehrstoff im atheistischen Sinn erklären. Ich bemerkte, daß ich außer den öffentlichen Kontrollen des Schuldirektors in meinen Stunden auch inoffiziell kontrolliert wurde. Das geschah teilweise dadurch, daß die besten Schüler aus der Klasse ausgefragt wurden. Das geschah aber auch durch direktes Lauschen hinter der Tür. Die beste Kontrollmethode für den Lehrprozeß wurde jedoch durch Abhöranlagen verwirklicht. Da wir Unterricht in zwei Schichten hatten im wöchentlichen Wechsel zwischen Vormittag und Nachmittag, blieb ich oft länger im Schulgebäude. Nicht nur einmal bemerkte ich, daß nach dem Unterricht unbekannte Herren durch die Klassenräume gingen. Es war mir gleich verdächtig. Ich spürte, daß hier etwas nicht klappte. Und wirklich: als ich morgens zum Unterricht in einen Klassenraum ging, fand ich gleich neben der Tür ein großes Loch in der Wand. „Was sollte dieses Loch da?" Am Tag vorher war es noch nicht gewesen. „Wer hat es in der Nacht gemacht?" „Und warum?" Solche Fragen legte ich mir vor. Ich kam zu dem Ergebnis, daß die unbekannten Männer in die Wand dieses Klassenraums eine Abhöranlage montieren wollten. Da sie aber nicht wußten, daß gerade dort der Kamin war, hatten sie ein großes Loch in diesen Kamin gemacht, der nicht mehr verwendet wurde, seit in der Schule eine Gasheizung installiert worden war.

In diesen Jahren besuchte ich heimlich Gottesdienste in Bratislava. Dort lernte ich in der Bibelstunde einen Kreis gläubiger Akademiker kennen. Es war für mich ein neuer Anfang in meinem geistlichen Leben. Ich begann nun auch, regelmäßig die Zusammenkünfte dieser vom Pietismus geprägten Gemeinschaft zu besuchen. Wir hatten unsere Programme, machten Ausflüge in die Natur, sangen neue geistliche – auch fröhliche und moderne – Lieder, organisierten Hauskreise, Bibelwochen im Winter und im Sommer in den Scheunen und Hütten und tief in den Wäldern. Wir hatten Kontakte mit Missionaren aus Wien und aus Finnland, die – als Touristen getarnt – zu uns kamen, um bei unseren heimlichen Versammlungen Vorträge zu halten. Wir verbreiteten die Schriften und Bücher, die wir auf geheimen Wegen aus dem Westen bekommen hatten. Als ich dann später Kontakt zu den Brüdern und Schwestern in der DDR hatte, organisierten wir in Potsdam in der Hofbauer-Stiftung Einkehrtage und Evangelisationen für unsere Jugend. Diese illegale Tätigkeit war für mich aber immer auch eine psychische Belastung, denn ich sah ja, daß ich persönlich beobachtet wurde, daß mir immer wieder jemand „folgte". Die Herren wohnten bei unseren Nachbarn. Als ich einmal aus meinem Haus auf die Straße und dann in die Stadt ging, war ein junger Mann gleich hinter mir. Er verrichtete seinen Auftrag so, daß ganz offensichtlich war, was er zu tun hatte. Meiner Meinung nach wollten sie auf diese Weise einen psychischen Druck auf mich ausüben und mich endlich in Passivität treiben. Aber es blieb nicht allein dabei. Meine Post wurde kontrolliert und sehr oft beschlagnahmt. In der Schule wurde ich als Gläubiger schikaniert, zum Beispiel sandte mich mein Direktor an einem Karfreitag mit meiner Klasse zum Arbeiten in das Holzwerk Pezinok. Ich durfte nicht mehr in die westlichen Staaten fahren. Mir wurde gesagt: „Die sozialistischen Lehrer müssen in die Comecon-Staaten fahren". Als dann noch die Bespitzelung durch den Stellvertreter meines Direktors bei den heimlich besuchten Gottesdiensten hinzukam und ich zur atheistischen Schulung des Kreiskomitees der kommunistischen Partei der Tschechoslowakei gesandt wurde, war es kein Wunder, daß ich bei der Belohnung am Rande stand. Was ich aber nicht verstand, war die Tatsache, daß mir auch auf meinen Reisen in den sozialistischen Ländern jemand nachfolgte. So hatte ich solche unerwünschten Begleiter in Rumänien, Bulgarien, in Budapest und in Polen. Ich staunte, als ich in Polen und in Budapest ein Privatzimmer bekam. Die Hausfrauen waren im Gespräch mit mir sehr nett. Aber als ich dann das erstemal aus der Stadt zurückkam, waren diese Frauen wie verändert. Sie benahmen sich kaltblütig, zurückhaltend und mißtrauisch. Damals konnte ich diese plötzliche Wendung nicht begreifen. Auch zu Hause passierten bemerkenswerte Dinge. Ich beobachtete, daß in meinem Zimmer die Möbel etwas anders standen. Im Schrank waren meine Hemden anders geordnet. Hier mußte jemand gewesen sein. Als ich an einem Tag meine Arbeitsschicht wechseln mußte, blieb ich am Vormittag zu Hause. Und da kam die Überraschung! Als ich gegen zehn Uhr meinen Hof mit dem Besen kehrte, blieb plötzlich ein PKW vor meinem Haus stehen. Als die Reisenden mich sahen, starteten sie das Auto wieder und fuhren noch etwa dreißig Meter auf der Straße. Dann wendeten sie wieder und fuhren in Richtung Bratislava, woher sie gekommen waren. Ich sah, daß es ein Auto mit sowjetischem Kennzeichen war. Die Insassen waren sowjetische Soldaten. Das wollte ich nicht glauben. Jetzt war mir alles klar. Ich war also ein internationaler Spion. Meine Touristenreisen in den Westen, meine Briefkontakte mit dem Ausland, meine Briefe an die westlichen Botschaften in Prag mit der Bitte um Reiseprospekte und Stadtpläne aus ihren Ländern – das alles war Grund genug, mich in diese Kategorie einzuordnen und demgemäß eine konsequente Beschattung zu organisieren. Darum dieses Benehmen der Hausfrauen in Budapest und in Polen! („Seien Sie, gnädige Frau, vorsichtig! Er ist ein internationaler Spion oder Schmuggler.")

Die fehlende Gewissensfreiheit, der immer steigende Druck, die Überlastung in der Schule und die Lohndiskriminierung führten mich zuletzt zur Entscheidung, den Beruf des Lehrers aufzugeben. Im Jahr 1979 ist es mir nach vielen Bemühungen gelungen, eine annehmbare Stelle zu finden. Es gab zwar freie Arbeitsplätze, aber wenn ich mich bei einer Personalabteilung meldete, wurde mir nach einer Woche mitgeteilt, daß leider der Arbeitsplatz schon besetzt sei. Die dunklen Kräfte waren immer dabei. Mit Gottes Hilfe fand ich den neuen Arbeitsplatz bei dem Forschungsinstitut für Industriebauwesen als Mitarbeiter in der Dokumentation und Übersetzer. Nach acht Jahren wechselte ich ins Institut für Eisenbahnforschung in Bratislava, wo ich bis Ende Januar 1992 tätig war. Seit ich den Lehrerberuf aufgab, fühle ich mich ganz frei. In der Gemeinde Svätý Jur öffnete der Herr mir die Tür für Mitarbeit in der Kirche. Seit etwa zwölf

Jahren bin ich ehrenamtlicher Laienprediger, singe im Kirchenchor und auf der Ebene der Landeskirche bin ich tätig im Bereich der Inneren Mission, der Evangelisation und seit Februar 1992 als Sekretär für Massenmedien im Generalbischofsamt in Bratislava.

Schlußbemerkungen

Jemand hat gesagt, das Leben sei ein Kampf. Mein Leben in der sozialistischen Tschechoslowakei war nicht nur Kampf, sondern auch eine Glaubensschule, sogar eine Art von Theater, in dem wir Schauspieler und Zuschauer zugleich waren. In diesem Theater mußten wir unsere Rolle als Christen vorzüglich spielen. Wenn ich auch von meinen Mitspielern sehr oft angegriffen, beschimpft, erniedrigt und verfolgt wurde, hat mir der Herr soviel Kraft gegeben, daß ich nie meinen Feinden das Böse mit Bösem vergolten oder sie gar gehaßt habe. Die Liebe Gottes wirkte in mir diese Kraft zum Guten. Ich weiß, daß die Wahrheit der Heiligen Schrift auch für heute und allezeit gültig ist, die Matthäus 5,11 steht: „Selig seid ihr, wenn euch die Menschen um meinetwillen schmähen und verfolgen und reden allerlei Übles gegen euch, wenn sie damit lügen."

Wer Gott recht lieben und seine Gebote halten will, der muß so beschaffen sein, daß er sein Gut, Leib und Leben lassen könne.   Martin Luther

JEAN-PAUL WILLAIME

Zwischen Tradition und Krise

Religiöse Wandlungen im Elsaß[*]

I. Das Elsaß: Eine religiös geprägte Landschaft

Im Vergleich zu anderen Regionen Frankreichs ist im Elsaß die Dimension des Religiösen überaus präsent. Wollte sich jemand die Kenntnis des Landes über die Lektüre von Zeitungen erschließen, würde er staunen über das Gewicht religiöser Thematik in Nachrichtengebung und Reflexion. Dem Beobachter begegnet überall eine starke soziale Präsenz des Religiösen, sei es auf institutioneller oder auf kultureller Ebene oder gar auf der Ebene der volkstümlichen Kirchlichkeit. Sowohl das Konkordat von 1801 als auch die Organischen Artikel von 1802, das Gesetz von Falloux von 1850 und andere gesetzliche Regelungen garantieren den öffentlich anerkannten Konfessionen (den Katholiken, den lutherischen und reformierten Protestanten und den Juden) öffentliche Wirksamkeit. Die Anerkennung findet unter anderem in der wichtigen Rolle der religiösen Institutionen im öffentlichen Leben der Region ihren Niederschlag, aber auch in der Tatsache, daß an den Schulen der Religionsunterricht ordentliches Lehrfach ist, und in der Existenz zweier theologischer Fakultäten an der staatlichen Universität.

Im kulturellen Leben fällt die starke Beteiligung verschiedener religiöser Gruppen (Gemeinden, Bewegungen, „aumôneries"[1]) an Vortrags- und Diskussionsveranstaltungen, Konzerten und musikalischen Aufführungen, Feierlichkeiten oder anderen öffentlichen Veranstaltungen auf. Besonders bemerkenswert sind auch die vielfältigen religiösen Bezüge in den volkstümlichen Überlieferungen des Elsaß sowie der Reichtum an Ausdrucksformen in der Volksfrömmigkeit (u. a. Wallfahrten, Texte, fromme Bilder und Gegenstände). Alles weist darauf hin, wie stark die elsässische Mentalität religiös geprägt ist.

In der Tat bekennen sich beinahe alle Elsässer zu einer religiösen Tradition: der Elsässer ist katholisch, protestantisch oder Jude, aber nur selten „ohne Religion". Bei Erhebungen auf nationaler Ebene gaben 16 Prozent der Franzosen „ohne Religion" an, während es im Elsaß nur zwei Prozent

[*] Vortrag, gehalten am 15. 11. 1988 im Foyer de l'Etudiant Catholique in Straßburg. Übersetzung aus dem Französischen von Elisabeth Parmentier.

waren. Sogar bei den 12- bis 20jährigen ergab eine regionale Befragung nur zwei Prozent erklärte Atheisten.[2] Obwohl diese Umfrageergebnisse keinerlei Einzelheiten über den Glauben und die religiöse Praxis im einzelnen enthalten, sind sie doch ein Zeichen dafür, daß sich die große Mehrheit der elsässischen Bevölkerung mit einer religiösen Tradition identifiziert.

Das Elsaß ist auch insofern ein Land der Religion, als es von einer Pluralität der Konfessionen geprägt ist. Auch hierin unterscheidet es sich von den meisten französischen Regionen. 76 Prozent Katholiken, 19 Prozent Protestanten, 15 000 Juden, etwa 70 000 Moslems sowie 144 Sekten (1988) lassen die Konfessionspluralität zu einem Charakteristikum des religiösen Profils im Elsaß werden. Die Vielfalt der Konfessionen war in langen Jahren Ursache vieler Streitigkeiten; sie bezeichnet heute – besonders zwischen Katholiken und Protestanten – einen anderen, weitaus positiveren Erfahrungshorizont. Immerhin haben die Spannungen und Konflikte der Vergangenheit einen unübersehbaren Beitrag zur Ausformung der elsässischen Identität geleistet.

Nicht zuletzt die historische Dimension: die Geschichte des Elsaß ist in starkem Maße Glaubens- und Kirchengeschichte, und sie könnte ohne die tragende Rolle des Protestantismus oder der Abteien oder des christlichen Sozial- und Erziehungswesens nicht geschrieben werden. Sogar die politischen Entwicklungen waren im Elsaß in langen Perioden konfessionell bestimmt. Auch die Vielzahl und die Größe der kirchlichen Gebäude, die zahlreichen religiösen Symbole, die Straßennamen, die konfessionellen Stiftungen und Einrichtungen bezeugen noch heute das starke Einwirken religiöser Faktoren auf die Entwicklung der Region. Schließlich sei die herausragende Rolle der Konfessionen auf dem Gebiet der allgemeinen Bildung hervorgehoben. Unter denen, die auf ökonomischer, politischer oder kultureller Ebene den Ton angeben, sind verhältnismäßig viele, die christliche Erziehungs- und Bildungseinrichtungen durchlaufen haben oder gar sich als praktizierende Christen bekennen.

Entspricht aber einer derart offenkundigen Präsenz des Religiösen im öffentlichen Leben auch eine ebenso starke religiöse Vitalität? Hier sollte die Bilanz sehr genau differenziert werden.

II. Kirchliches Leben und religiöse Äußerungen im Elsaß heute – Erosion und Krise

Die Beteiligung am sonntäglichen Gottesdienst übertrifft mit 19 Prozent diejenige im übrigen Frankreich (11 Prozent regelmäßige Kirchgänger). Die Zahl derjenigen, die einmal im Monat an einem Gottesdienst teilnehmen, liegt bei 31 Prozent.[3] Die Umfrageergebnisse weisen jedoch eine erheblich unterschiedliche Situation in der Stadt und auf dem Lande sowie zwischen den Konfessionen aus. Die Sitte des sonntäglichen Kirchgangs ist bei den Katholiken ungleich tiefer verankert als bei den Protestanten. Bei Lutheranern und Reformierten liegt der Prozentsatz der Kirchgänger in einigen ländlichen Gemeinden bei 20 bis 30 Prozent, in einer Stadt wie Straßburg aber nur bei zwei bis fünf Prozent. Die Freikirchen (Baptisten, Pfingstler, Methodisten usw.), bei denen die persönliche Glaubensentscheidung stets in viel stärkerem Maße die religiöse Praxis bestimmt hat, weisen naturgemäß eine höhere aktive Beteiligung am Leben ihrer Glaubensgemeinschaft auf. In Straßburg beispielsweise nehmen an jedem Sonntag mehr als zweitausend Protestanten freikirchlichen Bekenntnisses an einem Gottesdienst teil.

Aber die Zahl der sonntäglichen Gottesdienstbesucher ist nicht der einzige Maßstab für die religiöse Praxis. So ergab 1986 eine Umfrage unter 12- bis 20jährigen, daß 15 Prozent der Jugendlichen christlichen Jugendorganisationen oder christlich ausgerichteten Gruppen und Kreisen angehören.

Am Religionsunterricht an den Schulen nahmen in den Jahren 1985–1986 52,2 Prozent Schüler der Oberstufe (Gymnasien und Schulen aller Kategorien) teil,[4] was seit 1981-1982 einen Rückgang von 13,9 Prozent bedeutet. Sehr deutlich ist der Unterschied zwischen dem 5. und 9. Schuljahr („collège") und dem 10. bis 12. Schuljahr („lycée")[5]: von 69,5 Prozent im 5. bis 9. Schuljahr („collège") sinkt der Prozentsatz der Beteiligung am Religionsunterricht auf 23 Prozent im 10. bis 12. Schuljahr („lycée") und sogar auf 12,3 Prozent in den staatlichen Gymnasien („lycées publics d'enseignement général")[6] bzw. in den Realschulen – was für letztere einen Rückgang von 30 Prozent innerhalb von vier Jahren, also einen dramatischen Einbruch bedeutet!). In der Grundschule und Hauptschule hingegen verharren die Zahlen auf hohem Niveau (83,6 Prozent in den Jahren 1985–1986). Entsprechend hoch ist der Bedarf an Religionslehrern und Katecheten; allein in der Straßburger Diözese halten 800 Katecheten katholischen Religionsunterricht.

Die Statistik des Straßburger Schulrektorats weist in den Jahren 1985–1986 für die Konfessionszugehörigkeit der Schüler an den staatlichen und konfessionsgebundenen Grund- und Hauptschulen im Elsaß folgende Zahlen aus: 69,5 Prozent Katholiken, 13,6 Protestanten, 0,5 Prozent Juden, 11,1 Prozent Moslems und 5,3 Prozent „andere Konfessionen" oder „ohne Religion". Bemerkenswert ist der Prozentsatz der islamischen Kinder: Während der Islam in der elsässischen Bevölkerung einen Anteil von nur 4,4 Prozent verzeichnet, beträgt der entsprechende Prozentsatz unter den Schülern und Schülerinnen an den Grund- und Hauptschulen 11,1 Prozent (9,6 Prozent im Département Bas-Rhin und 13,2 Prozent im Département Haut-Rhin). Hier kündigt sich eine einschneidende Wandlung der religiösen Landschaft im Elsaß an: Im Jahre 2000 könnten mehr als zehn Prozent der Bevölkerung islamischer Religionszugehörigkeit sein. Schon jetzt bekennen sich in manchen Bezirken wie Altkirch, Thann und Mulhouse mehr Bewohner zum Islam, als die protestantischen Kirchen Mitglieder zählen. Hier stellt sich natürlich die Frage der Berücksichtigung des Islam bei der Planung des Religionsunterrichts in den Schulen.

Bezüglich der Geistlichen stellt sich die Lage je nach Konfession sehr unterschiedlich dar. Die Zahl der katholischen Geistlichen ist sehr gesunken, und die Alterspyramide hat sich nach oben erweitert. 1987 lag das Durchschnittsalter der 1 092 Priester bei mehr als 62 Jahren; die 80jährigen waren zahlreicher (90) als die noch nicht 40jährigen (67). Im Gegensatz dazu sind in der lutherischen und reformierten Kirche in Elsaß und Lothringen alle Stellen besetzt, wobei eine deutliche Verjüngung der Pfarrerschaft stattgefunden hat.

Das religiöse Leben spiegelt sich auch in den Lebensäußerungen der verschiedenen freien Vereinigungen. Beispielsweise zählt die „Avant-garde du Rhin" – sie umfaßt katholische Vereine und Sportgruppen – z. Zt. 42 000 Mitglieder. Auf protestantischer Seite bezeugen etwa die „Association des Fanfares d'Eglise" („kirchlicher Bläserverein") und die „Association des Choeurs d'Eglise Protestante" („Verein der protestantischen Kirchenchöre") die Lebendigkeit des kirchenmusikalischen Lebens in den Gemeinden.

Zwischen den Konfessionen herrscht ein Klima der Aufgeschlossenheit und der Zusammenarbeit; dies gilt für das Miteinander zwischen Juden und Christen ebenso wie für die Beziehungen zwischen Katholiken und Protestanten. Bei letzteren hat die entstandene Nähe auch zu gemeinsamen Einrichtungen und Aktionen geführt, wie sie woanders so nicht zu finden sind. Hierzu gehören zum Beispiel die ökumenische Krankenhausseelsorge in Mulhouse und die „Ecole théologique du soir" („Theologische Abendschule"), die von der Straßburger katholischen und der protestantischen theologischen Fakultät gemeinsam getragen wird. Woanders hat man den Versuch eines ökumenischen Religionsunterrichts begonnen. Auch der Kanzeltausch zwischen katholischen Priestern und protestantischen Pfarrern und die Zusammenarbeit in bestimmten Gruppen und Aktivitäten, beispielsweise in der A.C.A.T. („Action des Chrétiens pour l'abolition de

la torture" – „Aktion der Christen für die Abschaffung der Folterung"),
müssen in diesem Zusammenhang genannt werden.

Zum Bild des religiösen Lebens im Elsaß gehören auch die großen
kirchlichen Versammlungen, die tausende von katholischen und protestantischen Gläubigen zusammenführen, sowie die charismatische Erneue-
rungsbewegung, die in mehreren Gemeinden eine Erneuerung und Ver-
lebendigung des kirchlichen Lebens bewirkt hat. Auf katholischer Seite
verbindet sie u. a. 68 Gebetsgruppen.

Auf vielen Gebieten begegnet man nach wie vor den Äußerungen volks-
tümlicher Kirchlichkeit. Manche althergebrachte Sitte beweist erstaunliche
Beharrungskraft. In katholischen Gemeinden zählt z. B. die vom Orts-
pfarrer vollzogene Segnung der Angehörigen der Feuerwehr sowie ihrer
Geräte und Wagen dazu.

Ist der Elsässer aus Gründen der Tradition religiös eingestellt? Es ist
nicht zu leugnen, daß im Elsaß das Festhalten an Traditionen stärker aus-
geprägt ist als in anderen Landschaften. 66 Prozent der Elsässer meinen,
die Religion sei eines der Lebensgebiete, auf denen man keine allzu großen Veränderungen bewirken sollte. Dennoch ist das kirchliche Leben im
Elsaß ebenso wie die persönliche Glaubenseinstellung des Einzelnen einer
starken Wandlung unterworfen, die vor allem durch die zunehmende Skepsis gegen kirchliche Bevormundung und durch den Anspruch auf religiöse
und moralische Eigenständigkeit gekennzeichnet ist. Unübersehbar ist die
Diskrepanz zwischen den offiziellen Stellungnahmen der katholischen Kirche und der Einstellung der großen Mehrheit der Elsässer: 1986 ergab eine
Meinungsumfrage[7], daß 75 Prozent der Elsässer der Auffassung sind, es
sei moralisch nicht verwerflich, in einer Ehe ohne Trauschein zusammenleben. 56 Prozent halten die Abtreibung für ethisch legitim (gegen 43 Prozent, die der gegenteiligen Meinung sind).

III. Die Krise des religiösen Bewußtseins und die Wandlung des sozialen Erscheinungsbildes der Religion

Noch in jüngster Zeit war das Elsaß eine weithin von der christlichen
Tradition geprägte Landschaft, welche eine Diskrepanz von Religion und
Alltag nicht kannte. Religiöse Tradition bestimmte im öffentlichen Leben
auf lokaler und regionaler Ebene den Rhythmus. Sie machte den Kern der
Identität des Einzelnen und der Identität der Gemeinschaft aus, sie be-
einflußte entscheidend das politische Verhalten, sie gab allen Lebens-
erscheinungen den Rahmen. All dies gehört heute der Vergangenheit an.

Nur noch von ferne läßt sich die alte Symbiose von Alltag und Religion ahnen.

Es waren die grundlegenden technischen und sozio-kulturellen Wandlungen, die sich mit den Begriffen Verstädterung und Industrialisierung verbinden, welche den Umbruch bewirkten. Insofern sind mancherlei traditionelle Vorstellungen vom Elsaß zu revidieren. Das Bild eines vom religiösen Herkommen geprägten Elsaß, dessen ländlicher Charakter – „die Kirche mitten im Dorf" – hat zwar immer noch einige Berechtigung. Wer es aber für einen der vorrangig bestimmenden Faktoren für zukünftige Entwicklungen hält, unterschätzt die Veränderungen der letzten Jahrzehnte; er hat nicht wahrgenommen, daß es längst auch das andere, das industrielle und hochtechnisierte Elsaß gibt. Die zunehmende Mobilität hat die Menschen aufgrund der geographischen Situation stärker als anderswo in einen Kontext hineinwachsen lassen, der berufliche Flexibilität fordert und das Beharren auf hergebrachter Lebensweise erschwert. Hierzu gehört, daß der Bereich des Religiösen zwar immer noch auf der Ebene des Institutionellen präsent ist; er bewegt sich jedoch zunehmend in die Sphäre des Privaten, nicht mehr Allgemeinverbindlichen.

Die daraus entstandene religiöse Identitätskrise ist nicht mehr zu leugnen. Was heißt es, ein Christ zu sein in dem neuen sozialen Umfeld? Welchen Ort nimmt die Kirche ein, und welches Wort muß sie in die entstandene Situation hinein verkündigen? Für die Geistlichen sind die Auswirkungen der Identitätskrise tägliche Erfahrung. Die gewachsene und traditionell anerkannte Autorität ihres Amtes schwindet oder genügt jedenfalls nicht mehr; es kommt auf ihr persönliches Engagement an, wenn sie auf der sozialen Ebene anerkannt und angehört werden wollen. Gerade weil die Geistlichkeit im sozialen und kulturellen Leben des Elsaß eine erhebliche Rolle gespielt hat, weil sie Moral und Bildung der elsässischen Bevölkerung so stark beeinflußt hat, bedeutet das Schwinden ihrer intellektuellen und moralischen Autorität sowie die Beeinträchtigung ihrer Stellung in der Öffentlichkeit einen erheblichen Einschnitt.

Diese religiöse Identitätskrise betrifft auch die Konfessionsgebundenheit. Im öffentlichen Leben sind die konfessionellen Unterschiede zwischen Katholiken und Protestanten kaum noch auszumachen. Selbst unter den praktizierenden Christen ist für die große Mehrheit die bekenntnismäßige Abgrenzung so wenig greifbar geworden, daß an ihre Stelle so etwas wie eine überkonfessionelle Religiosität zu treten beginnt.

Diese religiöse und konfessionelle Identitätskrise verbindet sich zudem mit einer Krise der regionalen Identität. Die Standardisierung der Konsumgewohnheiten und die von den Medien bewußt oder unbewußt geförderte kulturelle Vereinheitlichung auf der einen Seite und der zunehmende Individualismus auf der anderen Seite beschleunigen die Erschütterung der traditionellen Voraussetzungen des elsässischen Gemeinschaftslebens und gefährden das Überleben eines eigenen regionalen Bewußtseins.

Die Tatsache, daß das religiöse Bewußtsein immer mehr dem persönlichen Bereich zugerechnet wird, bedeutet im Elsaß einen umso stärkeren Wandel des religiösen Lebens, als hier mehr als anderswo das religiöse Bewußtsein zuvor ein gemeinschaftliches von sozialen Strukturen und Rhythmen getragenes, insofern öffentlich besonders sichtbares Bewußtsein war. Da heutzutage die Praxis des christlichen Glaubens und die Verantwortung, die daraus folgt, nicht mehr die gleiche soziale Anerkennung wie vorher haben und da der Alltag auch viel weniger von ihnen geprägt wird, entwickelt sich nunmehr eine Religion aus freier Wahl. Sie ist bekennende Religion, die auf der freiwilligen Verpflichtung einer Minderheit in einem überaus weltlichen Kontext beruht.

Die Verinnerlichung und Intellektualisierung des religiösen Bewußtseins bedeutet in einer Erfahrungswelt wie der elsässischen, die es gewohnt war, von den Erfahrungen und Entscheidungen der Gemeinschaft getragen zu werden, eine tiefgreifende Veränderung. Durch den Übergang von einer mehrheitlichen und sozial sichtbaren zu einer minderheitlichen und gesellschaftlich isolierten religiösen Praxis wandelt sich in entscheidender Weise die Möglichkeit, im Elsaß von heute eine Glaubens- bzw. Gotteserfahrung zu machen.

Mehrere Haltungen, auf solcherart kulturelle Anonymität zu reagieren, sind denkbar. Nicht selten begegnet man einer Nostalgie, welche die Erinnerungen an die gute alte Zeit beschwört und nicht müde wird, das Elsaß im Spiegel seiner großen und ruhmvollen religiösen Geschichte zu betrachten.

Ganz ohne Zweifel ist diese Herkunft reich und bewundernswert, und wir tun gut daran, sie in lebendiger Erinnerung zu halten. Aber es wäre ein Mißbrauch, wollte man sie dazu benutzen, die Gegenwart zu verhüllen, und somit verhindern, sich den Erfordernissen der Zukunft zu stellen. Nicht zu übersehen ist auch die Neigung, auf den Wandel mit starrem Festhalten an Vertrautem zu reagieren. Man erklärt dann die – zeitgebundenen! – traditionellen Formen des religiösen Lebens für unantastbar. Solche traditionalistische Beziehung zur Tradition äußert sich in katholischen und protestantischen Neo-Orthodoxien, in Katholisierung des Katholizismus und Protestantisierung des Protestantismus, welche die konfessionellen Unterschiede aufs neue verschärfen. In diesen Tendenzen äußert sich zweifellos eine Identitätssuche: in einer erschütterten Welt will man

sich auf seine Fundamente besinnen. Ebenso wirksam ist das Motiv, eine
Ordnung festzuhalten oder aufs neue zu installieren, die den ständig her-
einbrechenden Veränderungen und der daraus resultierenden Unsicherheit
und Ziellosigkeit standhalten könnte. Hier läßt sich nicht selten ein gegenseitiges Aufeinandereinwirken von Politik und Religion beobachten. Aber
die Wandlungen erzeugen nicht nur Reaktionen der Selbstisolation. Es
gibt auch beachtenswerte Versuche, der Gegenwart gerecht zu werden und
dem Zeugnis des Evangeliums im heutigen Elsaß Gehör zu verschaffen.

Möglicherweise stehen wir im Elsaß am Beginn einer Epoche, in der
Glaubensleben und -praxis sich als „doppelköpfige Religion", als Religion
mit zwei Bezugspunkten, einem institutionellen und einem individuell-
gemeinschaftlichen Bezugspunkt kennzeichnen lassen.

Die institutionelle Ebene präsentiert sich in der weiterhin anerkannten
Gegenwart der Kirchen im kulturellen und sozialen sowie im politischen
und wirtschaftlichen Leben. Diese Präsenz von Religion im öffentlichen
Bereich ist im Elsaß durch die rechtliche Ordnung sowie durch die weithin
noch lebendige Gewohnheit, die religiösen Institutionen in das öffentliche
Leben eingebettet zu sehen und ihnen einen entsprechenden Stellenwert
einzuräumen, garantiert.

Auf der individuellen und sozialen Ebene scheint das religiöse Bewußtsein zersplittert; es zerbröckelt in mannigfaltige Sensibilitäten und Orien-
tierungen, die die Bildung von – nicht unbedingt aufeinander bezogenen
und miteinander kooperierenden – Gruppen und Geflechten Gleichgeson-
nener zur Folge haben. Eines der Ergebnisse dieser Entwicklung ist die
Herausbildung einer „Religion des Trostes", die dem Einzelnen und der
Gemeinschaft, z. B. der Familie, Begleitung an den Wendepunkten des
Lebens anbietet und deshalb auch die vorhandenen, mit den Übergangs-
phasen des Lebens verbundenen kirchlichen Bräuche wachhält. Auf dieser
Ebene geht es weniger darum, im öffentlichen Leben wirksam zu werden,
als seine Religion je nach Erfordernis individuell oder gemeinschaftlich zu
erleben.

Diese zwei Ebenen verbindet ein schwaches Glied: der strukturelle Rahmen, der die Menschen begleitet. Auf der Basis der Gruppe oder der
Versammlung versieht er gemeinschaftliche Identitäten mit religiösem Hintergrund. Dieser strukturelle Rahmen (man denke z. B. an die äußerst
wichtige Rolle der Jugend- und Erwachsenenbewegungen) bildet das ver-
mittelnde Glied zwischen der institutionellen Ebene einerseits und der
individuellen und gemeinschaftlichen Ebene andererseits. Hier vollzieht
sich die Institutionalisierung der religiösen Vitalität. Beide Bereiche sind
heute in einige Entfernung zueinander geraten. Die Tragfähigkeit des indi-

viduellen und des gemeinsamen religiösen Bewußtseins hat nachgelassen, die Kluft zwischen der öffentlichen Akzeptanz der religiösen Institutionen und der Privatisierung des religiösen Lebens der Gläubigen ist tiefer geworden.

So zielen die Versuche zur Neuorientierung des institutionellen religiösen Bereichs und die individuellen und sozialen Neuorientierungen nicht unbedingt in die gleiche Richtung, und schwer ist es, zwischen ihnen eine Verknüpfung herzustellen. Es droht die Gefahr einer Entfremdung zwischen Religion und Intelligenz, zwischen religiösem und weltlichen Leben – eine Scheidung, die in einem Land wie dem Elsaß besonders schwerwiegend ist, wo die öffentliche Anerkennung der Religion eine Abkapselung in die private Sphäre der individuellen und gemeinschaftlichen Religiosität sowieso nicht leicht macht. Die soziale Neuorientierung der Religion kann, weder im Elsaß noch anderswo, ihrer intellektuellen Neustrukturierung, die ihr einen Ort gibt inmitten der Modernität, nicht mehr aus dem Wege gehen. Überzeugen wird sie nur durch die Fähigkeit, sich öffentlich zu bekennen in einer pluralistischen und pluriformen Gesellschaft, die gekennzeichnet ist durch hochentwickelte Technologie, hochgradige Ausbildung der Menschen, Öffnung der Grenzen sowie Internationalisierung vieler Aufgaben- und Problemfelder. Insofern sollte man sich insbesondere in acht nehmen vor dem Mißbrauch der Religion in nostalgischen Versuchen zur Rekonstruktion der guten alten Zeit. Die Herausforderung, die sich dem Christentum stellt, ist die der religiösen Wandlung in einer Landschaft, in der sich tiefgreifende Veränderungen vollzogen haben und noch vollziehen. Die Herausforderung besteht darin, sich ändern zu können, um der das Christentum gründenden Botschaft die Treue zu halten.

Anmerkungen

1 Das Wort „aumôneries" bezeichnet im französischen Sprachgebrauch alle Seelsorge-
dienste, die in Deutschland spezifische Namen tragen wie z. B. Krankenhausseelsorge, Gefängnisseelsorge, Jugendarbeit usw.
2 Ergebnis einer Umfrage 1988 (Sondage DNA-ISERCO).
3 S. Anm. 2.
4 S. dazu die Statistik des Rektorats in Chiffres pour l'Alsace, Nr. 10 (August 1987).
5 Im französischen Schulwesen unterscheidet man in dem Schulzweig, der dem deutschen Gymnasium entspricht, zwischen den Jahrgangsstufen des „collège" und des
„lycée". Der Realschule entspricht das „collège technique" und das „lycée technique".
6 In Frankreich gibt es auch konfessionell gebundene Gymnasien, an denen der Religionsunterricht obligatorisch ist. Hieraus erklärt sich die Differenz zwischen den
23 Prozent in der *Gesamtheit* der Gymnasien und den 12,3 Prozent in den *staatlichen*
Gymnasien und Realschulen.
7 OIP-HARRIS.

Gott hat die Welt nicht geschaffen wie ein Zimmermann oder Schuster,
der sich nicht darum kümmert, ob das Haus vom Wasser weggerissen oder
vom Feuer zerstört wird. Sondern wenn Gott etwas erschaffen hat, dann
geht er nicht weg, sondern bleibt dabei, erhält und regiert es, wie er es
angefangen hat. Ist es aber vollendet, dann bleibt er darin.

Martin Luther

KLAUS FRIEDRICH

Lettlands Kirche und die Freiheit

Lettland ist unabhängig. Es waren nicht zuletzt Menschen der Kirche gewesen, die in den vergangenen Jahren dafür gekämpft hatten. Sie waren maßgeblich am Zustandekommen der Volksfront beteiligt gewesen, der Sammlung der nationalen Kräfte. In ungezählten Gottesdiensten war für die Freiheit gebetet worden. Auch heute noch hängt in vielen Kirchen die Fahne der freien Republik. Nicht wenige Pfarrer standen auf den Schwarzen Listen der Sowjetmacht, die für den Tag der Vergeltung geführt worden waren.

Inzwischen hat der Weg in die Normalität begonnen. Nach dem Jubel ist Ruhe eingekehrt. Die Freiheit ist schön, und sie wird auch genossen. Aber sie ist noch ungewohnt und muß ihre Form finden. Das ist mühsam; mühsamer wohl, als man es in den Tagen des Aufbruchs gedacht hatte. Bei den maßgeblichen Leuten meint man eine gewisse Abgespanntheit und Müdigkeit zu spüren. Die Zeit des Wartens und der beflügelnden Träume ist vorüber. Viel Arbeit ist zu tun. Neues fordert sein Recht, und manch altes kleines oder größeres Problem tritt wieder zutage, das durch die Solidarität verdeckt worden war, die die Unterdrückung hatte entstehen lassen.

Politisch sind die vielerlei Gegensätze wieder lebendig, die dieses kleine Land zeichnen. Es braucht noch viel, bis sie überbrückt sind. Für Ende 1992 wird die entscheidende Neuwahl des Parlaments und das Inkrafttreten der neuen Verfassung erwartet, die eine durchgreifende Neuordnung des Staates ermöglicht. Aber auch dann wird noch viel Zeit, Kompromiß- und Vergebungsbereitschaft und Klugheit gebraucht werden. Noch sind überall die Schritte ins Neue hinein verhalten.

Für viele Letten ist die lutherische Kirche von altersher die Seele des Volkes, auch wenn die Konfessionsstatistik heute ein vielfältigeres Bild zeigt. Der erste Blick ist erfreulich: Die Kirche ist gewachsen und wächst weiter. Viele Gemeinden sind wieder aufgelebt, andere gehen vom „Lebensminimum" zu entfalteteren Formen über. Die Kirche tut das Ihre zum Neuaufbau, aber sie hat auch viel zu tun, um sich selbst auf die neue Situation und die kommenden Aufgaben einzustellen. Es wird viel geplant. Auf Vorarbeit kann kaum zurückgegriffen werden, und die Last liegt auf wenigen Schultern. Es gehört zum Erbe der Sowjetzeit, daß die

Kirche zu wenig Mitarbeiter hat, die nicht nur die Aufgaben des Tages erfüllen, sondern auch vorausschauen und umgreifend planen können.

Probleme

Im April 1992 wird die Synode zusammentreten, und sie wird grundsätzliche und weitreichende Beschlüsse zu fassen haben. Sie wird die Kirchenverfassung neu gestalten müssen, und sie wird die Kirchenleitung neu zu wählen haben.

Von ihr wird allerorts in der Kirche gesprochen. Sie hat eine weit größere Bedeutung im allgemeinen Bewußtsein, als es unsere Synodalsitzungen gemeinhin haben. Alle drei Jahre tritt sie zusammen. Die letzte Sitzung von 1989 ist noch in lebendiger Erinnerung und wirkt kräftig fort. Damals hat die Synode demonstrativ den Erzbischof und praktisch die ganze Kirchenleitung aus dem Amt entfernt, weil sie dem Konsistorium ein allzu willfähriges Eingehen auf die Wünsche des damaligen Regimes und vorauslaufenden Gehorsam vorwarf: insbesondere, wenn es um die Maßregelung unbequemer Pfarrer ging. Die Wunden von damals sind noch frisch.

Jetzt tritt die Synode zum erstenmal nach der Befreiung des Landes zusammen. Sie wird Weichen zu stellen haben. Und ihr Verhandlungskatalog gibt die wichtigsten Probleme der Kirche nach Anbruch der Freiheit wieder. Es fällt auf, daß es sich dabei vor allem um innerkirchliche Fragen handelt.

Eines der vordringlichsten Themen ist es, wie die Mitarbeit der Nichttheologen in der Kirche zu erschließen sei.

Das fängt bei der Synode selbst an. Bislang ist sie eine nahezu reine Pastorenversammlung. Alle 110 Pfarrer aus den 260 Gemeinden des Landes gehören ihr an; zu ihnen treten lediglich ein nichttheologisches Mitglied aus jedem Propsteibezirk. Dies pastorale Übergewicht wurde seit jeher für selbstverständlich genommen; es hat Tradition. Dazu kommt, wie in der Synode, so in den Gemeinden, daß sich auch unter den kirchlich engagierten Laien nur wenige finden, die bereit sind, an Leitungsaufgaben mitzuarbeiten: die ehrfürchtige Scheu vor der seit alters den Geistlichen vorbehaltenen Aufgabe ist groß. Fast alle Menschen klagen zudem über Zeitmangel: Die allgemeinen Arbeitsstrukturen aus den Tagen des alten Regimes sind zwar nicht eben effektiv, aber sie verbrauchen verschwenderisch die Zeit der Leute. Und es fehlen Gewohnheiten und Vorbilder: Noch ist nicht im Bewußtsein, daß die Kirche außer Pastoren auch andere Mitarbeiter braucht.

Manche Laien haben auch fragwürdige Erfahrungen gemacht. Viele Pfarrer wissen noch nicht, wie man Nichttheologen gleichberechtigt mitarbeiten läßt, und behandeln sie falsch. Von deren Seite wiederum ist auch das Bedenken zu hören, es gäbe nur wenige Köpfe im Lande, die dazu imstande seien. Dazu kommen Erinnerungen an die vergangene Zeit: Die kleine Zahl der Pastoren kannte sich und konnte sich einschätzen. Das Selbstbewußtsein eines geistlichen Ordens ist noch wach: Wußte man, auf wen sonst noch Verlaß ist? Bestand nicht auch die Gefahr, daß sich mit den Laien auch Spitzel, auch Kirchenfeinde in die Leitung der Gemeinden und der Kirche einschleichen könnten? Ist nicht auch heute noch zu befürchten, daß die Kräfte mächtig werden, die ganz andere Interessen als die der Kirche im Sinne haben?

Die Laien beginnen sich – vereinzelt noch und verhalten – zu rühren. Aber noch vor allen leisen Protesten sprechen die Fakten für sie: Es wird immer offenkundiger, wie notwendig sie sind. Auf immer mehr Gebieten ist Fachverstand gefordert. In der Kirchenleitung und in den Gemeinden muß delegiert, Verantwortung geteilt werden, wenn Fehlleistungen vermieden werden sollen. Die neue Zeit drängt endgültig auf eine Änderung der Zustände, und die Synode wird dem nachgeben und ihre verfassungsmäßige Zusammensetzung ändern, und sie wird wohl auch auf anderen Gebieten des kirchlichen Lebens Raum für mehr Laienmitarbeit schaffen – sicher ohne besondere Begeisterung und innere Zustimmung bei einem beträchtlichen Teil ihrer Mitglieder.

*

Die Synode in ihrer derzeitigen Zusammensetzung als Pastorengruppe besteht fast ausschließlich aus Männern. Es gibt einige wenige Pastorinnen. Sie werden gebraucht, und sie arbeiten unangefochten und von ihren Gemeinden geschätzt. Aber um die Frauenordination wird – in einer Situation krassen Pfarrermangels – noch immer heftig gekämpft. Mitunter hat es den Anschein, als sei sie das theologische Hauptproblem schlechthin. Bei den Gegnern finden sich neben manchem alten Pfarrer eine erhebliche Anzahl junger, und auch die Studentenschaft ist in dieser Hinsicht gespalten.

Argumentiert wird mit Schriftzitaten. Das weitet sich im Streitgespräch dann zur Diskussion um das Bibelverständnis überhaupt aus. Bei näherem Zusehen wird freilich deutlich, daß hier wie auch in der Frage nach der nichttheologischen Mitarbeit in der Synode und in der Kirchenleitung erhebliche Ängste im Spiel sind: Die Angst vor dem Neuen vor allem, in der gegenwärtigen, in vieler Hinsicht unsicheren Situation aus den traditionellen Formen herauszutreten, die in den Zeiten der Bedrängnis Schutz geboten haben.

*

Alle drei Jahre, bei jeder ordentlichen Sitzung der Synode, ist die Kirchenleitung neu zu wählen. Es spricht vieles dafür, daß es auch diesmal Änderungen und Abwahlen geben wird; nach dem Hinauswurf des alten Konsistoriums 1989 mußte die Neubesetzung schnell und unorganisch erfolgen. In einer kleinen Kirche, in der jeder jeden kennt, sind solche Kampfentscheidungen besonders aufregend und gefühlsbesetzt. Sie können sogar separatistische, kirchentrennende Auswirkungen haben, wenn unzufriedene Pfarrer mit ihrer ganzen Gemeinde die Kirche verlassen. So ist auch dieser Verhandlungspunkt für manche Überraschung gut.

Aber die Synode wird nicht nur über eine neue Zusammensetzung, sondern auch über eine deutlichere Ortsbestimmung, Aufgabenzuteilung und Ausstattung des Konsistoriums im Rahmen der Verfassung befinden müssen. Wie sieht die Kirchenleitung aus? An ihrer Spitze steht der Erzbischof, der seine hohe Würde aus der Geschichte überkommen hat. Er wird unterstützt vom Konsistorium, das aus acht Mitgliedern besteht. Bis auf den Fachmann für Baufragen sind sie alle im Hauptamt vielbeschäftigte Gemeindepfarrer. Alle Entschlüsse werden gemeinsam vorbereitet und gefaßt; eine Spezialisierung der Aufgaben gibt es so gut wie nicht.

Der Arbeitsapparat ist äußerst bescheiden. Die gesamte Kirchenleitung ist noch immer gemeinsam mit der Redaktion der Kirchenzeitung in einer Wohnung in einem Innenstadthaus untergebracht, das nur allzu deutlich nach Renovierung ruft. Auf äußerst engem Raum arbeiten hier Erzbischof, Konsistorium, ein Dienststellenleiter und drei fremdsprachenkundige Sekretärinnen: Ein Provisorium, für das sich inzwischen, zumindest räumlich, glücklicherweise eine bessere Lösung anbietet.

Der derzeitige Erzbischof genießt hohes Ansehen. Es wird allgemein damit gerechnet, daß die Synode ihn wieder wählen wird. Seine Amtszeit freilich ist wie die des Konsistoriums auf die dreijährige Legislaturperiode der Synode begrenzt; so bestimmt es die derzeitige Kirchenverfassung. Bei dieser Regelung, die 1989 festgeschrieben wurde, haben sicher die Erfahrungen mitgespielt, die man damals mit der Kirchenleitung gemacht hat: Sie sollte kurzgehalten werden.

Zu den Aufgaben des Erzbischofs gehört es, Pfarrer zu ordinieren, sie in Gemeinden einzuführen und abzuberufen. Und er visitiert sporadisch die Gemeinden, so gut das bei ihrer Vielzahl und seiner Arbeitsbelastung eben möglich ist. Praktisch aber ist seine kirchenrechtliche Stellung eigentümlich eingeschränkt. Wirksame Aufsichts- und Weisungsbefugnisse hat er kaum. Er solle so etwas sein wie der Monarch in einer konstitutionellen Monarchie, der Königin von England vergleichbar: So formulierte es ein Pfarrer; mit Repräsentationsaufgaben und natürlicher Autorität, aber ohne eigene Vollmacht, die Dinge der Kirche wirklich zu regeln.

Dahinter steht die verbreitete Vorstellung, daß Kirche im theologischen Sinne allein die Ortsgemeinde sei und die lettische lutherische Kirche als ganze lediglich das Konglomerat der Gemeinden, die sich jeweils um ihren Pfarrer scharen. Über das Verhältnis von Bischofsamt und Ortsgemeinde hat sich die bisherige Verfassung nicht geäußert, und dieser kirchenrechtsfreie Raum war immer wieder ein Ort für Spannungen. Praktisch liegt dabei viel Macht bei den Gemeinden.

Drei Jahre sind eine kurze Zeit; sie reichen kaum zur rechten Einarbeitung und erschweren es, Konzepte zu entwickeln, die über das aktuell Notwendige hinausgehen. So bekommt die Arbeit des Konsistoriums auch etwas Kurzatmiges und Zufälliges und läßt es, im ganzen Gefüge kirchlichen Geschehens, eher schwach erscheinen.

Dazu kommt, daß das Konsistorium nur über bescheidene Mittel verfügt: Im wesentlichen diejenigen, die ihm aus dem Ausland zufließen. Die Gemeinden sind zwar gehalten, gewisse Geldbeträge an die Kirchenleitung abzuführen. Aber zum einen tun sie das oft nur mit erheblicher Zurückhaltung, und außerdem spielt das Geld hierzulande, in der weichen Landeswährung, eine andere Rolle als bei uns. Naturalleistungen und gute Beziehungen sind effektiver. Das hat man, wenn überhaupt, am besten vor Ort. So wirkt das Konsistorium auch in wirtschaftlicher Hinsicht nicht besonders attraktiv. – Das alles erleichtert einen konzentrierten Kirchenaufbau nicht.

*

Synodalen Handlungsbedarf sehen nicht wenige Pfarrer auch bei den Rechtsverhältnissen innerhalb der Gemeinde. Die „revolutionäre" Synode von 1989 wollte, in ihrer Abwehrhaltung gegen das Konsistorium, die Gemeinde stärken, damit sie es gegebenenfalls daran hindern konnte, ungeliebte Pfarrer abzusetzen. So wurden die – fast vergessenen – Rechte und Aufgaben des Kirchengemeinderates in Erinnerung gebracht und in der Verfassung großzügig umschrieben. Praktisch sind es alle Verwaltungsaufgaben, und auch die Finanz- und Vermögensverwaltung und die Festsetzung der Besoldung des Pfarrers. Der Kirchengemeinderat, der sich mit dem Vorsteher, dem Kassier und dem Sekretär aus drei Mitgliedern zusammensetzt, leitet die Gemeinde. Der Pfarrer ist in der Liste dieses Gremiums nicht erwähnt.

Zumindest für das Amt des Vorstehers gibt es eine alte Tradition. Schon in den Gemeinden vor dem Ersten Weltkrieg fielen ihm angesichts der großen Entfernungen und der schwierigen Wegeverhältnisse gelegentlich auch geistliche Aufgaben zu. Dieses Laienamt hatte dann freilich lange kein hohes Gewicht. Nicht selten erfüllte der Vorsteher Aufgaben im Rahmen des Gottesdienstes, die im Westen eher vom Kirchendiener wahrgenommen werden. („Der Kirchenvorsteher ist der Mann, der immer den Ofen heizen muß und der dem Pastor die Tür öffnet, wenn er zum Gottesdienst die Kirche betritt.") Der Pfarrer hingegen war und blieb die eine herausragende Gestalt: hochgeachtet, meist ehrfürchtig behandelt, praktisch alles allein entscheidend, häufig allein tätig und mit dem durch die Wirklichkeit bekräftigten Selbstbewußtsein, allein die Gemeinde zu leiten. Auch der Synode mag das seinerzeit so selbstverständlich gewesen sein, daß sie das Miteinander von Pastor und Kirchengemeinderat nicht klar beschrieb.

Inzwischen hat sich die Situation verschoben. Die Kirchengemeinderäte wollen die ihnen zugeschriebenen Aufgaben auch wahrnehmen. Viele jüngere Pfarrer sehen sich ihrerseits nicht mehr so isoliert wie ihre älteren Amtsbrüder. Meist finden sich da gute Arbeitsverhältnisse. Doch es kommt auch zu Spannungen, gibt es doch jetzt, in den neuen Verhältnissen, auch neue Fragen zu entscheiden. Pfarrer fürchten, daß jene Stärkung der Kirchengemeinderäte, die gegebenenfalls Pastoren vor der Kirchenleitung schützen sollte, sich nun dahin verkehrt, daß sie sie bei ihrer Arbeit in der eigenen Gemeinde beeinträchtigt. Und sie argwöhnen, daß die Gemeindevorstände, die nicht selten auch eine Rolle in der Kommunalpolitik spielen, dort zu den alteingesessenen Honoratioren zählen und damit im engen Nebeneinander widersprüchlicher und dem alten Denken verhafteter Kräfte stehen, nicht nur das für die Kirchengemeinde Wünschenswerte im Auge haben. Und bei den Kommunen entscheidet sich in dieser Zeit manches, das für die Gemeinden auf längere Sicht wichtig ist: Nicht zuletzt, wenn es um Vermögenswerte und Liegenschaften der Kirche aus alten Zeiten geht.

Die Pastoren haben dabei eine für lettische Verhältnisse typische Benachteiligung: Meist wohnen sie, fern von ihrer Gemeinde, in der Großstadt Riga. Die alten Pfarrhäuser auf dem Lande sind häufig nicht mehr vorhanden. Andere Wohnungen am Dienstort sind nicht zu beschaffen, und in der Stadt haben sie ihre alte Unterkunft. Nicht selten arbeiten sie zudem in zwei oder mehr, oft räumlich weit auseinanderliegenden Gemeinden. Die stundenlangen Anfahrten mit Bus oder Bahn sind ein Problem für sich, und es ist für sie nicht leicht, in ihre Gemeinde einzuwachsen. Häufig sind diese innergemeindlichen Spannungen nicht, aber sie sind Signale für die gegenwärtige Umbruchszeit und rufen nach Lösungen.

*

Hier und an vielen anderen Stellen wird ein Defizit deutlich: Das Fehlen einer Mittelinstanz zwischen Kirchenleitung und Gemeinde, die vermitteln und helfen, und die die immer dringender werdenden übergemeindlichen Aufgaben wahrnehmen und die Kirche im regionalen Bereich als Ganzes deutlicher machen könnte. Es gibt Pröpste, unseren Dekanen und Superintendenten vergleichbar. Aber praktisch ist das noch immer nur ein Ehrentitel, und nur zögernd fängt der eine oder andere Propst an, helfend und sammelnd tätig zu werden. Das ist verständlich, denn jahrzehntelang wurde dieser Einsatz nicht erwartet; ihm sind offiziell keine Aufgaben zugewiesen, und die in sich geschlossenen Gemeinden sehen ihn oft mit Mißtrauen.

Wenn die Synode darüber nachdenkt, wird sie sicher auch eine alte lettische Gegebenheit in Betracht ziehen: Aus der Geschichte her gibt es neben – oder besser: unter – dem des Erzbischofs noch vier weitere, lange unbesetzte Bischofsstühle in größeren Städten des Landes, Suffragane des Erzbischofs. Es gibt Befürworter, die sie gern besetzt sähen; vielen erscheint es auch unnötig, weitere Bischöfe zu haben. Doch vielleicht kann diese alte Vorgabe den Ansatz für etwas neues bieten: Keine neuen Bistümer, aber pastores pastorum ohne Verwaltungsaufgaben; Seelsorger, die sich auch um die dringend notwendige Pfarrerfortbildung kümmern und die zentral das Gespräch mit den vielfältig erwachenden geistigen Kräften im Lande aufnehmen könnten.

*

Ein Problem wird die Synode wohl späteren Sitzungen überlassen: die innerlettische Ökumene. Hier können die Schatten der Vergangenheit noch nicht weichen. Ein tragfähiges Arbeitsverhältnis besteht zu der deutschen lutherischen Kirche in der früheren Sowjetunion, deren Bischof in Riga residiert. Recht gute Beziehungen gibt es zu den Baptisten. Auf die Katholiken hin ist der eine oder andere kleine Schritt gelungen. Das eigentlich harte und schmerzliche Problem ist aber das schwierige Miteinander mit der orthodoxen Kirche. Hier steht vor aller geistlichen Annäherung das Trennende der nationalen Verschiedenheit. Die leidvolle gemeinsame Geschichte ist noch nicht „aufgearbeitet" – wie sollte sie das auch sein in der gegenwärtigen Situation. Die – gewiß nicht bewiesenen – Vermutungen verstummen nicht, daß eine erdrückend große Zahl der orthodoxen Geistlichen für den sowjetischen Geheimdienst gearbeitet und so zum Kampf gegen die Letten und ihre Kirche beigetragen haben. Hier ist Klarheit nötig, hier muß abgründiges Mißtrauen beseitigt werden: Eine lettische Spielart des Stasi-Problems, dessen Lösung sich freilich noch nicht abzeichnet. Im Überschaubaren, auf der Ebene der einzelnen Christen und einzelner Gemeinden, findet sich manches erste ökumenische Gemeinsame, die Kirchen als Ganze aber tun sich schwer miteinander.

*

Ein Grund zur Zuversicht ist es für die lettische Kirche in all diesen Schwierigkeiten, daß die Heranbildung von theologischem Nachwuchs auf gutem Wege ist. Es war mutig, daß sie das Theologische Seminar, in dem sie berufsbegleitend Pfarrer so gut als möglich ausgebildet hat, zu einer Theologischen Fakultät ausgebaut hat. An ihr studieren in Jahrgängen von 30–35 Studentinnen und Studenten künftige Theologen normalerweise vier Jahre nach einem Konzept, das sich dem im Westen üblichen durchaus annähert. Hier wird fleißig und gründlich gearbeitet. Ein eigener Lehrkörper baut sich auf. Kontakte mit Kirchen und Fakultäten im Ausland sorgen für Weltoffenheit und Gastdozenten vermitteln Einblicke in die weltweite theologische Arbeit. Die Fakultät ist inzwischen der staatlichen Universität Lettlands angeschlossen und nimmt die Tradition ihrer Vorgängerin auf, die 1940 von der sowjetischen Verwaltung aufgelöst wurde. Bedauerlich ist es, daß nicht alle Studierenden ganz für die akademische Arbeit freigestellt sein können. Der Pfarrermangel ist drückend, und in den letzten Monaten sind eine Reihe neuer Vakanzen entstanden. So sind viele Studenten schon vom dritten Semester an mit der Verwaltung von einer oder zwei unbesetzten Pfarrstellen beauftragt und müssen einen erheblichen Teil ihrer Kraft und Zeit dort einsetzen. Es ist aber zu hoffen, daß die Studienbedingungen von Jahr zu Jahr normaler werden.

Neue Aufgaben – neues Leben

Die Synode wird sich nicht nur mit Verfassungsfragen befassen. Sie wird auch Aufgaben und Arbeitsmöglichkeiten zur Kenntnis nehmen, vor welche die neue Zeit die Kirche in der lettischen Öffentlichkeit stellt. Diakonie über die Gemeinden hinaus, Gesellschaftsdiakonie und das Gespräch mit den unterschiedlichen Kräften des Landes waren ihr bisher verwehrt. Und die uns gewohnte Aufgabenstellung, Kirche auch für die

Welt zu sein, ist für sie selbst noch neu und ungewohnt. Die nötigen Mitarbeiter müssen gefunden, befähigt und ermutigt, Arbeitsvoraussetzungen müssen geschaffen werden. Dabei kann auf einige gute Ansätze zurückgegriffen werden.

Die vierzehntägig erscheinende Kirchenzeitung war schon in den letzten Jahren ein angesehenes Presseorgan. Sie bringt geistliche Besinnungen, Bibelauslegungen und Theologie für Nichttheologen, informiert über das Geschehen in Gemeinden, Kirchenleitung, Nachbarkirchen und freien christlichen Initiativen, nimmt aktiv zu Fragen im Lande Stellung und bietet Raum für Meinungsaustausch. Schon immer wurde sie auch von Menschen gelesen, die nicht der Kirche angehören; man fand sie auch an den Kiosken und kaufte sie gern, denn sie war mutig und brachte oft Nachrichten, die andere Zeitungen nicht zu veröffentlichen wagten. Dies alles geschieht auch heute noch unter redaktionellen Arbeitsbedingungen, die in ihrer Bescheidenheit kaum vorstellbar sind. Gedruckt wird sie freilich in einer kircheneigenen modernen Druckerei, die durch Hilfe der schwedischen und der nordelbischen Kirche eingerichtet werden konnte. Dort wird auch bald die Produktion eines eigenen Verlages aufgenommen werden.

In einem der öffentlichen Rigaer Krankenhäuser ist ein Diakoniezentrum eingerichtet worden. Eine theologisch vorgebildete Krankenschwester hat ein Jahr lang an deutschen diakonischen Einrichtungen Erfahrungen sammeln können und baut nun ein Zentrum auf, das Krankenseelsorge, Krankenpflege und die Ausbildung von christlich ausgerichteten Pflegekräften miteinander verbindet, die dann, meist im Gemeinderahmen, unterschiedliche situationsgerechte Einrichtungen schaffen und weitere Menschen zu diakonischer Arbeit heranziehen wollen. Hier werden Multiplikatoren gewonnen.

Ein kühnes Projekt ist auch die „Erste christliche Schule der Evangelisch-Lutherischen Kirche Lettlands in Riga". Sie hat in einem recht großen, alten, mit Spendenmitteln restaurierten und großzügig eingerichteten Schulgebäude ihren Unterrichtsbetrieb aufgenommen und umfaßt zunächst die ersten fünf Jahrgänge der Grundschule. Das Schulwesen ist ein besonderes Problem im neuen Staat. Die Erziehung an den öffentlichen Schulen hatte besonders unter den Auswirkungen des alten Systems zu leiden. Sie war sachlich unzureichend und pädagogisch mehr als fragwürdig. Hier ist ein Modell entstanden, das den ganzen Menschen im Blick hat und ihm mit Liebe begegnet, ihm eine solide Ausbildungsgrundlage vermittelt und Kinder, Eltern und Lehrer in einer Erziehungsgemeinschaft zusammenschließt. Die Schule lebt aus christlichem Geist, sie ist aber nicht nur für

Kinder aus kirchennahen Familien geöffnet. Hier werden auch Unterrichts-
weisen und -modelle entwickelt, die für andere Schulen beispielhaft sein
können. In Ansätzen geschieht Lehrerfortbildung; das ist neu und wird von
der Schulbehörde mit großem Interesse begleitet. Die Einrichtung eines
weiterführenden christlichen Gymnasiums ist geplant.

In vielen Gemeinden gibt es Sonntagsschulen. Meist finden sie wö-
chentlich statt und versammeln erstaunlich viele Kinder. Sie sind Kindergottesdienst, Jugendarbeit, Kinderheimat zugleich. Mitunter sind viele
Behinderte in den Gruppen: Es gibt viele von ihnen in diesem Land. Ihr
Schicksal ist besonders schwer. Zu den körperlichen Schwierigkeiten und
der mangelhaften Versorgung kommen fehlende Spezialschulen. In den
Normalschulen begegnet ihnen oft der Spott und die Mißachtung durch die
gesunden Kinder. In den Sonntagsschulgruppen sind sie liebevoll aufgenommen. Dort wächst auch ein Geist heran, der Besseres kennt als das
Recht des Starken, das unter Jugendlichen, und nicht nur unter ihnen, noch
immer eine große Rolle spielt.

Neben alten Gemeindegliedern arbeiten häufig junge Leute als Helfe-
rinnen und Helfer mit, die ihrerseits erst vor verhältnismäßig kurzer Zeit
zur christlichen Gemeinde gestoßen sind. Für sie selbst ist diese Arbeit
eine erste gründliche Begegnung und Auseinandersetzung mit der Bibel.
Sie bringen gestalterische Phantasie und Unbefangenheit mit. Oft sorgen
sie für Weite: Die Eltern werden einbezogen, eine eigene Zeitung wird
gestaltet, Verbindungen zu anderen Gemeinden werden geknüpft. Für die
Mitarbeiter an den Sonntagsschulen wird auf gesamtkirchlicher Ebene im
Winter ein Fortbildungskurs angeboten, der an einer Reihe von Wochen-
enden stattfindet und sehr gut besucht ist. So bietet die Sonntagsschule
Ansätze gleich zu mehreren Dingen, die die lettische Kirche heute braucht:
Christliche Unterweisung und Erziehungshilfe für Kinder, eine Basis zur
Identitätsfindung für Jugendliche, mitunter ein alternatives Gesicht für die
Gemeinde, die sonst meist in sehr herkömmlichen Formen lebt, Verbin-
dung der Gemeinden untereinander und mit der Gesamtkirche, Schulung
von Laienmitarbeitern und Anerkennung des Engagements von Frauen.

All diese neuen, über bisherige Grenzen hinausweisenden Ansätze kirchlicher Arbeit sind durch Mut, Einsatz und Durchhaltevermögen einzelner
entstanden und mußten sich in der Kirche gegenüber mancherlei Widerstand durchsetzen. Inzwischen ist ihnen dieses einigermaßen gelungen;
nicht zuletzt, weil sie von lettischen Menschen getragen werden und letti-
sches Maß haben und nicht einfach aus dem Westen importiert wurden.

Der Westen – Hilfe, Verlockung, Bedrohung

Einem lettischen Lutheraner mag Verschiedenes in den Sinn kommen, wenn er an seine westlichen Partner denkt.

Einmal gewiß Dankbarkeit. Nach Lettland ist viel westliches – und nicht zuletzt deutsches – Geld geflossen. Man sieht häufig kleine Spuren davon, auf der Straße, in den Wohnungen, in den Pfarrämtern: Westliche Plastiktüten, Jeans, Kleinmaschinen. Große Summen halfen bei Kirchen- und Orgelrestaurierungen. Westmittel hielten mitunter den kirchlichen Alltag aufrecht, ermöglichten soziale Hilfe. Das war gut so, und auch in Zukunft wird für den Aufbau noch Geld gebraucht werden, nicht zuletzt wegen der gegenwärtigen inflationären Unsicherheit, die es kaum möglich macht, eigenes Geld anzusparen. Die Weitsichtigen in der Kirche wissen freilich, daß diese faktische Abhängigkeit kein Normalzustand sein darf. Sie sagen das auch und erwecken Nachdenken. Es tut niemandem gut, auf die Dauer auf Spenden angewiesen zu sein: Das Selbstgefühl wird beschädigt. Man bereitet sich wenigstens in der grundsätzlichen Einstellung darauf vor, auf eigene Füße zu kommen.

Dankbar ist man auch für wichtige Leitbilder, die Lettland nicht zuletzt aus Deutschland bekam. In der vorsowjetischen Vergangenheit waren vielfach Deutsche Träger der bürgerlichen Kultur; sie wirken bis heute stilbildend. Und Deutschland gilt für viele nicht nur als das Land der vollen Kaufhäuser, sondern auch als Ort der Gesundheit von Persönlichkeit, Familie und Gesellschaft. Natürlich ist es immer wieder notwendig, dieses Bild an der Realität zu korrigieren. Das ändert aber nichts daran, daß Letten hier Orientierungsmarken bei der Suche nach ihrer neuen gesellschaftlichen Identität sehen, die sie brauchen.

Der nächste lettische Gedanke: Vom Westen kann und muß man lernen. Es ist auf allen Gebieten, die vom Baltikum her einzusehen sind, nur allzu offenkundig, daß man im Westen nicht nur reicher, sondern auch weiter, fortgeschrittener ist, daß dort, abgesehen vom Wohlstandsgefälle, einfach die Uhren schneller gelaufen sind und man selbst hinter der Zeit zurückgeblieben ist. Das weckt erhebliche Lernbereitschaft, besonders bei den Jungen; überall, und auch in der Kirche. Es führt aber auch oft zu einem Gemenge von Neid, Schuldgefühlen, Gedemütigtsein, überzogener Hochschätzung und gleichzeitiger Dämonisierung dessen, was da vom Westen her herandrängt: Einer Mischung, die nicht gesund ist.

Unser baltischer Freund, soweit er kirchlich engagiert ist, wird auch an die Sektenflut denken, die das Land überrollt: An die Werbestände auf den Straßen, an Großveranstaltungen in Sportstadien, Plakataktionen, vom staat-

lichen Fernsehen gemietete lange Sendezeiten. Er kennt zwar die alte
Weisheit, daß Sekten die Antwort auf die Versäumnisse der Kirchen sind.
Aber es ärgert dann doch zu wissen, daß Manager, Redner und große
Geldmittel für alle diese Kampagnen aus dem Westen kommen. Denn der
Westen schickt mit seinem Geld auch Meinungen. Und in diesen un-
überschaubar vielfältigen andrängenden Meinungen die Spreu vom Wei-
zen zu trennen – das ist schwer.

Und das ängstigt. Wenn eine Kultur, ein Volk, eine Kirche ein halbes
Jahrhundert lang in seiner Existenz bedroht wurde und ständig genötigt
war, alles Eigenste, Konstitutive, Lebensnotwendige in Schutz zu bringen,
wirkt eine urmenschliche Erfahrung stärker fort als anderswo: Daß es in
der Höhle unkomfortabel und dunkel sein mag und daß dort nichts Neues
wächst, aber daß man da sicher ist. Draußen mag dann die Weite und
vielleicht auch die Freiheit locken; dort lauert aber auch die Gefahr. Und
die Gefahr: das ist heute eben auch der Westen.

Die lettische Kirche lebt traditionsbezogen von den Werten, die in der
Höhlenzeit getragen haben. Mit den materiellen Angeboten und Hilfen des
Westens ist daher leichter umzugehen als mit den geistigen und theologischen. So sehr auch hier das Bewußtsein wächst, daß man sie braucht, so
vorsichtig nimmt man sie auf.

Ein Feindbild hat sich herausgebildet, eine Schablone, die oft auf alles
Mögliche und weit über den üblichen Sprachgebrauch hinaus angebracht
wird; ein Schutzschild, der jedoch mitunter die eigene Sicht verdeckt: Der
Liberalismus, der die konservative Lebensbasis zu zerstören droht. Diesem
Verdacht unterliegen nach der gesamten westlichen Universitätstheologie
auch zwischenkirchliche Ratschläge, Stimmen aus dem Lutherischen Welt-
bund, und vor allem die Arbeit des Weltkirchenrates. Natürlich ist die
Stellung zu den theologischen Stimmen aus dem Westen nicht einhellig.

Sehr vorsichtig nur mag man allen theologischen Gesprächsansätzen
mit „der Welt" begegnen. Die diakonischen und sozialpädagogischen An-
fänge hatten es gerade unter diesem Gesichtspunkt schwer. Und es mag
auch in diesem Zusammenhang stehen, daß die weitaus meisten der Pastoren, die im Kampf um die Freiheit engagiert politisch aufgetreten waren,
sich jetzt zurückgezogen haben und sich nicht aktiv an der politischen
Neuordnung des Landes beteiligen.

Der Westen und sein „Liberalismus": In der theologischen Diskussion
sind irreale Ängste zu verspüren, geistige Probleme könnten, wie im bisherigen politischen Umfeld, mit Machtausübung gelöst werden – sei es,
daß „der Westen" gegen theologische Unbotmäßigkeit finanzielle Sanktio-
nen setzt, sei es, daß zu freizügiges Denken innerkirchlich bestraft wird.

Den grundsätzlichen Vorbehalt gegen westliches kirchliches und theologisches Denken teilen mehr oder weniger alle – und fast alle haben dabei noch immer die gleiche negative Voraussetzung: Sie kennen den Westen und sein Denken nur ungenau, höchst partiell, gefiltert. Kaum einer der maßgeblichen Theologen konnte lange und intensiv genug im Westen leben und arbeiten, um detailliertere Einsichten zu gewinnen. Die Sprachschwierigkeiten tun das Ihre. Und die „kirchentouristischen" Kurzreisen in beiden Richtungen haben nicht selten auch den negativen Effekt, wie immer geartete Vorbehalte zu verstärken.

So ist, bei aller großen Freundlichkeit, mit der es geschieht, das Gespräch mit dem kirchlich-theologischen und allgemein-geistigen Westen schwierig. Schnelle und breite Aufnahme finden nur Gedanken und Schrifttum, die unübersehbar das Siegel des Bewahrenden tragen. Sie erfreuen und bestätigen, bringen aber meist nichts Neues, Anregendes und für die Lösung der anstehenden Probleme Hilfreiches.

Dem nachdenklichen Beobachter erweist sich das Höhlenbild und das Höhlenschicksal als Schlüssel für viele Züge der lettischen kirchlichen Gegenwart. Sie ist ja eben doch Schicksal und nicht Schuld. Wer längere Zeit in dieser Situation lebt, bekommt Verständnis für vieles und stellt manche Frage auch an „westliche" Positionen, die er vorher nicht gestellt hat. Es war ja doch der Ernstfall einer bedrängten Kirche, und es gab manche Bekenner- und auch Märtyrersituation. Das verbietet schnellzüngige Besserwisserei, die nur mißversteht. Manche theologische Position aus dem Westen erscheint in diesem Lichte gar zu leichtgewichtig. Doch die Gegebenheiten der Höhle sind eben immer wieder da: Bei der Reserve gegenüber der Kirchenleitung, beim Selbstgefühl der Pfarrerschaft, bei den ökumenischen Schwierigkeiten, der Abgrenzung zwischen Kirche und Nicht-Kirche, bei den Problemen mit dem Westen.

*

Was ist für uns westliche Partner geboten?

Ich meine: Ein nüchterner, gründlicher und liebevoller Blick für die Wirklichkeit. An der Oberfläche sind die Ost-West-Verbindungen mit und nach Lettland erfreulich. Sie werden noch an Wert für beide Seiten gewinnen, wenn das Wissen um die tieferen Zusammenhänge hüben und drüben wächst, und wenn auch über die jeweiligen Hilflosigkeiten und Holzwege geredet werden kann, ohne die Angst, zu demütigen oder gedemütigt zu werden.

Hilfen werden gebraucht, und Hilfen sind möglich. Materielle zunächst: aber sie dürfen nicht anonym bleiben. Partnerschaften und Briefe helfen viel, weil sie Kontakte zwischen konkreten Menschen auf längere Zeit stiften und Vertrauen schaffen. Materielle Gaben und Geldmittel bekommen so ein Menschengesicht. Ohne dies sind sie, auch bei hohem Wert, erstaunlich belanglos und nicht kenntlich als das, was sie sein wollten.

Größere Schwierigkeiten als die Hilfe mit Geld und Gut macht das substantielle Gespräch, der kirchliche und theologische Austausch, das gemeinsame Bedenken der Lage. Es ist nötig für beide Seiten, und es findet noch zu wenig statt. Bei allen konkreten Themen, die dabei zur Sprache kommen, muß es ein Angebot gegen die Angst sein, die tief sitzt und ihre Gründe hat. Und es ist klar, daß es nicht ein Gespräch der Starken mit den Schwachen sein kann – oder gar der Nicht-Ängstlichen mit den Ängstlichen, der Quietsch-Gesunden mit den Kranken. Der Westen wird die Anfragen der Letten nach unserer christlichen Substanz zu hören und offen zu bedenken haben; es könnte sein, daß sie da zur Gegengabe werden für vieles, das ihnen von uns zugeflossen ist.

Die lettische Kirche braucht unsere Anteilnahme, damit sie nicht auch in der Freiheit in der Höhle bleiben muß. „Frei sein ist schwer. Zur Zeit ist es schwerer als Sklave zu sein", sagte dort jemand, der es wissen muß. Doch das soll nicht das letzte Wort aus Lettland bleiben.

Wir werden das Evangelium nicht gut ohne die Sprachen erhalten. Die Sprachen sind die Scheide, darin dieses Messer des Geistes steckt. Sie sind der Schrein, darin man dieses Kleinod trägt. Sie sind das Gefäß, darin man diesen Trank faßt. Sie sind die Kammer, darin diese Speise liegt.

                                                                    Martin Luther

INGETRAUT LUDOLPHY

Zurück zu den Wurzeln[*]

Fragen wir zunächst, was mit diesen „Wurzeln" gemeint ist. Denken wir beispielsweise an die eigene Biographie: solche Wurzeln sind für mich Heimat, Eltern, Geschwister, Schule, Lehrer, Klassenkameraden, Studium, akademische Lehrer, Freunde, Erlebnisse – bei anderen vielleicht die eigene Familie –, das persönliche Schicksal, die Nation, die Zeitgeschichte, in die ich hineingeboren bin, meine Religion, mein Pfarrer, meine Gemeinde. Dabei kann es durchaus sein, daß der eine oder andere genannte Stichpunkt problematische Verhältnisse andeutet. Zum Beispiel war für uns Deutsche das „Nationale" nach 1945 lange Zeit kaum noch nachvollziehbar. Ich erinnere mich jedoch an eine Predigt, die ich vor Jahrzehnten hörte, da fiel die Formulierung: „Habe lieb Dein Schicksal!" Das war mir damals sehr eindrücklich, bedeutet es doch, Ja zu sagen zu dem, was mein Schicksal ausmacht.

Wir fassen zusammen. Um eine Biographie – auch unsere eigene – richtig zu erkennen, ist es nötig die Voraussetzungen, das heißt jeweils die Wurzeln zu kennen.

I. Das Forschen nach den Wurzeln kann allerdings aus verschiedenen Gründen Probleme mit sich bringen:

1. Wir nennen zuerst die praktischen Gründe: uns fordert nämlich die *Gegenwart*. Das ist richtig. Wir denken an den Spruch: „Wer seine Hand an den Pflug legt und sieht zurück, der ist nicht geschickt zum Reich Gottes". Doch, die Vergangenheit meldet sich jeweils ganz von selbst und zwar nicht nur beim Älterwerden, sondern immer dann, wenn sich bei uns selbst oder im Umgang mit anderen Fragen einstellen, die einer Klärung bedürfen.

Um der *Bewältigung der Gegenwart* willen müssen wir also die Wurzeln aufsuchen.

---

* Dieser Vortrag wurde für eine Tagung der Deutschen Lutherischen Konferenz von Nordamerika im September 1989 in Vancouver mit vorgegebenem Thema erbeten. Aus gesundheitlichen Gründen mußte das Manuskript dort durch einen Vertreter verlesen werden. Abdruck auch schon in: Kirchliches Monatsblatt für das Evangelisch-Lutherische Haus, 46. Jg., Nr. 9, Winnipeg/Manitoba Oktober/November 1989, S. 5–9.

2. Die Gefahr liegt auf der Hand, vor der Gegenwart in die *Vergangenheit auszuweichen*. Wir kennen solche Gedichte oder Lieder wie „Ich träum' als Kind mich zurücke ...", „O selig, o selig ein Kind noch zu sein", „Schließ' aus die rauhe Wirklichkeit ...", wir kennen die Rede vom „Goldenen Zeitalter".

Doch das sind keine Wurzeln, das ist *Illusion* oder *Utopie*.

3. Eine ähnliche Gefahr ist die, in der Vergangenheit *hängen zu bleiben*. Das ist die Gefahr der Archivare oder auch der Familienforscherei. Zwar treiben beide Grundlagenforschung. Aber diese muß – bei ihnen selbst oder durch andere – *Früchte tragen*.

Andernfalls häuft sich, wie Faust ihn nennt, „Urväterhausrat" an, der das Leben erstickt, uns aus der Gegenwart ausbootet und der zum Generationenproblem führt. Die Aufforderung der Humanisten des 15./16. Jahrhunderts „ad fontes", die auf Marsilio Ficino zurückgeht, war richtig und fruchtbar. Doch dieses Prinzip allein genügt nicht. Die wirklich großen Humanisten haben auch entsprechende Konsequenzen für ihre Gegenwart gezogen. Die „zweitrangige Garnitur" der Sammler alter Dokumente und Zeugnisse war auch für diese Bewegung des Humanismus wichtig. Aber es waren eben nur Zuarbeiter.

Entsprechend sagt Goethe: „Was du ererbt von Deinen Vätern hast, erwirb es, um es zu besitzen". Das bedeutet, was uns überliefert ist, muß ausgelesen, interpretiert, d. h. gedeutet, und gewertet werden. Das Auslesen ist heute wichtiger denn je, weil wir seit dem 16. Jahrhundert in steigendem Maße im Aktenzeitalter leben. Ich konnte vor dem Weimarer Staatsarchiv beobachten, wie dort überflüssige Akten auf Lastwagen verladen und zur Vernichtung abtransportiert wurden. Solche und ähnliche Erfahrungen könnten einen traurig machen, wenn man z. B. dreißig Jahre nach dem Tode eines doch wohl bedeutenden Menschen die größte Mühe hat, sein Sterbejahr zu ermitteln. Wir kennen das Lied: „Ach wie flüchtig, ach wie nichtig sind der Menschen Sachen".

Eine entsprechende Gefahr, an der Vergangenheit hängen zu bleiben, zeigt sich auch bei der Problematik von Lesepredigten oder etwa der späteren Wiederverwendung eigener Predigten, der Pfarrer sagt dann, er „hole ein altes Pferd aus dem Stalle". Die Lage und die Zuhörerschaft haben sich gewandelt seit dem Ursprung dieser Predigt. Es ist deshalb zu fragen, ob man noch „ankommt". Im Bericht über eine deutsch-japanische Philosophentagung in München zum Thema Heidegger fand ich folgende Feststellung: „... unübergehbar seine (sc. Heideggers) Forderung, daß es systematische Erkenntnisse ohne geschichtliche Rückgänge in den Grund, in den Anfang des abendländischen Denkens nicht gebe. Nötig hierbei sei als ein immerwährender Prozeß das genuine *übersetzen*, das Übersetzen nicht von einer Sprache in die andere, sondern auch das Übersetzen in(nerhalb) der Muttersprache selbst. Nur durch einen genuinen Aneignungsprozeß der Übersetzung eines Denkens in (die jeweils) eigene Sprache, kann das Leben des Gedankens erhalten und das Grabmahl toter Worthülsen verhindert werden" (Herder Korrespondenz 1989, Sp. 86 b).

Mit dem Bilde der Wurzel läßt sich das gut anschaulich machen. Betrachten wir einen Baum, so wäre eine Wurzel ohne Stamm, Zweige, Blätter „fruchtlos". Stamm, Zweige, Blätter gehören dazu. Das bedeutet, wir müssen aus dem, was überliefert ist, heute etwas machen. Ein solches Bild liegt II Kön 19,30 zugrunde: „Und was vom Hause Juda errettet ... ist, wird von neuem nach unten Wurzeln schlagen und oben Frucht tragen" (vgl. Ez 31,7).

Es ist interessant, daß Martin Luther, der noch keine *Geschichtsschreibung* kannte, gern Tatsachen der Vergangenheit als Geschich*ten* verwandte, die jeweils hilfreich zur Deutung der Gegenwart sein konnten.

4. Wir haben bisher so getan, als könnten wir die Wurzeln, d. h. die jeweilige Vergangenheit ohne weiteres freilegen, erkennen, deuten, werten. Leider haben wir es aber in der Geschichtsbetrachtung nicht nur mit den Fakten zu tun, sondern bereits mit dem jeweiligem Forscher und Deuter. – Selbst ein Chronist deutet bereits und wertet, indem er ausliest, was und wie es ihm überlieferungswürdig erscheint. – Eine sogenannte objektive Geschichtsforschung ist nicht möglich. Bereits bei der Fragestellung wird sich z. B. die Individualität des Historikers einmischen. Deshalb können sich Irrtümer, Einseitigkeiten, bewußte Verfälschungen einschleichen. Je mehr Mühe aufgewandt wird, die Vergangenheit in allen Bezügen exakt zu erkennen, desto mehr wird man sich der Wirklichkeit annähern. Je unfähiger oder unredlicher der Forscher ist, desto mehr wird die Realität verfälscht werden. Hier liegt ein großes Problem bei der Halbbildung von Autoren und Lesern.

5. Beim Suchen nach den Wurzeln kann es allerdings auch ein Tabu geben. Nicht alles und jedes muß erforscht werden. Es gibt Bezirke, in die man nicht eindringen soll aus Fragen des Geschmacks, der Diskretion, der psychologischen Vorsicht. Manches mag oder muß getrost unbewußt bleiben.

II. Wir haben bisher stillschweigend vorausgesetzt, daß es nötig sei, jeweils Wurzeln zu kennen. Wozu *ist* das nötig?

1. Wir haben alles überkommen mit unserer Sprache. Begriffe sind ja nicht nur intellektualistisch zu sehen. Deshalb müssen wir die Etymologie kennen und jeweilige Wortbedeutungen beachten. Das ist etwa beim Übersetzen sehr wichtig. Der Martin-Luther-Bund in Erlangen bot ein schönes

Beispiel: Da wollte man den kleinen Katechismus Luthers und das Augsburgische Bekenntnis für die Rußlanddeutschen im Gebiet der ehemaligen Sowjetunion ins Russische übertragen, weil die junge Generation nicht mehr genügend Deutschkenntnisse besitzt. Nun zeigte es sich, wie schwierig das war, weil Begriffe wie z. B. „Rechtfertigung" fehlen.

2. Nach den Wurzeln muß man auch fragen, um Zusammenhänge aufzuhellen. Etwa muß bei einem Gerücht nach den Wurzeln gesucht werden. Im großen Maßstab ist es nicht nur wichtig, sondern auch notwendig, die Geschichte zu kennen, weil sie eine wesentliche Grundlage ist, die Gegenwart zu verstehen.

3. Ferner ist es nötig, die Wurzeln zu suchen, damit man einen Menschen psychologisch verstehen kann. Man kann hinweisen auf I Tim 6,10: „Habsucht ist eine Wurzel alles Übels".

4. Das Fragen nach den Wurzeln kann Verfälschungen wehren oder sie korrigieren. Ein Beispiel kennen wir aus der Reformationszeit, als mit den „Magdeburger Centurien" die erste wirkliche Kirchengeschichtsschreibung ins Leben trat. Hier wollte man zeigen, daß die Kirche, die durch die Reformation entstanden war, zurückgeht bis ins 1. Jahrhundert. Die Katholiken reagierten damals prompt mit den „Annales ecclesiastici".

5. Es ist gut, die Wurzeln zu kennen, denn „Tradition" kann schützen und Sicherheit geben.

Das gilt schon rein äußerlich durch die persönliche Herkunft. Allerdings ist das heutzutage problematisch geworden. „Adel" allein muß z. B. nicht für Qualität bürgen. Ich weiß, wie ich mich ärgerte, als einmal bei einer Einladung die Dame des Hauses feststellte: „Im Hause X tut man so etwas nicht". Gewiß gab es in früheren Zeiten tatsächlich echte Verpflichtungen in solchen Familien, die wirksam waren.

Welche Rolle solcher „edlen" Abkunft zugeschrieben wurde, zeigt die Tatsache, daß man im Altertum und auch bei den Germanen seine Herkunft selbst bis auf die Götter zurückführte. Denken wir an Achill und andere Gestalten in der Ilias. Ein Germane, der sich als Sohn Odins bezeichnete, konnte von vornherein auf besonderes Ansehen rechnen.

Heute kennen wir noch solchen Schutz und diese Sicherheit, die die Tradition bieten, in der – so weit noch vorhandenen – Sitte. Da heißt – oder hieß – es: „Das tut man nicht". Die einfachste höfliche Form ist der Rest eines solchen Ehrenkodex.

Die Kirche hat hier – noch – viel bewahrt an Tradition etwa in der Ämterfrage, im Schriftkanon, in den Bekenntnissen, in der Liturgie. Es ist nötig, diese Traditionen zu kennen. Im Neuen Testament wird uns geschildert, daß Christus von einem Schriftgelehrten spricht, der „ein Jünger des

Himmelreichs geworden" sei, dieser „gleicht einem Hausvater, der aus seinem Schatz Neues und Altes hervorholt" (Mt 13,52). Auch Neues holt er hervor, aber dieses wird der Tradition entsprechen! Es bedarf nämlich der Kontinuität. Dazu aber muß man die Tradition kennen. Hier gilt: Wer keine Vergangenheit hat, hat keine Zukunft. Er „entwurzelt". Was daraus wird, hat Hesekiel (17,9) geschildert: hier wird das Bild eines mißratenen Weinstocks mit dem des Volkes Israel vermischt: „... Wird man nicht seine Wurzeln ausreißen, daß seine Früchte verderben? Und er wird verdorren; alle Blätter, die ihm gewachsen sind, werden verwelken. Ohne große Kraft und ohne viel Volk wird man ihn mit seinen Wurzeln ausreißen."

Allerdings kann die Tradition auch zum Korsett werden. Das entspricht dann einer „Gesetzlichkeit". Dann hat man nicht mehr nur eine Bindung an die Vergangenheit, sondern diese ist zur Fessel geworden. Sie schreibt vor, was man zu tun hat und wie man handeln muß. Dabei sollte der oben genannte Hausvater auch „Neues" aus seinem Schatz hervorholen. Wir könnten sagen, es ist auch ein dynamisches Element nötig. Als Christen sprechen wir besser vom Wirken des „Heiligen Geistes". II Kor 5,17 heißt es: „... ist jemand in Christus, so ist er eine neue Kreatur; das Alte ist vergangen, siehe es ist alles neu geworden".

Aber man verwechsle nicht dieses Evangelium von der großen Freiheit mit „Unordnung". Das wäre Schwärmerei. Der Heilige Geist ist wohl ein Geist der Freiheit, aber er ist ein Geist der Ordnung.

6. Schließlich ist die Kenntnis der Wurzeln der Vergangenheit nötig zum Erkennen von Schuld.

Viel wird heute von Vergangenheitsbewältigung gesprochen, die damit zusammenhängende Problematik ist nicht neu. In den Klageliedern Jeremiae 5,7 finden wir die Selbstverteidigung und den Vorwurf, die je länger desto mehr Kreise ziehen bis in unsere Tage: „Unsre Väter haben gesündigt und leben nicht mehr, wir aber müssen ihre Schuld tragen". Doch die Verse 16 und 21f graben tiefer: „Die Krone ist von unserm Haupt gefallen. O weh, daß wir so gesündigt haben". Wird hier eine Kollektivschuld vertreten? Vers 21f gibt den wahren Grund der Misere an: „Bringe uns, Herr, zu dir zurück, daß wir wieder heimkommen; erneue unsre Tage wie vor alters! Hast du uns denn ganz verworfen und bist du allzusehr über uns erzürnt?"

In diesen beiden Versen wird Gott als der Heilige erkannt, der nicht fünf gerade sein läßt. Hier sieht das Alte Testament den Abstand zwischen Gott und dem Sünder, der nur von Gott her überwunden werden kann. Gewiß, viele der Deutschen, die sich durch eine Ideologie verführen ließen, leben nicht mehr. Aber hat sich die nächste Generation „heimsuchen" lassen? Ist sie erneut? Ist sie zu Gott zurückgekehrt? Verfällt nicht die heutige Generation nur neuen Ideologien, die ihr Gott verdrängen oder ihn ersetzen, der Vorstellung vom Weltfrieden, der Verführung, in ökologische Problematik auszuweichen, wenn es um die Frage der Sünde und Schuld geht? Liegt nicht genauso wie einst eine falsche Anthropologie, d. h. ein falsches Menschenbild, den modernen Ideologien wie einst dem Marxismus zugrunde, daß der Mensch nämlich im Grunde gut sei und man ihm nur die entsprechenden Bedingungen zu geben brauche, damit „alles gut" werde? Erkennt man nicht mehr den Abstand von Schöpfer und Geschöpf, den Abstand des heiligen Gottes vom Sünder! Und vergötzt man damit nicht den Menschen! Das ist nun wahrlich nichts Neues. Auf den ersten Blättern der Bibel lesen wir das listige Angebot: „Ihr werdet sein wie Gott"! (1. Mose 3,5) Gehen wir den Dingen nach, gehen wir in die Tiefe, fragen wir nach den Wurzeln, dann entdecken wir die Ursünde in der jüngsten Vergangenheit wie in aller Zeit doch auch genauso bei uns.

7. Endlich ein letzter Gedanke, der uns zwingt, nach den Wurzeln zu fragen: Das ist das Problem der Identität.

Bleiben wir zunächst im Bild der Pflanze: Die Wurzel hat eine andere Gestalt als der Sproß, die Blätter oder die Blüten. Aber das „Prinzip" ist identisch. Biologisch können wir das ausdrücken mit der Vorstellung der Chromosomen, die in allen verschiedenen Zellen gleich sind. Doch es gilt: Nimm der Pflanze die Wurzel und sie wird eingehen. Entsprechend gilt: Nimm ihr Sproß, Blätter, Blüten, so kann unter Umständen die Wurzel neu austreiben, aber es wird eine neue Form der Pflanze entstehen, wenn auch die Chromosomen, das Programm der jeweiligen Pflanze, konstant bleiben. Hier läßt sich das Bild nun nicht weiter verwenden.

a) Ehe wir nach der Identität in unserem eigenen Leben fragen, fassen wir das Problem allgemein. Worin besteht das Gleichbleibende in der sich in vielfältiger Weise darstellenden Geschichte eines Volkes oder der Menschheit? Gibt es das überhaupt? Vieles wird da angeboten etwa der geographische Raum, die wirtschaftliche Einheit, die Rasse, die Geschichte, die Herrschaftsform, politische Prinzipien, Ideologien.

Gerade unsere Generation hat die Erfahrung machen müssen, daß diese Grundlagen nur zu rasch beiseite geschoben werden können und werden. Was ist das Bleibende, das, was in allem Wandel Bestand behält, was die Identität garantiert? Goethe kommt zu dem betrübenden Ergebnis: „Wechsel regiert unser Dasein. Du wisse das." Der griechische Philosoph Heraklit drückte das mit den Worten aus „panta rhei", alles fließt. Also gibt es nichts Bestimmtes, Sicheres! Das entspricht etwa dem heute viel gepriesenen Pluralismus.

Kann das tatsächlich eine Lebensgrundlage sein?

Unsere Antwort als Christen ist – genauso wie Goethes Feststellung – ein Bekenntnis. In einem Kanon wird es so ausgedrückt: „Alles ist eitel, Du aber bleibst ...".

Es ist bezeichnend, daß dieses Bekenntnis gerade in den Psalmen, den Gebeten der Israeliten, oft zu finden ist. "Unsre Väter haben's uns erzählt, was du getan hast zu ihren Zeiten, in alten Tagen" (Ps 44,2). „Ich will meinen Mund auftun zu einem Spruch und Geschichten verkünden aus alter Zeit. Was wir gehört haben und wissen und unsre Väter uns erzählt haben, das wollen wir nicht verschweigen ihren Kindern; wir verkündigen dem kommenden Geschlecht den Ruhm des Herrn und seine Macht und seine Wunder, die er getan hat. Er richtete ein Zeugnis auf in Jakob und gab ein Gesetz in Israel und gebot unsern Vätern, es ihre Kinder zu lehren, damit es die Nachkommen lernten, die Kinder, die noch geboren würden; die sollten aufstehen und es auch ihren Kindern verkündigen, daß sie setzten auf Gott ihre Hoffnung und nicht vergäßen die Taten Gottes, sondern seine Gebote hielten" (Ps 78,2–7). Auch die Propheten verkünden es: „Herr, du bist mein Gott, dich preise ich; ich lobe deinen Namen. Denn du hast Wunder getan; deine Ratschlüsse von alters her sind treu und wahrhaftig." (Jes 25,1) „Ich will der Gnade des Herrn gedenken und der Ruhmestaten des Herrn ... und der großen Güte an dem Hause Israel ... Er erlöste sie, weil er sie liebte und Erbarmen mit ihnen hatte. Er nahm sie auf und trug sie allezeit von alters her." (Jes 63,7a und 9b). Vers 16b wird Gott „unser Erlöser" genannt, von alters her sei das sein Name. Gerade wenn Zweifel kommen wollen am Bestand dieser Liebe und dieses Erbarmens, gilt es, sich zu erinnern: „Ich rufe zu Gott und schreie um Hilfe, zu Gott rufe ich, und er erhört mich. In der Zeit meiner Not suche ich den Herrn; meine Hand ist des Nachts ausgereckt und läßt nicht ab; denn meine Seele will sich nicht trösten lassen ... Ich gedenke der alten Zeit, der vergangenen Jahre. Ich denke und sinne des Nachts und rede mit meinem Herzen, mein Geist muß forschen. Wird denn der Herr auf ewig verstoßen ...? ... Ich sprach: Darunter leide ich, daß die rechte Hand des Höchsten sich so ändern kann. Darum denke ich der Taten des Herrn, ja ich denke an deine früheren Wunder und sinne über alle deine Werke und denke deinen Taten nach. Gott, dein Weg ist heilig ... Du bist der Gott, der Wunder tut ... Du hast dein Volk erlöst mit Macht ... Du führtest dein Volk wie eine Herde durch die Hand des Mose und Aaron" (Ps 77,2–21).

Allein Gott und zwar dieser Gott, den wir aus seinen früheren Taten kennen, garantiert in seiner Treue die Identität alles Geschehens: „Denn so spricht der Herr, der den Himmel geschaffen hat – er ist Gott; der die Erde bereitet und gemacht hat – er hat sie gegründet ...: Ich bin der Herr und sonst keiner mehr. Ich habe nicht im Verborgenen geredet ... ich habe

nicht zu den Söhnen Jakobs gesagt: ‚Sucht mich vergeblich!' Denn ich bin
der Herr, der von Gerechtigkeit redet und verkündigt, was recht ist ... Tut
es kund ...: Wer hat dies hören lassen von alters her ...? Hab ich's nicht
getan, der Herr? Es ist sonst kein Gott außer mir ... ich bin Gott, und sonst
keiner mehr ... Mir sollen sich alle Knie beugen und alle Zungen schwö-
ren." (Jes 45,18–23).

Es ist kein Zufall, daß wir so leicht und so viele Stellen im Alten
Testament finden, in denen auf Gottes Taten in der Vergangenheit hingewiesen wird. Die Religion Israels war und ist eine Geschichtsreligion,
keine Naturreligion, für die Werden und Vergehen ewig gleichbleiben.
Das Alte Testament betrachtet den Weltlauf als etwas, was von einem
Anfang an – der Schöpfung – immer weiter schreitet, *weiterschreitet*,
darin ist kein „Fortschritt" im aufklärerischen Sinne zu verstehen, nach
dem es immer besser wird. Dieses Weitergehen bedingt die Einmaligkeit
jedes Geschehens, auch das Gewicht jedes Augenblicks. Aber es bedingt
vor allem die Kontinuität. Naturreligion hat als Grundlage den Zyklus,
d. h. den Kreis, die immerwährende Wiederholung wie Frühling, Sommer,
Herbst und Winter.

Der gegenwärtige Augenblick hat sich entwickelt aus allem, was voran-
gegangen ist. Und die Zukunft ist ein Kind dieser Vergangenheit sowie der
Gegenwart. Zum zweiten Mal stellen wir – nun in anderem Sinne – fest:
Wer keine Vergangenheit hat, hat keine Zukunft.

Schon im Alten Testament finden wir die Erfahrung, die dann im Neuen
Testament an zentraler Stelle steht, daß Gott treu und gnädig ist und Sünde
vergibt. Micha 7,18 heißt es: „Wo ist solch ein Gott, wie du bist, der die
Sünde vergibt und erläßt die Schuld denen, die übriggeblieben sind von
seinem Erbteil; der an seinem Zorn nicht ewig festhält, denn er ist barm-
herzig!" Deuterojesaja weiß, daß wir durch Gottes Barmherzigkeit neu
anfangen können: „Gedenkt nicht an das Frühere und achtet nicht auf das
Vorherige! Denn siehe, ich will ein Neues schaffen ..." (43,18–19a). Das
Alte Testament ist hier die Wurzel für das, was dann im Neuen Testamnet
in voller Entfaltung da ist. Es ist ja auch derselbe Gott, mit dem schon die
Israeliten ihre Erfahrungen gemacht haben, den Christus, das „Reis aus der
Wurzel Jesse" (Jes 11,1 und 10), und die Apostel verkündeten und mit dem
wir unsere Erfahrungen machen, wenngleich wir uns nicht mehr auf das
Herausführen aus Ägypten berufen. Im Hebräerbrief Kapitel 8 heißt es:
„‚Siehe, es kommen die Tage, spricht der Herr, daß ich mit dem Hause
Israel und mit dem Hause Juda einen neuen Bund machen will; nicht wie
der Bund gewesen ist, den ich gemacht habe mit ihren Vätern an dem
Tage, da ich ihre Hand ergriff, sie auszuführen aus Ägyptenland ... Denn

das ist der Bund, den ich machen will mit dem Hause Israel nach diesen Tagen', spricht der Herr: ,Ich will geben mein Gesetz in ihren Sinn, und in ihr Herz will ich es schreiben und will ihr Gott sein und sie sollen mein Volk sein ... Denn ich will gnädig sein ihrer Ungerechtigkeit, und ihrer Sünden will ich nicht mehr gedenken'" (Hebr 8,8b–12). Wir berufen uns auf das, was auf Golgatha geschehen ist. Das Reis aus der Wurzel Jesse ist der Schmerzensmann (Jes 53,2ff), der keine Gestalt noch Schöne hatte, der für uns geschlagen und gemartert wurde, der gestorben ist und auferstanden.

In diesem „Neuen Bunde" wird der Baum, der nun aus der gemeinsamen Wurzel erwächst, noch reichere und bessere Frucht tragen, wie es z B. die Bergpredigt vorsieht. Wir kennen alle die Stelle: „Ihr habt gehört, daß zu den Alten gesagt ist: ,Du sollst nicht töten ...' Ich aber sage euch: ,Wer mit seinem Bruder zürnt, der ist des Gerichts schuldig ...'" (Mt 5,21f).

Wir stellen zusammenfassend fest, die Identität alles Geschehens von Anfang bis zum Ende ist allein gegeben durch den treuen, barmherzigen Gott, mag auch „alles fließen" und mag „der Wechsel regieren".

Graphisch sieht das so aus:

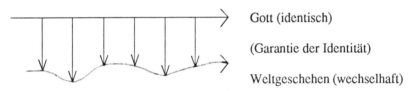

Gott (identisch)

(Garantie der Identität)

Weltgeschehen (wechselhaft)

Von Deuterojesaja (46,4) wird Gott die Versicherung in den Mund gelegt: „Auch bis in euer Alter bin ich derselbe, und ich will euch tragen, bis Ihr grau werdet. Ich habe es getan; ich will heben und tragen und erretten."

b) In der gegebenen graphischen Darstellung bildet meine eigene Geschichte einen kleinen Ausschnitt.

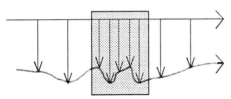

Im individuellen Leben kommt aber noch etwas dazu, was dem persönlichen Leben die Identität der Gottesbeziehung verbürgt: die Wurzel dafür liegt in der Taufe.

Wir haben vorhin an einen Kanon erinnert: „Alles ist eitel, Du aber bleibst", die nächste und letzte Zeile heißt: „und wen Du ins Buch des Lebens schreibst."

In diesem Sinne müssen wir zum dritten Male sagen: Wer keine Vergangenheit hat, hat keine Zukunft. In Christus nämlich sind wir „verwurzelt und gegründet" (Kol 2,7).

Wesentlich ist, daß die Verbindung mit *dieser* Wurzel unentwegt da ist. Denken wir an den ersten Teil des Vortrags: I,1: Um der Bewältigung der Gegenwart willen müssen wir die Verbindung zur Wurzel haben.

Wie wir oben I,3 feststellten, müssen der Wurzel die Früchte entsprechen. Mt 3,10 par und Mt 13,6 mahnt Christus selbst, diesen Zusammenhang zu sehen: Welcher Baum nämlich nicht gute Frucht bringt, wird abgehauen und ins Feuer geworfen. Ähnlich heißt es beim Gleichnis vom vierfachen Acker: Etliches wurzelte nicht ein.

Daß das Gebäude auf dem richtigen Grund erbaut wird, entspräche Teil I,4. Es darf nämlich kein falscher Grund gelegt werden neben oder außer Christus. Hier gäbe es viel zu sagen über falsche Wege. Unser Thema heißt „Zurück zu den Wurzeln". Wir finden sie für unseren Glauben in der Heiligen Schrift, und wir haben gesehen, nicht nur des Neuen Testaments, sondern auch des Alten Testaments. Doch wir wissen, daß es viele Irrwege des Verständnisses gab und gibt. Ich persönlich meine, daß die Bekenntnisschriften der Lutherischen Kirche hier helfen können, den rechten Weg zu finden. Hier ist es wichtig, daß Familie, Schule, Kirche entsprechende Kenntnisse weitergeben, damit sie die Wurzel bilden für den Glauben, der sich in der Erfahrung bewährt, aus der wiederum Glaube wächst.

Eins konnten wir unter I nicht nennen, weil das ein Geheimnis ist, was dem christlichen Glauben und Leben vorbehalten ist. Wir haben unter II,7a zunächst auf die Identität Gottes im Weltgeschehen hingewiesen. Selbst da sind wir an der Frage der Sünde und Schuld nicht vorbeigekommen (Mi 7,18). Um wieviel mehr ist das wichtig, wenn wir jeweils an das eigene Leben denken. Und da gilt in unvergleichlich wesentlicher Weise: „Zurück zu den Wurzeln". Luther hat die Beichte als ein Zurückkehren zur Taufe bezeichnet, ein erneutes Hineinkriechen in die Taufe.

Von dieser Rückkehr zur Wurzel leben wir als Christen! *Das* unterscheidet das Christentum von allen anderen Religionen, bei denen schließlich das Gesetz herrscht. Allein das Christentum hat in *dieser* Weise das Evangelium neben und über dem Gesetz, daß es das „Von her" an die erste Stelle stellt und erst dann das „Hin zu" kommt, das Leben aus der Erlösung, das die Werke aus Dank und Liebe vollbringt.

Gliederung des Martin-Luther-Bundes

I. Organe des Bundes

1. Bundesrat

Geschäftsführender Vorstand

1. Präsident: Landesbischof i. R. Prof. D. Dr. Joachim Heubach,
Prinzenholzweg 3, 2420 Eutin-Fissau, Tel. (04521) 31 82;

2. Stellv. Präsident: Oberkirchenrat i. R. Gottfried Klapper, D.D., D.D.,
Roßkampstr. 1, 3000 Hannover 81; Tel. (0511) 83 70 40;

3. Schatzmeister: Oberlandeskirchenrat i. R. Jürgen Kaulitz,
Blankenburger Str. 19, 3340 Wolfenbüttel; Tel.: (05331) 7 12 36;

4. Generalsekretär: Pastor Dr. h. c. Peter Schellenberg,
Fahrstr. 15, 8520 Erlangen; Tel. (09131) 2 90 39.

Weitere Mitglieder:

5. Barbara Blomeyer,
Burgbergstr. 99, 8520 Erlangen; Tel. (09131) 2 14 70;

6. Architekt Otto Diener,
Hirschwiesenstr. 9, CH-8057 Zürich 6; Tel. (1) 3 62 11 62;

7. Universitätsdirektor a. D. Hans O. Finn,
Anton-Bruckner-Str. 50, 8520 Erlangen; Tel. (09131) 1 41 55;

8. Oberkirchenrat Pfr. i. R. Mag. Hans Grössing,
Hamburgerstr. 3/1/3/7, A-1050 Wien; Tel. (0222) 5 73 07 24;

9. Pastor Uwe Hamann,
Schönningstedter Str. 60, 2057 Reinbek; Tel. (040) 7 22 38 35;

10. Propst Hans-Peter Hartig,
St. Annenstr. 12, 3370 Seesen 1; Tel. (05381) 12 00, privat 7 08 08;

11. Pastor Siegfried Peleikis,
Steinmarner Str. 5, 2190 Cuxhaven; Tel. (04721) 4 84 71;

12. Kirchenrat Dr. h. c. Edmund Ratz,
Diemershaldenstr. 45, 7000 Stuttgart 1; Tel. (0711) 21 59-363;

13. Pfarrer Hans Roser,
Meckenloher Weg 1, 8542 Roth; Tel. (09171) 6 13 36;

14. Oberkirchenrat Karlheinz Schmale, D.D.,
Terrassenstr. 16, 1000 Berlin 38; Tel. (030) 8 01 80 01;

15. Professor Dr. Reinhard Slenczka,
Spardorfer Str. 47, 8520 Erlangen; Tel. (09131) 2 41 39;

Zur ständigen Teilnahme an den Sitzungen eingeladen:

Dekan Walter Hirschmann,
Kirchplatz 3, 8711 Markt Einersheim; Tel. (09326) 3 78;

Superintendent Dr. Werner Monselewski,
Kirchplatz 2, 3070 Nienburg/Weser; Tel. (05021) 34 73.

2. Zentralstelle des Martin-Luther-Bundes

Generalsekretär: Pastor Dr. h. c. Peter Schellenberg,
Fahrstr. 15, 8520 Erlangen; Tel. (09131) 2 90 39;

Pfarrer im Martin-Luther-Bund: Pfarrer Dr. Rudolf Keller,
privat: Loewenichstr. 19, 8520 Erlangen; Tel.: (09131) 2 21 81;

Büro: Fahrstr. 15, 8520 Erlangen; Postfach 26 69; Tel. (09131) 2 90 39; Fax (09131) 2 67 54.

An diese Anschrift werden alle Schreiben an den Martin-Luther-Bund erbeten.

Postgiro Nürnberg 405 55-852 (BLZ 760 100 85);
Bankkonten: Stadt- und Kreissparkasse Erlangen Nr. 12 304 (BLZ 763 500 00);
Commerzbank Erlangen Nr. 82 15527-00 (BLZ 763 400 61).

II. Bundeswerke und Arbeitszweige

Auslands- und Diasporatheologenheim

Anschrift: Fahrstr. 15, 8520 Erlangen; Tel. (09131) 2 90 39;
Studentenheim: 2 34 22.

Ephorus: Professor Dr. Reinhard Slenczka,
Spardorfer Str. 47, 8520 Erlangen; Tel. (09131) 2 41 39.

Studienleiter: N. N.

Das Ausland- und Diasporatheologenheim besteht seit dem Jahr 1935. Es wurde vom ersten Bundesleiter, Professor D. Dr. Friedrich Ulmer begründet. In den Jahren seines Bestehens (mit einer durch die Kriegsereignisse hervorgerufenen Unterbrechung) haben hunderte von Theologiestudenten im Hause gewohnt. Besonders erfreulich ist die Tatsache, daß auch eine größere Zahl von jungen Theologen aus den osteuropäischen Minoritätskirchen hier eine Bleibe hat finden können.
Insgesamt 20 Plätze stehen für Theologiestudenten aus lutherischen Kirchen zur Verfügung, vorzugsweise für diejenigen, die aus der Diaspora kommen oder sich auf den Dienst in einer Diasporakirche vorbereiten. Die Kosten werden je nach den finanziellen Mitteln der Bewohner berechnet; einige Freiplätze werden regelmäßig an diejenigen vergeben, denen kein Stipendium bzw. anderweitige Unterstützung zugute kommt.
Die Gemeinschaft des Hauses erfährt ihre Prägung durch die tägliche Andacht und durch die Abendmahlsfeier, die in jedem Monat gehalten wird. Das gemeinsame Frühstück, Hausabende und eine theologische Arbeitsgemeinschaft, die sich unter Leitung des Ephorus mit theologischen Grundfragen, u. a. mit den wesentlichen Aussagen des lutherischen Bekenntnisses, beschäftigt, fördern das Zusammenleben. Von den deutschen Bewohnern wird erwartet, daß sie ihren ausländischen Mitstudenten beim Einleben in deutsche Lebensverhältnisse und bei der Einführung in den Studienbetrieb an der Universität behilflich sind.

Für Gäste und Freunde des Martin-Luther-Bundes, die auf der Durchreise sind, einen Studienaufenthalt in der Nähe der Universität planen oder als Pfarrer bzw. kirchliche Mitarbeiter ein Semester lang an einem Kontaktstudium teilnehmen, stehen außerdem Gästezimmer bereit. In den Semesterferien ist die Durchführung kleinerer Tagungen möglich (bis zu 15 Personen). Regelmäßig werden in Zusammenarbeit mit dem Lutherischen Weltbund Sprachkurse für evangelische Theologen aus europäischen Nachbarländern durchgeführt.

Studentenheim St. Thomas

Anschrift: Fahrstr. 15, 8520 Erlangen; Tel. (09131) 2 90 39; Studentenheim: 2 17 90.

Ephorus: Prof. Dr. Reinhard Slenczka,
Spardorfer Str. 47, 8520 Erlangen; Tel. (09131) 2 41 39.

Studienleiter: N. N.

Studienkolleg für orthodoxe Stipendiaten der EKD
Exekutivsekretär: Pfarrer Wolfram Reiss,
privat: Forchheimer Str. 30, 8532 Baiersdorf, Tel. (09133) 58 97.

Das Haus wurde 1961/62 als Anbau an das Theologenheim errichtet und bietet Platz für 26 Studenten aller Fachbereiche. Mit dem Studentenheim St. Thomas will der Martin-Luther-Bund zunächst eine karitative Aufgabe erfüllen, indem er vorzugsweise Nichttheologen aus dem Ausland eine Unterkunft bereitstellt. Seit 1982 dient das Haus zugleich orthodoxen Stipendiaten, die die für ihre Studien notwendigen Kenntnisse der deutschen Sprache erwerben und sich mit den Arbeitsverhältnissen an deutschen Universitäten vertraut machen sollen. Dieses Programm wird in Zusammenarbeit mit dem Diakonischen Werk und dem Kirchenamt der EKD, dem Hauptausschuß im Deutschen Nationalkomitee des LWB sowie der bayerischen Landeskirche durchgeführt.
Darüber hinaus bietet das Haus Gelegenheit, daß Studenten einander über die Grenzen der Nationalität, der Rasse, der Religion und der Sprache hinweg kennenlernen. Die Nachbarschaft beider Heime bietet eine gute Möglichkeit der Begegnung zwischen Christen und Nichtchristen.

Collegium Oecumenicum
des Martin-Luther-Vereins in Bayern

Sondermeierstr. 86, 8000 München 45; Tel.: (089) 32 57 40.

Studienleiter: Pfarrer Peter Weigand.

Das Haus wurde 1985 gegründet. Es nimmt Stipendiatinnen und Stipendiaten, Studentinnen und Studenten auf, die an den Münchner Fakultäten Theologie (bzw. Kirchenmusik) studieren. Das Haus hat 60 Plätze. In einer verbindlichen christlichen Lebens- und Lerngemeinschaft leben die Bewohner des Hauses Ökumene im studentischen Alltag. Der Anteil an Bewohnern aus dem Ausland beträgt mindestens fünfzig Prozent.

Brasilienwerk

Leiter: Pfr. Hans Roser, Meckenloher Weg 1, 8542 Roth; Tel. (09171) 6 13 36; Fax (09171) 44 56;

Geschäftsstelle: Haager Str. 10, 8806 Neuendettelsau; Tel. (09874) 92 71; Fax (09874) 93 30 (Missionswerk);

Konten: Sparkasse Neuendettelsau Nr. 760 700 914 (BLZ 765 500 00);
Postgiro Nürnberg 88 26-856 (BLZ 760 100 85);
Gewerbebank Neuendettelsau Nr. 516 007 (BLZ 765 600 60);
alle unter: Martin-Luther-Verein Neuendettelsau, mit Vermerk „für Brasilienarbeit".

Dieser Arbeitszweig des Martin-Luther-Bundes wurde 1896 gegründet und wird seit dieser Zeit im Auftrag des Bundes vom Martin-Luther-Verein in Bayern verwaltet, dessen Vorsitzender zugleich Leiter des Brasilienwerkes ist. Von jeher ist von diesem Werk insbesondere die Aussendung von lutherischen Pfarrern nach Brasilien gefördert worden. Darüber hinaus wird in zunehmendem Maße die verantwortliche Teilnahme an kirchlichen Aufbauprojekten (z. B. in Zusammenhang mit der Wanderung evangelischer Familien nach Amazonien oder in die Millionenstädte) zur Hauptaufgabe des Brasilienwerkes. Dies geschieht grundsätzlich in Abstimmung mit der zuständigen Kirchenleitung in Brasilien. Eine im Jahr 1965 von allen Gliedvereinen des MLB begonnene Schulstipendienaktion hat bisher einigen hundert Stipendiaten die Ausbildung ermöglicht. An der Aufbringung der jeweils von der Evangelischen Kirche Lutherischen Bekenntnisses in Brasilien (EKLBB) verwalteten Mittel beteiligt sich seit 1970 das Gustav-Adolf-Werk. Die Förderung kommt insbesondere begabten Schülern und Studenten zugute, die sich für den kirchlichen Dienst entschieden haben. Der Martin-Luther-Bund hat mit Aufnahme dieser Aktion eine Aufgabe angefangen, von der für die Zukunft noch viel erwartet werden kann.

Sendschriften-Hilfswerk

Geschäftsstelle: Wiebke Stange, Fahrstr. 15, 8520 Erlangen, Tel. (09131) 2 90 39; Fax (09131) 2 67 54.

Postgiro Berlin-W. 56 341-106 (BLZ 100 100 10).

Das Sendschriften-Hilfswerk wurde im Jahr 1936 eingerichtet. Es versucht, durch den Versand theologischer Literatur dem oft großen Mangel an gutem Schrifttum in Diasporagemeinden abzuhelfen. Besonders berücksichtigt werden dabei Theologiestudenten und kirchliche Büchereien. So besteht z. B. eine enge Verbindung mit vielen Studierenden an südamerikanischen Hochschulen.

Aus der früher – von 1937 bis 1971 – selbständig als Bundeswerk geführten Arbeit der *Bibelmission* ist durch Zusammenlegung der Aktivitäten eine

Württembergische Abteilung des Sendschriftenhilfswerkes (Bibelmission)

gebildet worden. Diese Arbeit steht unter der besonderen Obhut des württembergischen Gliedvereins des Martin-Luther-Bundes. In jüngerer Zeit hat man sich besonders der Beschaffung von Bibeln für die deutschen lutherischen Gemeinden in der Sowjetunion sowie für Übersiedler gewidmet.

Leiter: Direktor Dr. Karl Dieterich Pfisterer, Engelhornweg 15, 7000 Stuttgart 1; Tel. (0711) 4 80 05 23.

Konto: Bibelmission des Martin-Luther-Bundes, Postgiro Stuttgart Nr. 105 (BLZ 600 100 70).

Martin-Luther-Verlag

Anschrift: Fahrstr. 15, 8520 Erlangen; Tel. (09131) 2 90 39, Fax (09131) 2 67 54;

Auslieferung für den Buchhandel durch den Freimund-Verlag, Hauptstr. 2, 8806 Neuendettelsau; Tel. (09874) 7 00, Fax (09874) 7 26.

III. Gliedvereine in der Bundesrepublik Deutschland

1. Martin-Luther-Verein in Baden (gegr. 1919)

Vorsitzender: Valentin Koerner,
Hermann-Sielcken-Str. 36, 7570 Baden-Baden; Tel. (07221) 2 24 23;

Stellv. Vors.: Pfarrer Gunter Neukirch,
Bismarckstr. 1, 7500 Karlsruhe 1; Tel.: (0721) 2 09 66;

Schriftführer: Superintendent Gottfried Daub,
Ludwig-Wilhelm-Str. 9, 7570 Baden-Baden; Tel.: (07221) 2 54 76;

Kassenführer: Helmut Lützen, Postfach 1765, 7800 Freiburg; Tel.: (0761) 13 18 32;

Postgiro Karlsruhe 288 04-754 (BLZ 660 100 75).

2. Martin-Luther-Verein, Evang.-luth. Diasporadienst in Bayern e. V. (gegr. 1860)

Vorsitzender: Pfarrer Hans Roser,
Meckenloher Weg 1, 8542 Roth; Tel.: (09171) 6 13 36; Fax (09171) 44 56;

Stellv. Vors.: N. N.

Schriftf.: Pfr. Wolfgang Reinsberg, Hauptstr. 1, Kirchahorn, 8581 Ahorntal; Tel.: (09202) 321;

Kassenf.: Pfarrer Wolfgang Hagemann, Memelstr. 7, 8523 Baiersdorf; Tel.: (09133) 16 20;

Beisitzer: Pfarrer Ernst Martin Kittelmann,
Schmidtstr. 17, 8374 Viechtach; Tel.: (09942) 12 04;

Bankkonto: Gewerbebank Neuendettelsau, Nr. 516 007 (BLZ 765 600 60);
Sparkasse Neuendettelsau, Nr. 760 700 914 (BLZ 765 500 00);
Postgiro Nürnberg 88 26-856 (BLZ 760 100 85);

Geschäftsstelle bei der „Arbeitsgemeinschaft der Diasporadienste e. V.",
Haager Str. 10, 8806 Neuendettelsau; Tel.: (09874) 92 71; Fax (09874) 93 30 (Missionswerk);
Leiter: Pfarrer Gottfried Hupfer, Bahnhofsteig 34, 8807 Heilsbronn; Tel.: (09872) 70 82.

3. Martin-Luther-Verein in Braunschweig (gegr. 1898)

1. Vorsitzender: Propst Hans-Peter Hartig,
St. Annenstr. 12, 3370 Seesen 1; Tel.: (05381) 7 09 37/38, privat 7 08 08;

2. Vorsitzender: Pastor i. R. Adolf Runge,
Paul-Francke-Str. 13, 3340 Wolfenbüttel; Tel. (05331) 3 30 72;

Schriftführer: Pastor i. R. Alfred Drung,
Am Erzberg I, 3305 Sickte-Hötzum; Tel.: (05305) 16 89;

Kassenführer: Justizamtmann Max Brüninghaus,
Hinter dem Salze 15, 3320 Salzgitter 51; Tel.: (05341) 40 94 16;

Beisitzer:

Propst Wolfgang Boetcher, An der Kirche 3, 3307 Schöppenstedt; Tel.: (05332) 566;
Pastor i. R. Hermann Brinker, Am Hasengarten 22a, 3300 Braunschweig; Tel. (0531) 69 27 65;
Landeskirchenrat Ulrich Hampel, Postfach 1420, 3340 Wolfenbüttel; Tel.: (05331) 80 21 20;
Pastor i. R. Siegfried Reetz, Turmstr. 2, 3384 Liebenburg 3; Tel.: (05346) 13 22;
Pastor i. R. Friedrich Wagnitz, Adenemer Weg 12b, 3340 Wolfenbüttel; Tel. (05331) 7 54 01;

Postgiro Hannover 205 15-307 (BLZ 250 100 30).

4. Martin-Luther-Bund in Hamburg (gegr. 1887)

1. Vorsitzender: Pastor Johannes Nordhoff,
Bergedorfer Schloßstr. 2, 2050 Hamburg 80; Tel.: (040) 7 21 38 87;
2. Vorsitzender: Pastor Dr. Hans-Jörg Reese,
Reembroden 28, 2000 Hamburg 63; Tel.: (040) 5 38 52 76;
1. Kassenführerin: Elisabeth Günther,
Fiefstücken 17, 2000 Hamburg 60; Tel.: (040) 51 66 81;
2. Kassenführerin: Martha Sellhorn, Heußweg 6, 2000 Hamburg 20; Tel.: (040) 49 50 70;
1. Schriftführer: Pastor Horst Tetzlaff,
Heilholtkamp 78, 2000 Hamburg 60; Tel.: (040) 51 88 09;
2. Schriftführer: Pastor Christian Kühn, Nußkamp 6, 2000 Hamburg 63; Tel.: (040) 59 70 24;

Beratendes Mitglied:

Pastor Dr. h. c. Peter Schellenberg, Fahrstr. 15, 8520 Erlangen; Tel.: (09131) 2 90 39;

Postgiro Hamburg 163 97-201 (BLZ 200 100 20);
Bankkonto: Deutsche Bank Hamburg 49/30 293 (BLZ 200 700 00).

5. Martin-Luther-Bund Hannover (gegr. 1853)

Vorsitzender: Superintendent Dr. Werner Monselewski,
Kirchplatz 2, 3070 Nienburg/Weser; Tel.: (05021) 34 73;
Stellvertr. Vorsitzender: Superintendent Dr. Dietrich Schmidt,
Berlinstr. 13, 3100 Celle; Tel. (05141) 5 34 70;
Geschäftsführer: Pastor Siegfried Peleikis,
Steinmarner Str. 5, 2190 Cuxhaven; Tel.: (04721) 4 84 71;
Stellvertr. Geschäftsf.: Pastor Werner Möller,
Lehrterstr. 11, 3000 Hannover; Tel.: (0511) 52 36 66;
Kassenführer: Kirchenamtsrat Friedrich Korden,
Badenstedter Str. 15; 3000 Hannover 91; Tel.: (0511) 44 69 69;
Stellvertr. Kassenf.: Pastor Michael Münter,
Dollberger Str. 4, 3155 Edemissen 4; Tel.: (05176) 297;
Beratendes Vorstandsmitglied: Pastor Gerhard Straakholder,
Händelstr. 18, 2950 Leer-Loga; Tel.: (0491) 75 07;

Postgiro Hannover 39 77-304 (BLZ 250 100 30);
Bankkonto: Norddeutsche Landesbank – Girozentrale – Hannover Nr. 3 473
(BLZ 250 500 00).

6. Martin-Luther-Bund in Hessen (gegr. 1865)

1. Vorsitzender: Pfarrer Winfried Müller, Kirchgasse 13, 3550 Marburg 9; Tel.: (06420) 75 95;
Stellv. Vorsitzender: Dekan Rudolf Jockel,
Auf der Burg 9, 3558 Frankenberg; Tel.: (06451) 87 79;

Beisitzer:

Pfarrer Henning Gebhardt, Sandweg 8, 3557 Ebstorfer Grund, OT Ebstorf; Tel.: (06424) 13 96;
Pfarrer Berthold Osenbrügge, Hochstr. 1, 3577 Neustadt; Tel.: (06692) 420;
Dekan Kirchenrat Dr. Rolf Sauerzapf,
Graf-Bernadotte-Platz 5, 3500 Kassel; Tel.: (0561) 310 21 31;

Konto: Ev. Gemeindeamt Marburg/Lahn;
Postgiro Frankfurt/Main 809 23-601 (BLZ 500 100 60), z. G. Martin-Luther-Bund in Hessen.

7. Martin-Luther-Bund in Lauenburg (Lbg. Gotteskasten, gegr. 1857)

Vorsitzender: Pastor Alfred Bruhn, Niedernstr. 2, 2401 Krummesse; Tel.: (04508) 4 20;
Stellvertr. Vorsitzender: Pastor Hans Heinrich Lopau,
Kanalstr. 3, 2059 Siebeneichen; Tel.: (04158) 424;

Beisitzer: Pastor Georg-Wilhelm Bleibom, Berliner Str. 87, 2410 Mölln; Tel.: (04542) 43 77;
Pastor Hartmut Schmidtpott, Am Markt 10, 2410 Mölln; Tel.: (04542) 33 71;
Kassenführerin: Margarethe Goebel, Schulstr. 1, 2410 Mölln; Tel.: (04542) 60 97;

Bankkonto: Kreissparkasse Büchen/Lbg. 2 003 708 (BLZ 230 527 50).

8. Martin-Luther-Bund in Lippe (gegr. 1900)

Vorsitzender: Pastor Günther Pechel,
Molinder Grasweg 10, 4920 Lemgo; Tel.: (05261) 7 12 40;

Schrift- und Kassenführer: Pfarrer Uwe Wiemann,
Bergkirchen 54 a, 4902 Bad Salzuflen 1; Tel.: (05266) 18 50;

Bankkonto: Sparkasse Lemgo 30 100 150 (BLZ 482 501 10).

9. Martin-Luther-Bund in Oldenburg (gegr. 1895)

Vorsitzender: Pastor Martin Frebel, Hermannstr. 7, 2845 Damme; Tel.: (05491) 21 11;

Pfarrerin Dr. Evelin Albrecht, Grothstr. 9, 2940 Wilhelmshaven; Tel.: (04421) 6 91 09;

Kreispfarrer Martin Meyer, Franziskus-Str. 13, 2842 Lohne; Tel.: (04442) 13 78;

Kassenführer: Pastor Martin Frebel;

Bankkonto: Landessparkasse zu Oldenburg, Zweigstelle Damme Nr. 071-405 674
(BLZ 280 501 00).

10. Martin-Luther-Bund in Schaumburg-Lippe (gegr. 1987)

Vorsitzender: Pastor Josef Kalkusch,
Holztrift 2, 3051 Sachsenhagen; Tel.: (05725) 333;

Stellvertr. Vorsitzender: Superintendent Hans Wilhelm Rieke,
Pfarrweg 8, 3062 Bückeburg; Tel.: (05722) 44 65;

Schatzmeister: Manfred Kostka, Herderstr. 27, 3062 Bückeburg;

Beisitzer:
Landesbischof Heinrich Herrmanns, Herderstr. 27, 3062 Bückeburg; Tel. (05722) 2 50 23;
Superintendent Friedrich Strottmann, Hauptstr. 10, 3061 Meerbeck; Tel.: (05721) 18 54;

Landeskirchenkasse, Sparkasse Bückeburg 204 867 (BLZ 255 514 80).

11. Martin-Luther-Bund in Schleswig-Holstein (gegr. 1886)

Vorsitzender: Pastor Uwe Hamann,
Schönningstedter Str. 60, 2057 Reinbek; Tel.: (040) 722 38 35;

Stellvertr. Vorsitzender: Pastor Gunnar Berg,
Møllevej 3, Felsted, DK-6200 Åbenrå; (0045) 74 68 54 22;
Schriftf.: Pastorin Birgit Mahn, Am Markt 22, 2212 Brunsbüttel; Tel.: (04852) 63 33;
Kassenführerin: Hanna Mascoff, Niflandring 23, 2000 Hamburg 56; Tel. (040) 81 28 23;
Postgiro Hamburg 105 39-204 (BLZ 200 100 20);
Bankkonto: Evang. Darlehensgenossenschaft Kiel Nr. 24 570 (BLZ 210 602 37).

12. Martin-Luther-Bund in Württemberg (gegr. 1879)

Vorsitzender: Direktor Dr. Karl Dieterich Pfisterer,
Engelhornweg 15, 7000 Stuttgart 1; Tel. (0711) 4 80 05 23;
Stellvertr. Vorsitzender: Pfarrer Lothar Bertsch,
Burgstr. 2, 7022 Echterdingen; Tel.: (0711) 79 27 57;
Geschäftsführer: Dekan Hartmut Ellinger,
Widerholtplatz 4, 7312 Kirchheim/Teck; Tel.: (07021) 65 85;
Kassenführer: Eberhard Vollmer, Heerstr. 17, 7401 Walddorfhäslach; Tel.: (07127) 1 87 03;

Postgiro Stuttgart 138 00-701 (BLZ 600 100 70)
Bankkonto: Landesgirokasse Stuttgart Nr. 2 976 242 (BLZ 600 501 01);
Postgirokonto f. d. Bibelmission: PSA Stuttgart 105 (BLZ 600 100 70);
Evang. Kreditgenossenschaft Stuttgart 416 118 (BLZ 600 606 06).

13. Martin-Luther-Bund in der Nordelbischen Ev.-Luth. Kirche

Der Martin-Luther-Bund in der NEK ist eine Arbeitsgemeinschaft der drei im Raum der
Nordelbischen Ev.-Luth. Kirche tätigen Gliedvereine des MLB.

Geschäftsführer: Pastor Uwe Hamann,
Schönningstedter Str. 60, 2057 Reinbek; Tel.: (040) 722 38 35;
Rechnungsführerin: Elisabeth Günther,
Fiefstücken 17, 2000 Hamburg 60; Tel. (040) 51 66 81;
Bankkonto: Evang. Darlehensgenossenschaft Kiel Nr. 11 045 (BLZ 210 602 37).

In Arbeitsverbindung mit dem Martin-Luther-Bund:

Diasporawerk in der Selbständigen Ev.-Luth. Kirche – Gotteskasten – e. V.

Vorsitzender: Prof. Dr. Manfred Roensch,
Altkönigstr. 150, 6370 Oberursel/Ts.; Tel.: (06171) 2 53 72;
Stellvertr. Vorsitzender: Pastor Volker Fuhrmann,
Junkerburg 34, 2900 Oldenburg; Tel.: (0441) 3 13 06;
Geschäftsführer: Pastor Dankwart Kliche,
Am Hilgenbaum 12, 4600 Dortmund 30; Tel.: (0231) 45 51 73;
Stellvertr. Geschäftsführer: Superintendent i. R. Rudolf Eles,
Schimmelbuschstr. 36, 4006 Erkrath-Hochdahl; Tel. (02104) 3 94 95;
Kassenführer: Bauing. Werner Förster, Finkengasse 8, 4355 Waltrop; Tel.: (02309) 25 38;

Beisitzer:
Pastor Johannes Forchheim, Dr.-W.-Külz-Str. 55, O-1240 Fürstenwalde; Tel. (03361) 44 66;
Sonderschulrektor i. R. Johannes Mittelstädt,
Auf dem Brenschen 9, 5810 Witten-Bommern; Tel.: (02302) 3 09 27;
Helmut Höller, Pflugspfad 3, 6230 Frankfurt/M 80; Tel.: (069) 36 14 80;
Postgiro Dortmund 1092 50-467 (BLZ 440 100 46);
Commerzbank Dortmund, Nr. 273 050 590 (BLZ 440 400 37).

IV. Ausländische Gliedvereine
und angeschlossene kirchliche Werke

1. Gesellschaft für Innere und Äußere Mission
im Sinne der lutherischen Kirche e. V., Neuendettelsau (gegr. 1849)

1. Obmann: Pfarrer Dr. Wolfhart Schlichting,
Zobelstr. 11, 8900 Augsburg; Tel.: (0821) 55 12 44;
2. Obmann: Pfarrer Konrad Kreßel, Kleinreuther Weg 49a/V, 8500 Nürnberg 10;
3. Obmann: Hans Betz, Fliederstr. 14, 8806 Neuendettelsau; Tel.: (09874) 53 09;
Geschäftsführer: Pfarrer Martin Latteier,
Büro: Missionsstr. 3, 8806 Neuendettelsau; Tel.: (09874) 92 75; Fax (09874) 93 22.

2. Martin-Luther-Bund in Österreich
(gegr. 1960)

1. Bundesleitung:

Bundesobmann: Oberkirchenrat Pfarrer i. R. Mag. Hans Grössing,
Hamburgerstr. 3/1/3/7, A-1050 Wien; Tel.: (0222) 5 73 07 24;

Bundesobmannstellvertreter: Pfarrer Mag. Johann Holzkorn,
St.-Rochus-Gasse 1, A-7000 Eisenstadt; Tel.: (02682) 24 51;

Bundesschatzmeister: Kurator Oberst Ing. Johann Kaltenbacher,
Sevcikgasse 23 c, A-1232 Wien; Tel.: (0222) 69 66 70;

Bundesgeschäftsführer: Pfarrer Gerhard Hoffleit,
Kainachgasse 37/41/4, A-1210 Wien; Tel.: (0222) 3 94 76 62.

2. Bundesvorstand:

Die Mitglieder der Bundesleitung (s. o.) und

Bischof Mag. D. Dieter Knall,
Severin-Schreiber-Gasse 3, A-1180 Wien; Tel.: (0222) 47 15 23;

Generalsekretär Pastor Dr. h. c. Peter Schellenberg,
Fahrstr. 15, D-8520 Erlangen; Tel. (09131) 2 90 39;

und die Diözesanobmänner:

Burgenland: Pfarrer Mag. Johann Holzkorn,
St. Rochus-Gasse 1, A-7000 Eisenstadt; Tel.: (02682) 24 51;
Kärnten: Pfarrer Siegfried Lewin, A-9853 Dornbach; Tel.: (04732) 20 85;

Niederösterreich: Lektor Amtsrat Heimo Sahlender,
Eipeldauerstr. 38/6/3, A-1220 Wien; Tel.: (0222) 2 31 07 43;
Oberösterreich: Pfarrer Mag. Hans Hubmer,
Eisenhandstr. 23, A-4020 Linz; Tel.: (0732) 77 51 50;
Salzburg und Tirol: Pfarrer Mag. Peter Buchholzer,
Nösnerstr. 12, A-5161 Elixhausen; Tel.: (0662) 5 88 03;
Stellvertreter: Zollamtsrat Wilhelm Müller,
Bruneckstr. 4, A-6020 Innsbruck; Tel.: (0512) 71 08 32;
Steiermark: Pfarrer Mag. Frank Schleßmann,
Schillerstr. 13, A-8280 Fürstenfeld; Tel.: (03382) 5 23 24;
Wien: Oberkirchenrat Pfarrer i. R. Mag. Hans Grössing,
Hamburgerstr. 3/1/3/7, A-1050 Wien; Tel.: (0222) 5 73 07 24;

Ehrenmitglieder:

Sen. Pfr. i. R. Mag. Ekkehard Lebouton,
Eichethofsiedlung, Carl-Maager-Str. 15/6, A-5020 Salzburg; Tel.: (0662) 82 20 42;
Pfarrer Mag. Horst Lieberich, A-7332 Kobersdorf; Tel.: (02618) 89 15;
Pfarrer Mag. Karl-Heinz Nagl, Adalbert-Stifter-Str. 21, A-9500 Villach; Tel.: (04242) 2 37 95;
Direktor i. R. Karl Uhl, Stuckgasse 13, A-1070 Wien; Tel.: (0222) 93 82 64;

Postscheckkonto: PSA Wien 824 10.

3. Martin-Luther-Bund in der Schweiz und im Fürstentum Liechtenstein

Präsident: Architekt Otto Diener, Hirschwiesenstr. 9, CH-8057 Zürich 6; (1) 362 11 62;

Vizepräsident: N. N.;

Kassenführer: Horst Seifert, Eigenwasenstr. 14, CH-8052 Zürich; Tel.: (1) 302 53 22.

Schriftführer: Herbert Dipner, Dorfmattstr. 8, CH-4132 Muttenz/Bl.;

Sekretariat: Martin-Luther-Bund, Hirschwiesenstr. 9, CH-8057 Zürich 6;

Beisitzer: Günter Klose, Mühlerain, CH-3210 Kerzers;

Postscheckkonto: Postscheckamt Zürich Nr. 80-5805-5.

4. Luther-Akademie e. V. Ratzeburg

Geschäftsstelle: Domhof 34, Postfach 1404, 2418 Ratzeburg; Tel.: (04541) 37 57;

Präsident: Landesbischof i. R. Prof. D. Dr. Joachim Heubach,
Prinzenholzweg 3, 2420 Eutin-Fissau; Tel.: (04521) 31 82;

Sekretär: Oberkirchenrat i. R. Sibrand Siegert,
Mechower Str. 38, 2418 Bäk bei Ratzeburg; Tel. (04541) 8 41 14.

5. Kirchliche Gemeinschaft der Evang.-Luth. Deutschen aus Rußland e. V.

Geschäftsstelle: Prediger Ernst Schacht,
Postfach 210, Am Haintor 13, 3437 Bad Sooden–Allendorf; Tel.: (05652) 41 35;

1. Vorsitzender: Pastor Siegfried Springer,
In der Steinriede 6, 3000 Hannover; Tel.: (0511) 66 54 81;

2. Vorsitzender: Eduard Lippert, Am Steinkamp 3, 3178 Calberlah;
Schriftführer: Eduard Lippert, Am Steinkamp 3, 3178 Calberlah;
Beisitzer:
Friedrich Nehlich, Stralsunder Ring 40, 3180 Wolfsburg;
Karl Seiler, Mühlweg 19, 7630 Lahr;
Robert Seiler, Mannheimer Str. 10, 7100 Heilbronn;
Otto Zelmer, Kinzigstr. 37, 7730 VS-Schwenningen;
Jakob Zerr, Tannhofer Weg 14 a, 7530 Pforzheim;

Postgiro Stuttgart 28 037-705 (BLZ 600 100 70).

6. Société Evangélique Luthérienne de Mission Intérieure et Extérieure d'Alsace et de Lorraine

Präsident: Inspecteur Ecclésiastique Marc Wehrung,
F-67270 Duntzenheim; Tel.: (88) 70 57 16.

7. Association Générale de la Mission Intérieure de Paris

Präsident: Jean Wendling,
6, allée des Acacias, F-94170 Le Perreux/Marne; Tel.: (1) 48 72 10 07;

Generalsekretär: Pasteur Jacques Fischer,
19, allée du Clos Gagneur, F-93 160 Noisy le Grand;

Büro: 22, rue des Archives, F-75004 Paris; Tel.: (1) 42 72 49 84, Fax (1) 42 72 42 77.

8. Eglise Evangélique Luthérienne Belge de la Confession d'Augsbourg

Eglise: 50, rue Paloke (Paroisse de la Sainte Trinité), B-1080 Bruxelles;
Präsident: Pasteur Corneil J. Hobus, 50 rue paloke, B-1080 Bruxelles; Tel.: (02) 521 75 68.

9. Lutheran Church in Ireland

Pastor Paul G. Fritz, 21 Merlyn Park, Ballsbridge, Dublin 4, Irland; Tel.: 69 25 29.

10. Lutherstichting (Niederlande)

Anschrift: Sirtemastraat 262, NL-2513 SW Den Haag; Tel.: (070) 3 45 17 83;

Vorsitzender: Ds. J. A. Roskam,
Sirtemastraat 262, NL-2513 SW Den Haag; Tel.: (070) 3 45 17 83;

Geschäftsleiter: Ds. W. J. H. Boon, Am Gaswerk 27, D-3078 Stolzenau; Tel.: (05761) 31 39;

Beisitzer:

Dr. P. Estié, Bussum;

Giro-Nr.: 50 968 t. n. v. Lutherstichting, s'Gravenhage.

11. Luther-Bund in Ungarn

Präsidenten:

Pfarrer András Csepregi, Fő u. 493, H-7045 Györköny; Tel. (75) 3 31 93

Mátyás Schulek, József krt. 71–73 III.43, H-1085 Budapest;

Vizepräsidenten:

Pfarrerin Éva Brebovszky, Deák tér 4, H-1052 Budapest; Tel. (1) 11 73 413 (dienstl.);

Univ.-Dozent Dr. Tibor Fabiny jun., Lukács u. 1, H-1023 Budapest; Tel. (1) 18 96 293;

Geschäftsführer: Pfarrer Pál Lackner, Petőfi tér 2, H-9025 Győr; Tel. (96) 2 03 12;

Schriftführer: Pfarrer Tamás Koczor, Luther u. 14, H-2373 Dabas-Gyón; Tel. Dabas 174;

Bankkonto: Budapest Bank RT Győr, Nr. 407-337-941-0929.

12. Evangelisch-Lutherische Kirche im südlichen Afrika (Natal-Transvaal)

Präses: Rev. Friedrich Graz, P. O. Box 2106, ZA-1620 Kempton Park, Südafrika;

Vizepräses: Dekan Georg Scriba, P. O. Box 115, ZA-0350 Kroondal, Südafrika;

Geschäftsführer: Pastor E. W. Dedekind, P. O. Box 7095, ZA-1622 Bonaero Park, Südafrika.

13. Deutsche Evangelisch-Lutherische Kirche in Südwestafrika

Landespropst Karl Sundermeier, POB 233, Windhoek 9000, Südwestafrika/Namibia.

Quellennachweis

Die Luther- und Elert-Zitate sind folgenden Werken entnommen:

S. 27: Luther zu Römer 6,3, in: D. Martin Luthers Epistel=Auslegung, hg. v. Eduard Ellwein, Bd. 1: Der Römerbrief, Göttingen 1963, S. 70.

S. 69: Werner Elert, Die Bedeutung der Augsburgischen Konfession ..., in: Ders., Ein Lehrer der Kirche. Kirchlich-theologische Aufsätze und Vorträge, hg. v. Max Keller-Hüschemenger, Berlin und Hamburg 1967, S. 112.

S. 82: Luther an Melanchthon, 29. 6. 1530, WA B 5, S. 406.

S. 103: WA 43,512,16–26.

S. 112: WA 10 I,252,16–18.

S. 133: WA 50,476,20.

S. 142: WA 45,154,32–33.

S. 152: WA 45,97,33–98,2.

S. 166: WA 15,38,7ff.

Anschriften der Verfasser

Professor Dr. Karlmann Beyschlag,
Rudelsweiherstraße 43, D-8520 Erlangen

Dekan i. R. Klaus Friedrich,
Beethovenstraße 9, D-7500 Karlsruhe 1,
z. Zt. Theologische Fakultät der Universität Lettlands,
A. Deglava iela 10, Riga-226009, Lettland

Bischof Dr. h. c. Harald Kalnins,
Maskavas 427-120, Riga-226066, Lettland

Bischof Mag. D. Dieter Knall,
Severin-Schreiber-Gasse 3, A-1180 Wien, Österreich

Pfarrer i. R. Konrad Kreßel,
Kleinreuther Weg 49a/V, D-8500 Nürnberg 10

Dr. Vladimír Láska,
Februaroveho vit. 10, 900 21 Jur pri Bratislave, Tschechoslowakei

Professor Dr. Ingetraut Ludolphy,
Am Stadtpark 1, App. 201, D-8542 Roth

Dr. Ágnes Ritoók-Szalay,
Mátyás u. 20, H-1093 Budapest, Ungarn

Bischof i. R. Oskar Sakrausky,
A-9712 Fresach 60, Österreich

Professor Dr. Udo Schnelle,
Großenbuch 125, D-8524 Neunkirchen am Brand

Professor Dr. Gérard Siegwalt,
25, rue Sainte-Cécile, F-67100 Strasbourg-Neudorf, Frankreich

Walter Thüringer,
Melanchthon-Forschungsstelle, Heiliggeiststraße 15, D-6900 Heidelberg

Professor Dr. Jean-Paul Willaime,
Centre de Sociologie comparée des Religions en Europe,
Faculté de Théologie Protestante, Palais Universitaire,
9, Place de l'Université, F-67084 Strasbourg, Frankreich